U0541379

浙江大学新时代枫桥经验研究院"一号工程"

国家社会科学基金重大项目"坚持和发展新时代'枫桥经验'推进法治社会建设"

中国新时代"枫桥经验"指数报告2024

CHINA'S NEW ERA "FENGQIAO MODEL"
INDEX REPORT 2024

钱弘道 主编

中国社会科学出版社

图书在版编目（CIP）数据

中国新时代"枫桥经验"指数报告.2024／钱弘道主编. -- 北京：中国社会科学出版社，2024.11.
ISBN 978-7-5227-4434-6

Ⅰ.D63

中国国家版本馆CIP数据核字第20245FP834号

出 版 人	赵剑英
责任编辑	张　林
责任校对	夏慧萍
责任印制	戴　宽

出　　版	中国社会科学出版社
社　　址	北京鼓楼西大街甲158号
邮　　编	100720
网　　址	http://www.csspw.cn
发 行 部	010-84083685
门 市 部	010-84029450
经　　销	新华书店及其他书店
印　　刷	北京明恒达印务有限公司
装　　订	廊坊市广阳区广增装订厂
版　　次	2024年11月第1版
印　　次	2024年11月第1次印刷
开　　本	710×1000　1/16
印　　张	24
插　　页	2
字　　数	272千字
定　　价	146.00元

凡购买中国社会科学出版社图书，如有质量问题请与本社营销中心联系调换
电话：010-84083683
版权所有　侵权必究

前　　言

新时代"枫桥经验"是矛盾纠纷预防化解的基层社会治理方法，是基层民主和法治建设的经验，是中国式现代化的重大经验。

新时代"枫桥经验"是全过程人民民主的生动实践。

中国式现代化是充分彰显人民民主的现代化。新时代"枫桥经验"生动地展示了中国式现代化中的基层民主内涵，是全过程人民民主行之有效的表现方式。新时代"枫桥经验"有效整合了基层实现全过程人民民主的主体力量，形成了多元共治的基本格局。人民群众是多元共治的主体力量和依靠力量。"枫桥经验"最大的特点是充分发挥人民群众的主动性，充分体现人民群众的主人姿态。坚持和发展新时代"枫桥经验"，就是要让人民群众成为真正的主人翁，让人民群众成为化解矛盾纠纷的主体力量，让人民群众更广泛、更深入、更实质地参与民主协商、民主决策、民主管理、民主监督。

新时代"枫桥经验"是运用法治思维和法治方式预防化解矛盾纠纷、建设法治社会的重要抓手。

中国式现代化是在法治轨道上推进的现代化。新时代"枫桥经验"以自治、法治、德治、智治——"四治"融合为基本方法。自治是基层社会治理的"内生力"，法治是基层社会治理的"硬实力"，德治是基层社会治理的"软实力"，智治是基层社会治理的"支撑力"。新时代"枫桥经验"之所以"新"，最重要的原因是融入了法治元素。运用法治方法是新时代"枫桥经验"的鲜明特征。人民群众广泛参与矛盾纠纷预防化解的过程是培养全社会法治意识、法治信仰和法治精神的过程。预防化解矛盾纠纷、保护公民基本权利、有效维护各类社会主体合法权益是新时代"枫桥经验"的题中应有之义。坚持和发展新时代"枫桥经验"，扎实推进基层依法治理，形成办事依法、遇事找法、解决问题用法、化解矛盾靠法的良好法治环境，是法治社会形成的必然要求。

新时代"枫桥经验"为推进中国式现代化创造平安和谐的社会环境。

新时代"枫桥经验"以矛盾纠纷预防化解为基本内容，以实现平安和谐社会为最终目标。依靠人民群众化解矛盾纠纷是"枫桥经验"的"真经"。平安是每个人的愿望，是人民群众幸福安康最基本的要求。和谐是平安的更高形态。一个社会治理的终极目标是实现善治和谐。化解矛盾纠纷，归根结底都是促进社会和谐。实践不断证明，新时代"枫桥经验"是有效疏导社会情绪、化解矛盾纠纷、管控社会风险、激发社会活力、实现"大平安"目标行之有效的方法。新时代"枫桥经验"在创造经济快速发展奇迹、社会长期稳定奇迹和平安和谐社会环境中功不可没。坚持和发展新时代"枫桥经验"，就是要不断书写"两个奇迹"新篇章，不断创造平安和谐的社会环境。新时代"枫桥经验"在实现"中国之治"中发挥了重要作用，也必将在以中国式现代化全面推进中华民族伟大复兴进程中发挥更大的作用。

新时代"枫桥经验"是中国最亮眼的"治理故事"，彰显了中国式现代化的独特优势和强大活力。新时代"枫桥经验"在全球冲突解决中有重要的启示作用。中国积极参与全球治理体系改革和建设，践行共商共建共享的全球治理观。中国坚持对话协商，坚持合作共赢，坚持交流互鉴。中国积极推动建设一个持久和平、普遍安全、开放包容的世界。讲好新时代"枫桥经验"的故事，促进基层社会治理经验的国际交流，在涉外纠纷化解中充分运用新时代"枫桥经验"，对构建人类命运共同体具有重大意义。

基层强则国家强，基层安则国家安。为记录中国基层社会治理中坚持和发展新时代"枫桥经验"的历程，介绍中国坚持和发展新时代"枫桥经验"的创新实践，分享中国基层社会治理经验，特发布本白皮书。

钱弘道
2024 年 11 月 23 日

Forward

The New Era "Fengqiao Model" is a basic-level social governance approach aimed at preventing and resolving conflicts and disputes. It stands as a strong example of democracy and rule of law at the basic-level, showcasing a significant experiencewithin Chinese-style modernization.

The New Era "Fengqiao Model" is a dynamic practice of whole process people's democracy.

Chinese-style modernization is a form of modernization that fully embodies people's democracy. The New Era "Fengqiao Model" vividlyillustrates the essence of basic-level democracy within this context, serving as an effective expression of whole-process people's democracy. This model has successfully integrated key basic-level forces to realize whole-process democracy and has established a collaborative framework of pluralistic co-governance. In this framework, the people are both the central force and the core support.

The defining feature of the "Fengqiao Model" is its emphasis on empowering the people, allowing them to take a leading role. Upholding and advancing the New Era "Fengqiao Model" means enabling the people to be the true decision-makers, making them the primary force in resolving conflicts and disputes. It encourages broader, deeper, and more meaningful public participation in democratic consultation, decision-making, management, and supervision.

The New Era "Fengqiao Model" serves as an essential tool for preventing and resolving conflicts and disputes, while promoting a society grounded in the rule of law through rule of law thingking and approaches.

Chinese-style modernization is modernization on the track of the rule of law. The New Era "FengqiaoModel" is based on the integration of autonomy, the rule of law, the rule of virtue anddigital governance. Autonomy servers as the "endogenous force" of basic-level social governance, while the rule of law is the "hard force" of basic-level social governance, the rule of virtue is the "soft force" of basic-level social governance, and digitalization is the "supporting force" of basic-level social governance. The rule of law is the "hard power" of basic-level social governance, the rule of ethics is the "soft power" of basic-level social governance, and digital governance is the "supporting power" of basic-level social governance.

The most important reason why the New Era "Fengqiao Model" is considered "new" is that it incorporates elements of the rule of law. The use of the rule of law is a distinctive feature of the New Era "Fengqiao Model". The process of extensive participation by the people in the prevention and resolution of disputes is a process of cultivating awareness of the rule of law, faith in the rule of law and the spirit of the rule of law in society as a whole. Preventing and resolving conflicts and disputes, protecting the basic rights of citizens, and effectively safeguarding the legitimate rights and interests of all kinds of social entities are the essence of the New Era "Fengqiao Model".

Adhering to and advancing the New Era "Fengqiao Model", while effectively promoting basic-level governance in accordance with the law, is essential for creating a conducive environment for lawful conduct. This includes seeking legal guidance in times of trouble, employing the law to address issues, and relying on legal mechanisms to resolve conflicts. These practices are vital for establishing a society governed by the rule of law.

The New Era "FengqiaoModel" fosters a peaceful and harmonious social environment that supports the advancement of Chinese-style modernization.

The New Era "Fengqiao Model" prioritizes the prevention and resolution of conflicts and disputes as its core focus, aiming ultimately to establish a peaceful and harmonious society. Relying on the people to address these conflicts embodies the fundamental principle of the "Fengqiao Model." Peace is a universal aspiration and the most essential requirement for the happiness and well-being of the populace. Harmony represents a higher form of peace, and the ultimate goal of social governance is to achieve effective governance and harmony. Ultimately, resolving contradictions and disputes serves to promote social harmony.

Practical experience has consistently demonstrated that the New Era "Fengqiao Model" effectively channels societal emotions, resolves contradictions and disputes, manages social risks, stimulates societal vitality, and achieves the goal of "great peace". This model has played a crucial role in fostering the remarkable achievements of rapid economic development, long-term social stability, and a peaceful, harmonious social environment. Committing to and advancing the New Era "Fengqiao Model" allows us to continue writing a new chapter of the "two miracles" while cultivating a peaceful and harmonious society.

The New Era "Fengqiao Model" hassignificantly contributed to the realization of "China's governance" and is poised to play an even greater role in the comprehensive promotion of the great rejuvenation of the Chinese nation through Chinese-style modernization.

The New Era "Fengqiao Model" represents China's most compelling "governance story," showcasing the unique advantages and robust vitality of Chinese-style modernization. This model plays a vital role in global conflict resolution as China actively engages in the reform and development of the global governance system, advocating for a concept of global governance based on mutual consultation and shared benefits. China emphasizes dialogue and consultation, win-win cooperation, and cultural exchanges to foster mutual understanding. Furthermore, China is committed to promoting the establishment of a world characterized by lasting peace, universal security, and openness and inclusiveness. Sharing the story of the New Era "Fengqiao Model," facilitating international exchanges on basic-level social governance experiences, and effectively applying the "Fengqiao Model" in addressing foreign-related disputes are crucial to building a community with a shared future for mankind.

A strong basic-level governance framework equates to a strong nation, and secure basic-level governance equates to a secure nation. To document the history of China's commitment to and development of the New Era "Fengqiao Model" in basic-level social governance, introduce China's innovative practices in this regard, and share valuable experiences in basic-level governance, we are pleased to publish this white paper.

Qian Hongdao
Nov. 23th, 2024

目　　录

1　新时代"枫桥经验"指数综合分析 …………………（1）

2　浙江诸暨指标分析和"一站式、一码管" …………（54）

3　浙江普陀指标分析和"海上枫桥经验" ……………（90）

4　浙江余杭指标分析和"网络消费纠纷化解" ………（120）

5　浙江常山指标分析和"跨省协作平安防线" ………（146）

6　重庆江津指标分析和"三会"解"三事" …………（177）

7　重庆江北指标分析和"老马带小马" ………………（214）

8　重庆武隆指标分析和"证·核·调" ………………（257）

⑨ 四川武侯指标分析和"石榴籽" ……………………（285）

⑩ 山东高密指标分析和"平安小院" …………………（329）

后　　记 ………………………………………………（367）

新时代"枫桥经验"指数综合分析

新时代"枫桥经验"指数和数字化场景应用是浙江大学新时代枫桥经验研究院于2021年启动的重大项目,被称为"一号工程"。新时代"枫桥经验"指标体系包括"党的领导""人民主体""多元协同""四治融合""矛盾化解""平安和谐"六个一级指标。课题组于2022年、2023年分别开展浙江省十个样本县(市、区)和全国百个样本县(市、区)测评。两次测评结果表明,各样本县(市、区)在坚持和发展新时代"枫桥经验"、深入推进矛盾纠纷预防化解的工作中取得了良好成绩。2024年,课题组对入选2023年中央政法委在全国范围内评选出的104个"枫桥式工作法"单位所在县市区开展测评。测评结果表明,全国在坚持运用新时代"枫桥经验"预防化解矛盾纠纷方面已经形成良好格局。本部分对新时代"枫桥经验"指数的六大维度进行总体分析。

一 党的领导

党的领导是坚持和发展新时代"枫桥经验"的根本保证。党组织是基层社会治理的"领头雁"。在预防化解矛盾纠纷的过程中，必须加强基层党组织建设，充分发挥其政治优势和组织优势。课题组围绕"省级示范党群服务中心数量""市级以上优秀党员数量""社会组织党组织覆盖率""企业党组织覆盖率"等指标进行数据抓取测评。数据显示，样本县（市、区）得分普遍良好。

（一）党的领导概括分析

一级指标"党的领导"着重考核样本县（市、区）对党群服务中心建设的支持力度，对优秀党员的培养力度，对社会组织党组织和企业党组织建设的推广力度等。样本县（市、区）得分相对较为均衡，最高分为 94.25 分，最低分为 82.25 分，中位值为 85.25 分。56.20% 的样本县（市、区）得分在 85.00 分以上，100% 的样本县（市、区）得分在 80 分以上，说明样本县（市、区）在矛盾纠纷预防化解工作中坚持党的领导，党建引领作用不断强化，基层党组织建设的根基不断夯实。样本县（市、区）的综合得分与分布情况见表 1.1 和表 1.2。

表 1.1　　　　　　　　"党的领导"概括分析　　　　　　　　单位：分

平均分	最高分	最低分	中位值
85.51	94.25	82.25	85.25

表 1.2　　　　　　　"党的领导"各得分区间的数量　　　　　　　单位：分

"党的领导"指标平均分	得分≥90	90＞得分≥85	85＞得分≥80
区县数量	7	52	46
所占比例	6.70%	49.50%	43.80%

从一级指标整体得分来看，浙江省绍兴市诸暨市、重庆市江北区、江苏省南通市如皋市、浙江省舟山市普陀区、浙江省衢州市常山县、北京市西城区、上海市杨浦区排名前七，且得分都高于90分。这反映出相关样本县（市、区）非常重视当地党组织对基层社会治理和矛盾纠纷预防化解的引领作用。尤其是"枫桥经验"的发源地——浙江省，本次选取的6个样本中有3个样本县（市、区）的得分超过90分，体现了发源地对"枫桥经验"的重视程度。值得一提的是，诸暨市在此次测评中获得了最高分94.25分，说明作为"枫桥经验"的发源地，该市多年来一直坚持"党建引领基层社会治理"，已经取得了扎实成效，使得新时代"枫桥经验"的政治属性更为明显，社会治理成效更为瞩目。

受经济基础、治理理念、民众素质等因素的影响，各地基层党建的水平确实还存在一些差距。比如，浙江省作为共同富裕示范区和社会治理先行区，其城乡社区治理扎实有效，社会组织蓬勃发展，非公企业社会责任感强，所以，当地的基层党组织建设普遍规范而有力。强有力的基层党组织也培养了一批党员成为先进人物。浙江省样本县（市、区）中市级以上的优秀党员数量比较多。在本次测评中，浙江省入选的6个样本县（市、区）——杭州市余杭区、宁波市鄞州区、绍兴市诸暨市、金华市义乌市、衢州市常山县、舟山市普陀区的平均分达到90.25分，最高分为94.25分，最低分为87.25分，彰显出党组织在基层矛盾纠纷预防化解中充分发挥了有力领导作用。北京市、上海市、重庆市作为直辖市，经济非常发达，城市化水平高，所以当地基层党组织建设也强劲有力。如北京市入选的3个样本县

（市、区）——东城区、西城区和石景山区，平均分达到88.31分，最高分为90.25分，最低分为86.50分。近年来，北京市实施"乡镇吹哨、部门报到"，探索党组织领导基层社会治理的有效路径，成效明显。上海市入选的3个样本县（市、区）——虹口区、浦东新区和杨浦区，平均分达到88分，最高分为90.25分，最低分为85.50分。上海市自2014年开始，就将"创新社会治理、加强基层建设"列为市委"一号课题"，经过10年的努力，基层党组织引领社会治理的能力得到很大提升。重庆市入选的3个样本县（市、区）——江津区、武隆区和江北区，平均分达到88分，最高分为91分，最低分为84.75分。作为西部地区的社会治理先行区，重庆市在党群服务中心建设、社会组织党组织建设、企业党组织建设等方面表现不俗，并且特别重视示范性创建和培优，培养了一大批优秀党员。江苏省作为沿海发达地区和工业强省，其入选的4个样本县（市、区）——南京市栖霞区、苏州市吴江区、淮安市淮阴区、南通市如皋市的平均分达到88.75分，最高分为90.75分，最低分为86.25分，当地的基层党建水平也处于全国一流水平。而东北三省由于制约老工业基地经济振兴问题始终没有彻底解决，导致基层党组织和基层治理相对乏力，三省的指标评分处于落后状态。吉林省入选的3个样本县（市、区）——吉林市磐石市、四平市梨树县和通化市辉南县，平均分达到83.42分，最高分为83.75分，最低分为83.25分。黑龙江样本县（大兴安岭地区漠河市与齐齐哈尔市梅里斯达斡尔族区）平均分为82.75分，最高分为83.25分，最低分为82.50分。新疆作为边疆地区和少数民族聚集区，近年来基层党建扎实开展，治理成效斐然，其入选的 3 个样本县（市、区）——山南市乃东区、林芝市波密县和那曲市比如县，平均分达到 86.17 分，最高分为 87.50 分，最低分为 84.25 分，均超过全国平均得分85.51 分、最低分 82.25 分和中位值 85.25 分。

（二）党的领导单项指标分析

课题组选取"党的领导"项下指标"省级示范党群服务中心数量""市级以上优秀党员数量""社会组织党组织覆盖率"和"企业党组织覆盖率"进行进一步分析，以便更具体地展示样本县（市、区）党建引领基层社会治理的相关情况。

1. 省级示范党群服务中心数量

"省级示范党群服务中心数量"得分情况见表 1.3，平均分为 83.51 分，最高分为 95.00 分，最低分为 80.00 分，中位值为 83.00 分。各样本县（市、区）得分均超过 80 分，整体得分良好。

表 1.3　　　"省级示范党群服务中心数量"得分情况

平均分	最高分	最低分	中位值
83.51	95.00	80.00	83.00

其中，得分≥90 的占 3%，90＞得分≥85 分的占 25%，85＞得分≥80 的占 72%（见图 1.1）。可见，当前全国各地都较为重视党群服务中心的建设，并且涌现了一大批具有当地特色或品牌化模式的示范党群服务中心，通过党群服务中心齐心协力服务党员群众，不断凝聚党心、政心与民心。目前，党群

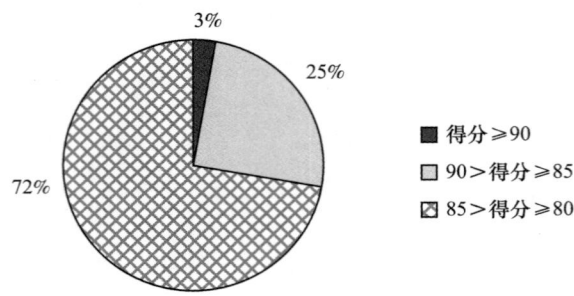

图1.1 "省级示范党群服务中心数量"得分分布

服务中心建设已经从浙江省等地推广到全国各地，即使在新疆、西藏等边疆之地，我们也能看到党群服务中心遍布，为人民群众服务的这一新阵地俨然成为坚持和发展新时代"枫桥经验"的重要标识。

2. 市级以上优秀党员数量

"市级以上优秀党员数量"得分情况见表4，平均分为84.10分，最高分为90.00分，最低分为80.00分，中位值为84.00分。各样本县（市、区）得分均超过80分，整体得分良好。其中，得分≥90的占2%，90＞得分≥85的占42%，85＞得分≥80的占56%（见图1.2）。

表1.4　　　　"市级以上优秀党员数量"得分情况

平均分	最高分	最低分	中位值
84.10	90.00	80.00	84.00

数据和相关资料表明，在中国式现代化过程中，各行各业涌现了许多优秀党员，尤其他们在城乡社区治理、社会组织建设、企业党组织建设中发挥了先锋模范作用。各地评上市级优

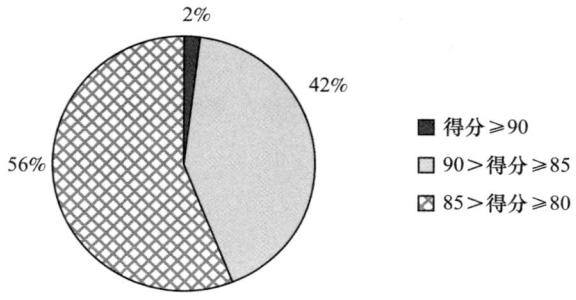

图 1.2 "市级以上优秀党员数量"得分分布

秀党员的数量越多,体现出当地党员在基层社会治理的先锋模范作用越强。

3. 社会组织党组织覆盖率

"社会组织党组织覆盖率"得分情况见表 1.5,平均分为 87.42 分,最高分为 100.00 分,最低分为 80.00 分,中位值为 87.00 分。各样本县(市、区)得分均超过 80 分,整体得分良好。其中,100.00 分的占 2%,100＞得分≥90 的占 25%,90＞得分≥85 的占 52%,85＞得分≥80 的占 21%(见图 1.3)。

表 1.5 "社会组织党组织覆盖率"得分情况

平均分	最高分	最低分	中位值
87.42	100.00	80.00	87.00

数据和相关资料表明,在基层社会治理中,各地对社会组织领域的党建工作都非常重视,并在全国范围内都保持了常态化推进,有效地保证了党对社会组织的领导,促进健康正向发展。

4. 企业党组织覆盖率

"企业党组织覆盖率"得分情况见表 6,平均分为 87.02

8 / 中国新时代"枫桥经验"指数报告 2024

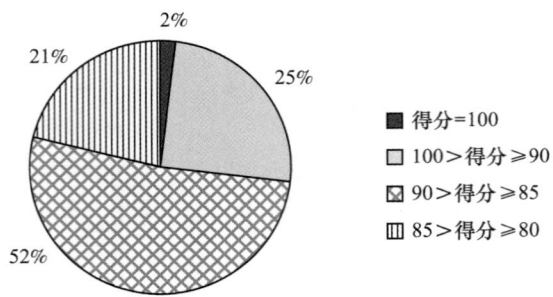

图 1.3 "社会组织党组织覆盖率"得分分布

分,最高分为 96.00 分,最低分为 80.00 分,中位值为 86.00 分。各样本县(市、区)得分均超过 80 分,整体得分良好。其中,得分≥90 的占 23%,90＞得分≥85 的占 48%,85＞得分≥80 的占 28%。

表 1.6 "企业党组织覆盖率"得分情况

平均分	最高分	最低分	中位值
87.02	96.00	80.00	86.00

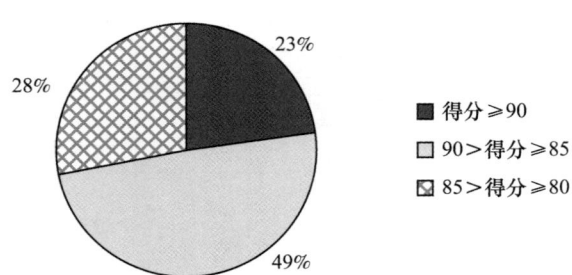

图 1.4 "社会组织党组织覆盖率"得分分布

数据和相关资料表明,各地对社会组织领域的党建工作都非常重视,并在全国范围内都保持了常态化推进,有效地保证了党对社会组织的领导，促进健康正向发展。

（三）相关思考

从测评数据层面分析，各地在"党的领导"方面总体呈现出良好态势，样本县（市、区）之间的综合得分均处于良好区间范围。相关指标分别从不同的视角检验各地基层党组织建设的成效。课题组根据数据和相关资料对"省级示范党群服务中心数量""市级以上优秀党员数量""社会组织党组织覆盖率""企业党组织覆盖率"四个指标进行进一步阐释，为各地坚持和发展新时代"枫桥经验"提供参考。

第一，提升党群服务中心的规范化建设水平。党群服务中心是推动新时代"枫桥经验"创新发展的重要场域。党群服务中心可以涵盖党建服务、办公议事、便民服务、基层治理、关爱帮扶、助力发展、志愿服务、文体休闲、应急保障、宣传展示等功能，在基层社会治理中发挥着政治引领、服务群众、化解矛盾、创新模式与示范带动以及资源整合与共享等多个方面作用。因此，党群服务中心是党和国家在基层一线的战斗堡垒，也是推动新时代"枫桥经验"的创新发展的重要场域和平台。各地在坚持和发展新时代"枫桥经验"过程中，要扎实推进党群服务中心建设，并不断提升规范化建设，不断丰富服务内容，鼓励争创省级示范中心，以先进带动后进，使当地的党群服务中心建设整体上一个台阶，实现基层党建能力的跨越式提升。

第二，发挥优秀党员的先锋模范作用。优秀党员是推动新时代"枫桥经验"创新发展的人才资源。优秀党员在基层社会治理中发挥着举足轻重的作用，他们不仅是党的路线、方针、政策的忠实执行者，更是社会治理的积极参与者和推动者。他们在基层社会治理中发挥着引领示范、组织协调、服务群众、维护稳定和创新推动等多重作用。各地在坚持和发展新时代"枫桥经验"过程中，要在城乡社区、社会组织、企业等基层组织中培养大量优秀党员，发挥先锋模范作用，带动广大群众解决自己的问题，有效提升基层自我服务和化解矛盾能力。

第三，激发社会组织的活力。坚持和发展新时代"枫桥经验"，必须充分发挥社会组织的作用。党的十八届三中全会提出要激发社会组织活力。社会组织既要有活力，也要有序。因此，2015年，中共中央办公厅出台《关于加强社会组织党的建设工作的意见》，要求推进社会组织党的组织和党的工作有效覆盖。由此，各地大力培育和发展社会组织，并提升党组织建设在社会组织的覆盖率。经过将近十年的探索，社会组织的党组织承担起保证政治方向、团结凝聚群众、推动事业发展、建设先进文化、服务人才成长以及加强自身建设等重要职责，使社会组织朝着更为健康的方向发展。各地在坚持和发展新时代"枫桥经验"过程中，要把社会组织作为重要的依靠对象，不断创新做群众工作的方法，不断拓宽依靠群众的范围，使社会组织成为基层社会治理的重要力量。

第四，提升企业的社会责任感。企业是推动新时代"枫桥经验"创新发展的重要阵地和力量。企业党组织建设覆盖率的提高，意味着更多的企业被纳入党的组织体系，从而更容易接受党的领导和指导，积极参与社会治理。党组织可以引导企业履行社会责任，参与社会治理，注重自身领域矛盾的预防化解，为构建和谐劳动关系和维护社会稳定贡献力量。随着非公有制经济的快速发展，加强企业党组织建设，特别是非公有制企业的党组织建设，对于推动社会治理具有重要意义。在坚持和发展新时代"枫桥经验"过程中，要把企业党组织建设覆盖率作为一项重要指标，引导企业提升社会责任感，特别是要加强企业矛盾自我化解，为党委和政府排忧解难。

二　人民主体

新时代"枫桥经验"的灵魂在于以人民为中心，其本质在于人民主体性。"一切以人民为中心"是新时代"枫桥经验"的核心理念；"一切为了人民"是新时代"枫桥经验"坚定不移的宗旨；"一切依靠人民"是新时代"枫桥经验"生生不息的生命源泉；"一切由人民评判"是检验坚持和发展新时代"枫桥经验"效果的根本尺度。课题组围绕"残疾人帮扶服务覆盖率""民主议事堂覆盖率""人大选举参与率""重大行政决策公众参与率"等指标对样本县（市、区）展开数据资料收集和测评。

（一）人民主体概括分析

数据和相关资料显示，样本县（市、区）在坚持"人民主体"工作方面整体表现良好，表明样本县（市、区）普遍坚持人民主体立场，努力把以人民为中心的发展思想落实到关心每一项"关键小事"、解决每一件具体纠纷上，努力做到治理过程让群众参与、治理成效让群众评判、治理成果让群众共享，不断提高群众获得感、幸福感、安全感。

表 1.7　"人民主体"整体得分情况

平均分	最高分	最低分	中位值
78.65	89.30	66.80	77.15

从表 7 可知，最高分为 89.30 分，最低分为 66.80 分，差异较大。样本县（市、区）的"人民主体"全国样本县（市、区）合格率达 100%，"人民主体"得分排名靠前的样本县（市、区）包括：福建省福州市仓山区、浙江省杭州市余杭区、甘肃省酒泉市敦煌市、山西省长治市潞州区、陕西省渭南市韩城市、陕西省渭南市富平县、重庆市江津区、重庆市江北区、山东省潍坊市高密市等。

重庆江北区"残疾人帮扶服务覆盖率""民主议事堂覆盖率""人大选举参与率""重大行政决策公众参与率"四项指标均达到 90 分以上，工作成效突出。资料显示，重庆市江北区坚持人民群众在城市治理中的主体地位，以改革创新为动力、以数字化变革为路径，全面促进超大城市中心城区治理能力现代化。重庆市江北区细化网格颗粒度，建强做实网格触角，打通社会治理、服务群众的最前沿。[①] 浙江省杭州市余杭区坚持"众人的事情由众人商量"，结合自身村社情况，创新实践"三治融合"积分管理机制，系统梳理自治、法治、德治的积分指标，为众人参

---

① 参见《集中攻坚，推进数字重庆建设取得更大突破》，重庆市人民政府网，2023 年 11 月 1 日。

与乡村治理注入新动能。① 在重庆市江津区鼎山街道，探索"公事""共事""家事""三事分流"工作法，搭建网格邻里会等协商议事平台，居民自己开会调解矛盾纠纷已成家常便饭。尽管"枫桥经验"在不同历史时期有不同的表现形式，但万变不离其宗，就是坚持从群众中来、到群众中去，一切为了群众，一切依靠群众，切实把群众工作的触角延伸到千家万户。②

（二）人民主体单项指标分析

样本县（市、区）"人民主体"得分情况普遍较好但存在差异。为了进一步展示样本县（市、区）的单项指标情况，课题组选取"残疾人帮扶服务覆盖率""民主议事堂覆盖率""人大选举参与率""重大行政决策公众参与率"四个单项指标进行进一步分析。

1. 残疾人帮扶服务覆盖率

党的二十届三中全会强调"完善残疾人社会保障制度和关爱服务体系"，为新时代新征程中国特色残疾人事业发展提供了根本遵循。"残疾人帮扶服务覆盖率"是衡量基层贯彻党的群众路线的重要指标。完善残疾人社会保障制度和关爱服务体系，是坚持以人民为中心发展思想的具体体现。

本次测评，"残疾人帮扶服务覆盖率"平均分90.20分，最高分98分，最低分65分，超60%的样本县（市、区）得分

---

① 刘君怡、陈康：《"防未病""查疑病""治已病"三招安一方，解码新时代"枫桥经验"余杭模式》，潮新闻，2023年10月25日。
② 周尤、何春阳：《新时代新重庆的美丽"枫"景——重庆市坚持和发展新时代"枫桥经验"综述》，重庆日报网，2023年12月11日。

在 80 分以上，整体得分较高（见图 1.5）。

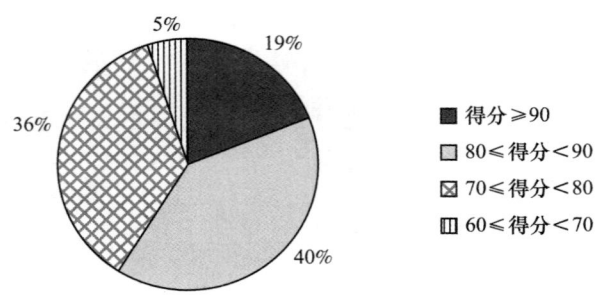

图 1.5 "残疾人帮扶服务覆盖率"得分分布

其中，山西省长治市潞州区、四川省成都市武侯区、重庆市江津区、云南省昆明市盘龙区、浙江省金华市义乌市等得分普遍在 95 分以上。资料显示，上述样本县（市、区）坚持着力抓好惠残民生、残疾人康复、就业帮扶等工作，不断完善残疾人社会保障制度和关爱服务体系，努力让残疾人切实感受到党和政府的温暖与关怀。以山西省长治市潞州区为例。为保障残疾人的合法权益，该区积极开展残疾人信访接待、法律救助、法律法规宣传等工作，并且通过开展法律"六进"普法培训，加强工作人员做好维护残疾人合法权益重大案件的调处能力。为给残疾人提供专业、精准的服务，全区 17 个镇、街道（中心）配备了 21 名残联专职委员，212 个村（社区）配备了 214 名残协专职委员。同时，该区在全区范围内开展持证残疾人基本状况调查工作，并对 56 户困难残疾人家庭建立工作台账，"一户一策"跟踪帮扶，切实保障他们的基本生活。[①]

---

① 董鑫：《潞州区用心用情托起残疾人幸福梦》，黄河新闻网，2023 年 5 月 25 日。

2. 民主议事堂覆盖率

民生议事堂是彰显人民民主真谛、践行全过程人民民主的途径。"民主议事堂覆盖率"可以衡量群众参与度矛盾纠纷预防化解情况。民生议事堂让众多居民参与社区治理，打通社区治理"最后一公里"。

数据显示，全国样本县（市、区）在本项指标上平均分为86.40分，得分均在80分以上，一半的样本县（市、区）得分在80分以上，总体工作成效良好，但存在一定的地区差异（见图1.6）。

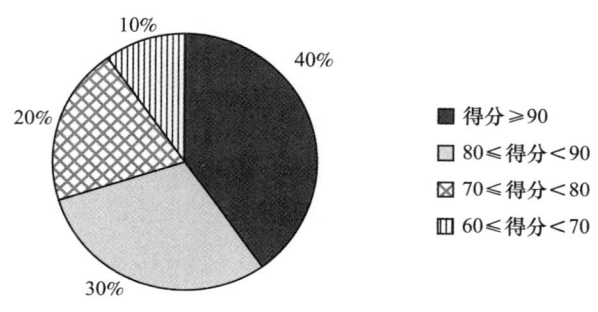

图1.6 "民主议事堂覆盖率"得分分布

浙江省样本县（市、区）在本项得分普遍高于全国平均水平，如浙江省金华市义乌市的得分为90.20分。民生议事堂是浙江省政协着力推进的基层协商民主工作机制。民生议事堂工作机制体现在三个方面。其一，建立联系群众机制。民生议事堂依托"委员联村工作机制"，让委员履职进村社，让政协走向基层一线，实现基层协商阵地全域建成、全域覆盖。其二，建立工作推进机制。浙江省将民生议事堂建设工作纳入全年工作重点及分月计划安排，坚持做到"六有"，即有具体实施方案，有分管主席牵头，有政协工委负责组织，有党政部门参与，有协商议事活动，有书面反馈成果。其三，建立协商衔接机制。协商衔接机制具体表现在加强政协协商与基层协商有效衔接，探索推行直接协商、指导协商、带动协商三种模式，加强与"乡会村开"、村民议事会等基层协商形式的沟通对接，做到议题协同确立、计划协同商定、人员协同参与、工作协同推进。

相比之下，中西部地区的"民主议事堂覆盖率"相对较低。例如，云南省样本县（市、区）平均分为72.10分，甘肃省样本县（市、区）平均分为70.30分。中西部地区的民主议事堂建设相对滞后，公众对议事堂的了解不充分，参与度较低，限制了民主议事机制的作用发挥。得分较低的样本县（市、区）应加大民主议事堂的建设力度，确保公众能够广泛参与公共事务。

3. 人大选举参与率

数据显示，接近85%的样本县（市、区）人大选举参与率得分都在80分以上。其中，四川省眉山市丹棱县、重庆市江津区、山东省潍坊市高密市、山西省长治市潞州区、北京市西城区、北京市东城区、北京市石景山区、陕西省渭南市富平县、甘肃省酒泉市敦煌市、天津市红桥区等区县的得分均高于90分（见图1.7）。

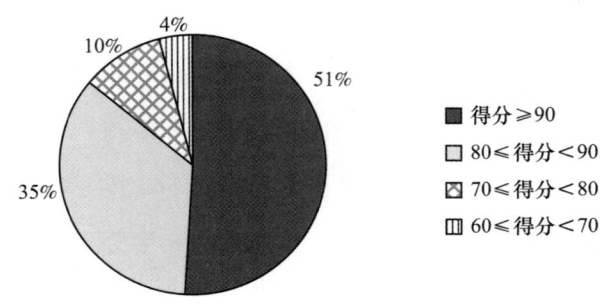

图1.7 "人大选举参与率"得分分布

北京地区人大选举参与率得分较高。其中，北京市西城区、东城区、石景山区公众人大选举参与率测评得分分别为94.84分、96.26分、98.50分。以北京市西城区为例，该区为有效推动人大代表换届选举各项工作的顺利开展，提升辖区居民对人大换届选举的知晓率、支持率和参与率，动员全体工作人员及人大换届选举宣传员统一思想，提高政治站位，切实增强责任感和使命感，明确责任分工，严格工作纪律，规范选举程序，做好人大换届选举相关工作的正确解读、宣传及登记。①

4. 重大行政决策公众参与率

全国样本县（市、区）"重大行政决策公众参与率"平均分为86.40分，最高分为98.50分，超半数样本县（市、区）得分在85分以上。数据表明，多数样本县（市、区）高度重视重大行政决策中的公众参与程度（见图1.8）。

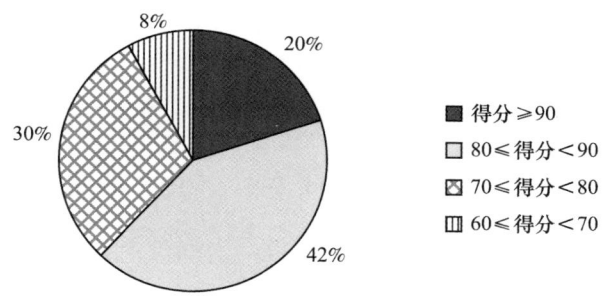

图1.8　"重大行政决策公众参与率"得分分布

"重大行政决策公众参与率"测评结果总体表现良好的原因可归于以下两点：一方面，多数地区已建立了重大行政决策

---

① 参见《西城区人大换届选举工作动员部署会召开》，北京市人民政府网，2021年8月18日。

公众参与的相关制度，表明样本县（市、区）对重大行政决策公众参与的高度重视，也反映了其为推动完善重大行政决策公众参与制度所做出的努力；另一方面，样本县（市、区）重大行政决策公众参与制度已基本形成整体制度合力。虽然一些地区的重大行政决策公众参与制度呈现分散性的特点，但在主要地市的覆盖比例基本较高，说明重大行政决策公众参与意识在全域范围内已经深入人心，并已经通过不同层次的制度规范和文件逐步转化为现实。

数据也显示，样本县（市、区）最高与最低得分存在一定差距。这说明一些地区重大行政决策的公众参与机制尚不完善，部分决策在实施过程中缺乏有效的监督和跟踪，今后仍需在公众监督方面进一步完善，以期提高行政决策的科学性、透明度。

（三）相关思考

相比"残疾人帮扶服务覆盖率""民主议事堂覆盖率""人大选举参与率"等，一些样本县（市、区）"重大行政决策公众参与率"得分较低。公众参与重大行政决策是政府部门与公众进行交流、合作的方式，可以提高公众对政府决策的支持度和信任度，保障重大行政决策的合法性与正当性，对政府决策形成良性激励，使政府决策更加富有成效。重大行政决策公众参与工作仍存在较大问题，亟待进一步完善。

第一，培育公民参与行政决策的意识。一方面，在重大行政决策绩效评估中，公众普遍缺乏参与意识，甚至不少公众参与是"裹挟式参与"。在我国传统的行政决策过程中，公众被动地接受政府的安排已成为一种惯性。另一方面，受成本因素的制约，公众缺乏参与积极性。每一个理性的公众都会意识到参与政府绩效评估会花费相当多时间和经济成本，因此如果公众无法看到劳动付出得到的成效，他们就会失去参与的热情。对此，应进一步培育公民参与意识，提升公民对重大行政事务的关注，使其认识到自己的权利和义务，并愿意为公共利益发声。[1]

第二，健全重大行政决策的公众监督机制。公众参与重大行政决策不能仅依靠倡导性的理念和"运动式"的民意测评，更需要配套的体制和机制加以保障。当前制度困境表现在以下几个方面：第一，重大行政决策活动信息公开程度不够，公众对评估活动监督缺位，导致公众对政府的绩效评估失去了信心。第二，回应性机制缺位，公众的评价和意见往往得不到决策机关的反馈和回应。第三，相关立法阙如，程序性规则任意性较大，严重影响行政决策结果的严肃性。对此，应从立法方面为公众参与重大行政决策提供保障，完善结果信息公开制度，尽可能地消除公众对政府决策存在的疑虑。[2]

第三，建立多元化的公众参与机制。重大行政决策的内部评价强调专业性和高效性，而公众参与绩效评估往往强调"公众满意度"等更为抽象、粗放的评价指标，这种内蕴于制度中的紧张关系有可能导致决策机关对公众评价的冷漠，如果没有

---

[1] 景汉朝：《新时代"枫桥经验"的基本问题与法治化构建》，《政治论坛》2024年第2期。

[2] 彭小龙：《"枫桥经验"与当代中国纠纷解决机制结构变迁》，《中国法学》2023年第6期。

明确、可操作性的程序规则指引，就很可能转为决策机关现实的行动。实践表明，公众个人试图通过对政府的决策做出评估从而达到影响政府决策的目标几乎是不可能的。背后缘由在于：一方面，公众个人的利益诉求难以保证其代表性，不能体现社会公众的最大公约数；另一方面，由于公众个人受教育程度、专业水平、成长环境等因素的影响，对决策评估难以形成较为统一、完整的参与目标。对此，应建立多元化的公众参与机制，组成多主体治理结构，提供畅通的、常态化的、制度化的公众参与渠道。在社会治理多元参与的体系构建过程中，应建立多元参与机制中权责清单机制，形成多元参与基层社会治理问题解决的闭环机制，实现多元参与诉求要素标签化、类型化的处理，并以此为基础形成嵌入式的协同与多方联动效应。[①]

三　多元协同

坚持共建共治共享的社会治理制度，组织人民群众、社会组织、企业等社会多元主体共同参与社会治理活动，形成多元协同治理的局面，是新时代"枫桥经验"的重要特征之一。课题组围绕"一网通办"率、平安建设群众参与率、社会组织万人比等指标收集数据和相关资料进行测评。数据和资料表明，样本县（市、区）积极动员社会力量，激发社会活力，努力打造多元互动、共治共享的基层治理格局，成效明显。

---

① 王岩、陶鑫杰：《新时代"枫桥经验"的实践逻辑》，《南通大学学报》2024 年第 1 期。

（一）多元协同概括分析

2024年，全国样本县（市、区）在"多元协同"方面的工作总体表现较好，最高分为96.33分，最低分为76.67分，平均分为87.02分。大部分样本县（市、区）在矛盾纠纷预防化解中能够充分发动群众，实现多元主体共同参与。但最高分与最低分之间19.66分的差距也表明仍有少数样本县（市、区）表现一般（见表1.8）。

表1.8　　　　　　　"多元协同"数据整体分析

指标名称	平均分	最高分	最低分	中位值
多元协同	87.02	96.33	76.67	86.67

样本县（市、区）"多元协同"得分均在75分以上，103个样本县（市、区）得分达到80分以上，得分90分以上的样本县（市、区）有23个，约占总数的22%，其中有2个样本县（市、区）得分超过95分（见图1.9、图1.10）。

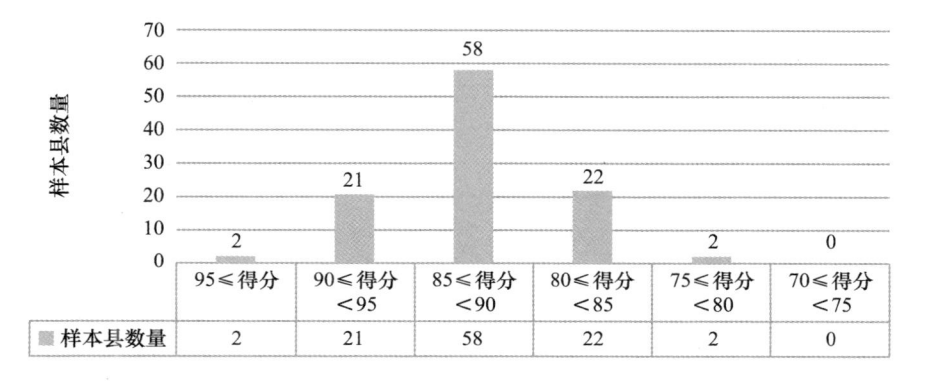

	95≤得分	90≤得分<95	85≤得分<90	80≤得分<85	75≤得分<80	70≤得分<75
样本县数量	2	21	58	22	2	0

图1.9　"多元协同"样本县（市、区）得分情况

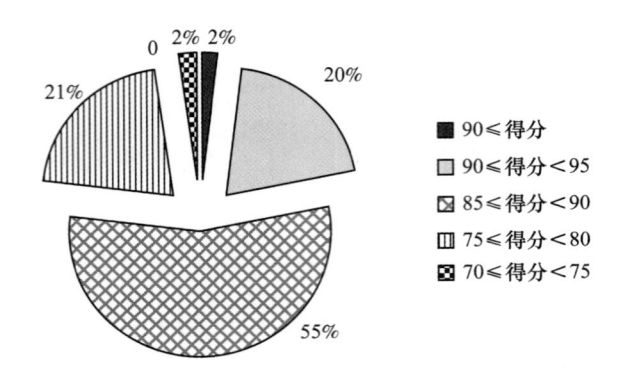

图 1.10　样本县（市、区）"多元协同"得分区间占比

较为明显的是，有超过半数以上的样本县（市、区）得分集中在 85—90 分，所有样本县（市、区）得分均高于 75 分。数据表明，当前各样本县（市、区）在推进多元协同治理工作方面整体表现良好，"多元协同"得分处于较优水平。

"多元协同"得分排名靠前的样本县（市、区）包括：江苏省南通市如皋市、四川市成都市武侯区、贵州省六盘水市钟山区以及四川省泸州市泸县等。其中，四川省泸州市泸县得分 92.67 分，重庆市江北区、广西壮族自治区北海市海城区和江苏省苏州市吴江区分别以 92 分和 91.67 分的得分紧随其后。此外，获得高分的样本县（市、区）还有：青海省果洛藏族自治州达日县、山东省济宁市金乡县、重庆市江北区、海南省海口市秀英区、江苏省南京市栖霞区、江苏省淮安市淮阴区、山西省长治市潞州区等。这些样本县（市、区）既涵盖了经济水平相对领先的长三角地区，也包括了经济欠发达的沿海或发展较为落后的西部及边疆地区。尽管经济发展水平是推进基层社会治理工作的重要基础，但是随着近年来国家区域经济均衡发展及社会基层治理投入扶持政策的大力推进，全国各地经济水平差距正逐步缩小。在推进多元协同基层社会治理工作方面，欠发达地区也不甘落后，充分发挥地域优势，并借助数字经济时代红利，在科技力量加持下推动多元共治格局的形成。

（二）多元协同单项指标分析

课题组结合样本县（市、区）的得分情况和相关资料，综合考虑并分析了"多元协同"的若干三级指标，选取"一网通办"率、平安建设群众参与率、社会组织万人比进行进一步分析。

1. 一网通办率

一网通办以互联网为载体，旨在实现线上和线下的联动和共通，整合多方资源，促进政府部门的集中和协同，为社会和公众提供一站式整合性公共服务。一网通办以人民为中心，旨在为公众提供更高效、便捷的服务，凸显智慧政府和服务型政府的理念，是政务服务创新的重要方向（见图1.11）。

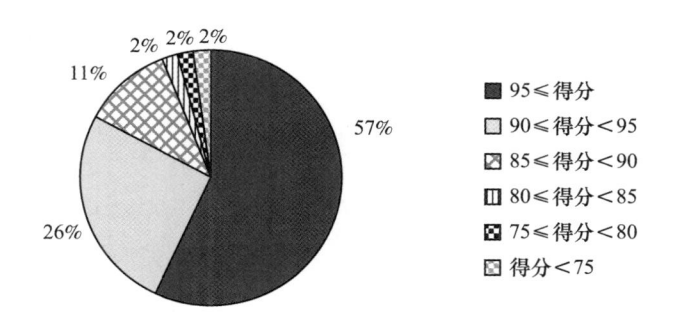

图1.11 "一网通办率"得分分布

数据显示，有一半以上的样本县（市、区）"一网通办率"得分在95分以上，得分80分以上的样本县（市、区）占比高达96%。其中，北京市东城区和西城区、江苏省南京市栖霞区、四川省眉山市丹棱县、甘肃省兰州市西固区、福建省宁德市霞浦县、河北省张家口市阳原县、湖北省咸宁市咸安区、湖南省常德市津市市的得分较为优异。其中，甘肃省兰州市西固区，紧密围绕"高效办成一件事"改革重点任务，通过部门协同、数据共享与流程优化，形成了高效运转的政务服务体系。近年来，该地区以甘肃政务服务网西固子站和"甘快办"手机 App 为依托，不断提升"互联网＋政务服务"水平，组织各乡镇（街道）和相关业务部门在全省数字政府系统中认领政务服务事项并编制实施清单 4483 项，通过优化审批流程、配合省市部门积极对接业务系统等方式，实现 448 项政务服务上线甘肃政务服务网和"甘快办"手机 App，一网通办率达到 99.9%。[①] 上述数据表明，全国各样本县（市、区）的一网通办率整体表现不错，部分表现特别突出的样本县（市、区）在提升政府为人民群众服务的效率、推进政务平台建设、协同各部门、高效整合各类服务资源方面展现了较强的工作力度，不断突破创新，取得了良好成效。

2. 平安建设群众参与率

"平安建设群众参与率"能够体现群众参与所在社区平安建设的程度和积极性，以及他们是否主动报告身边公共安全问题的情况。例如，社区组织的平安巡逻、纠纷调解、交通劝导、安全检查等活动，都是群众参与平安建设的重要形式。高参与率显示出群众对社会治安和公共安全的重视，同时也表明了愿意为社区安全积极贡献自己的力量。

[①] 董永前：《推进"一网通办"聚力代办帮办》，《兰州日报》2024 年 9 月 16 日。

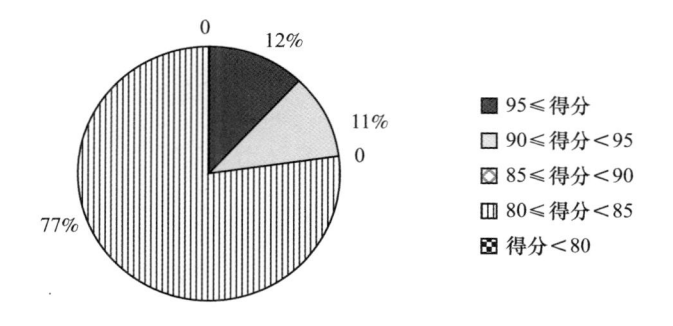

图1.12 "平安建设群众参与率"得分分布

图1.12数据显示，所有参与测评的样本县（市、区）"平安建设群众参与率"的得分均在80分以上，其中23%的样本县（市、区）得分高于90分，表明当前基层在推进地方平安建设、鼓励群众积极参与方面的工作取得了积极成效。其中成效较为突出的样本县（市、区），如四川省泸州市泸县、广西北海市海城区、贵州省遵义市仁怀市、吉林省四平市梨树县、江苏省苏州市吴江区及南通如皋市、江西省新余市分宜县、陕西省榆林市绥德县、新疆维吾尔自治区乌鲁木齐市沙依巴克区等，得分均达到95分以上。样本县（市、区）在提升平安建设群众参与率方面采取了一系列有效措施，主要包括：充分动员群众参与，通过各类媒体和渠道广泛宣传平安建设的重要性，提高群众的参与意识；定期组织平安建设活动，如消防演习、应急演练等，让群众亲身体验和参与；注重激励，对积极参与平安建设的群众给予表彰和奖励，激发参与热情；同时通过微信、电话等各种便捷途径让群众更方便地报告问题和参与调查等。

3. 社会组织万人比

"社会组织万人比"反映了社会组织在基层社区治理、社会服务等方面的覆盖程度和影响力，体现了社会组织的数量和密度，展示了该地区社会组织发展活跃度、社会治理和服务水平，同时也反映了其更好地满足民众需求的能力。

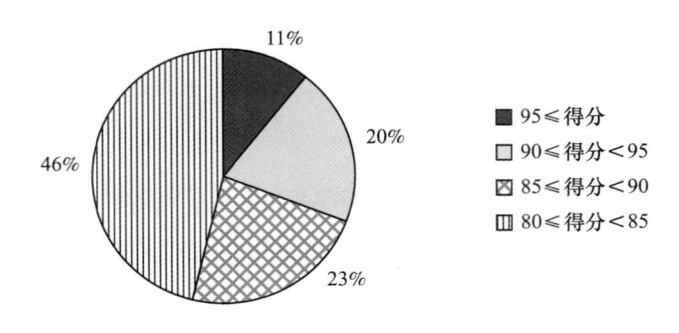

图1.13 "社会组织万人比"得分分布

图1.13数据显示，有57个样本县（市、区）"社会组织万人比"得分超过85分，占比54%；33个样本县（市、区）得分高于90分，其中得分超过95分的包括浙江省杭州市余杭区、浙江省衢州市常山县、重庆市江津区及江北区、四川省成都市武侯区、山东省济宁市金乡县、贵州省六盘水市钟山区、海南省昌江黎族自治县、江苏省淮安市淮阴区及南通市如皋市、青海省果洛藏族自治州达日县，占样本县（市、区）总数的11%。

得分较高的样本县（市、区）的社会组织覆盖率较高，涉及的社会领域较广泛，服务更为普及，惠及更多人群，同时该地区群众对社会组织的认可和参与度也较高。截至2023年，成都市登记的社会组织超过1.1万家，备案的社区社会组织达到2.4万家，涉及养老服务、儿童福利、社会救助、流浪乞讨人员救助、慈善捐赠、社会组织发展、区划地名建设等多个领域，发挥着社会公益服务正向作用，助力地区基层治理和治理能力现代化。[①] 为深入贯彻落实习近平总书记关于民政工作的重要论述和关于社会组织工作重要指示批示精神，落实支持社会组织参与公共服务相关制度安排，民政部于2024年4月发布了《2024年中央财政支持社会组织参与社会服务项目实施方案》。[②] 各地应以此政策为契机，充分发挥地方优势，积极推进社会组织建设，科学布局规划，提高社会组织的公共服务水平。

（三）相关思考

根据测评数据综合分析，目前全国各地在努力调动社会多元主体协同推进基层社会治理方面，总体表现较好。各样本县（市、区）的单项指标得分普遍集中在80分以上，但仍有极个别样本县（市、区）"一网通办率"得分低于70分。一网通办的实现还存在一些有待解决的堵点。

第一，解决数据共享难题。目前相关制度保障和技术支撑能力不够健全，不同部门的信息系统和数据库之间存在隔阂，导致信息无法实现共享和流转。[③] 对此，政府部门应积极构建相关制度打通全国政务公共数据共享渠道，制定统一的信息标准和数据接口，以确保不同系统之间的互联互通。同时，也需

[①] 参见《全市登记1.1万余家社会组织 备案2.4万家社区社会组织》，《成都商报》2024年3月18日。

[②] 《民政部办公厅关于印发〈2024年中央财政支持社会组织参与社会服务项目实施方案〉的通知》民办函〔2024〕28号，中华人民共和国民政部，2024年4月19日。

[③] 陈少强、戴琳：《大数据平台在政府绩效管理中的应用研究》，《兰州大学学报（社会科学版）》2024年第4期。

要加强技术投入，对数据进行分类整合，提升平台界面的交互性和友好性，实现信息的集中管理和共享。

第二，强化数字技术支撑。当下部分地区的技术设施不够完善，无法满足一网通办的需求。为此，各地政府需加大对技术设施的投入，提高地区的信息化水平。可通过与企业合作，共享技术设施和资源，提升政务服务的能力。例如上海市金山区利用数据支撑、技术赋能开发了"金智办"的智能审批辅助系统，通过 AI 技术，数据赋能、技术支撑，实现了智能的"一屏填入"。同时，金山区行政服务中心还推进"主题集成"服务，围绕企业和个人全生命周期相关政务服务事项，上线了高效办成"一件事"的 46 项服务，并陆续推出了 18 个"免申即享"服务事项，不断推动政务服务提速升级。[①] 各地应强化技术支撑，拓展服务功能，为矛盾纠纷预防化解提供更精准高效的服务。

第三，简化办事流程。企业和群众办事需多次往返，增加了行动难度和成本，为企业和群众服务的广度和深度不够。为此，一些地区在实际工作中探索出一些新的举措。例如，海南省在全省范围开展"厅局长走流程"活动，建立活动常态化开展机制，健全问题库、点子库、项目库、案例库"四库"闭环管理机制，让厅局长转换角色、变换视角，从企业和群众办事、基层经办工作两个角度出发，推动制度优化、流程再造和服务提升。此外，"数字鸿沟"问题不容忽视。部分老年人、农民工等特殊群体对信息技术的使用不熟悉，导致他们无法享

---

① 参见《让百姓"少跑路"，金山持续提升"一网通办"政务服务功能》，上海市金山区人民政府，2024 年 1 月 10 日。

受一网通办带来的便利。为应对此类问题，云南省实施了"康乃馨"行动，及时建立特殊群体服务台账，主动提供"点对点""面对面"服务，帮助特殊群体完成待遇资格认证，切实提高服务的"质感"和"温度"。① 各地应借鉴此类工作经验，充分发挥社区功能，组织网络技能培训指导，在社区或服务站点设立便民服务点，为群众提供线下办事渠道，真正实现"好办""易办"，建立健全服务体验优化机制。

四　四治融合

新时代"枫桥经验"以自治、法治、德治、智治融合为基本方法。自治是基层社会治理的"内生力"，法治是基层社会治理的"硬实力"，德治是基层社会治理的"软实力"，智治是基层社会治理的"支撑力"。法治是新时代"枫桥经验"的鲜明特征，新时代"枫桥经验"是推进法治社会建设的有效方法。② "新时代'枫桥经验'以协商调解为基本方式，充分发挥法律定纷止争的作用，注重在法治轨道上平衡社会利益、调节社会关系、规范社会行为。"③ 课题组围绕"下沉执法人员占比""认罪认罚从宽适用率""万人失信率"等指标对样本县

---

① 参见国务院办公厅《国务院办公厅关于依托全国一体化政务服务平台 建立政务服务效能提升常态化工作机制的意见》国办发〔2023〕29 号，2023 年 8 月 18 日，中国政府网。

② 钱弘道：《坚持和发展新时代"枫桥经验"》，《光明日报》2024 年 1 月 10 日。

③ 陈文清：《坚持和发展新时代"枫桥经验" 提升矛盾纠纷预防化解法治化水平》，《求是》2023 年第 24 期。

（市、区）收集数据资料和测评。数据显示，大部分样本县（市、区）表现较好。

（一）四治融合概括分析

全国样本县（市、区）"四治融合"一级指标测评结果如下：平均分87.66分，最高分95.91分，最低分76.58分。样本县（市、区）一级指标合格率达到100%。45个样本县（市、区）得分高于85分，占比42.86%，26个样本县（市、区）得分在75—85分，占比24.76%（见图1.14）。测评结果表明，多数地区通过"四治"并用，基本构建出开放、透明、高效、和谐的矛盾纠纷预防化解工作局面。

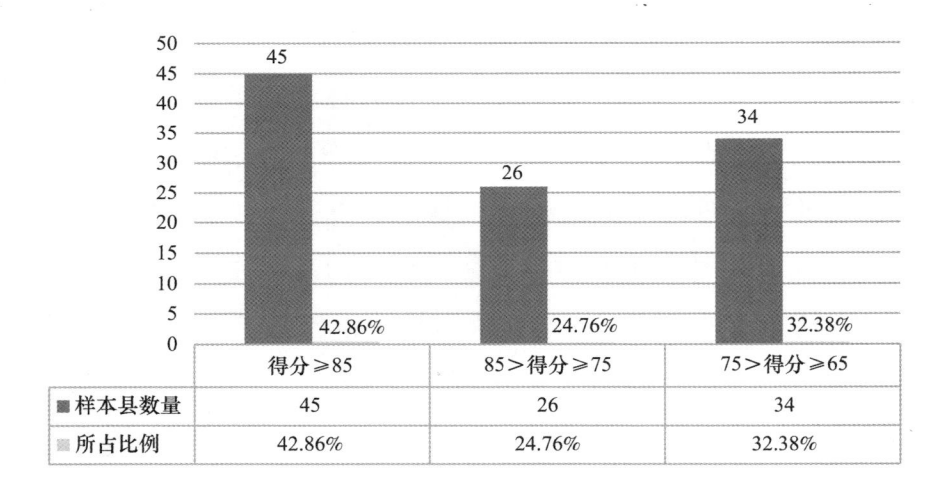

	得分≥85	85＞得分≥75	75＞得分≥65
样本县数量	45	26	34
所占比例	42.86%	24.76%	32.38%

图1.14 "四治融合"得分情况

本次测评中，排名靠前的样本县（市、区）包括四川省成都市武侯区、上海市普陀区以及重庆市武隆区。其中，重庆市武隆区在本项测评中以93.13分位居样本县（市、区）第一，四个单项指标达到满分状态，三个单项指标超过90分。上海市普陀区和成都市武侯区分别以92分和91.88分的成绩紧随其后。从整体来看，这三个地区在"四治融合"方面均表现出较好的工作成效。

从横向比较来看，经济相对发达的省份在"四治融合"方面更加突出。究其原因，经济发展水平较高且政策环境更宽容的地区在开展基层治理工作时可能占据更多优势并且更易出成效。雄厚科技力量、充足资金支撑以及完备制度保障，能够有效提升基层治理效能。因此，如何在既有成绩的基础上进一步补齐短板，提升实效，已成为下一阶段的工作重点。

（二）四治融合单项指标分析

为更好地评估样本县（市、区）"四治融合"水平，课题组选取"下沉执法人员占比""认罪认罚从宽适用率""万人失信率"三个三级指标展开分析。

1. 下沉执法人员占比

本项指标平均分为78.88分，80分以下占比68%，80—90分占比24%，90分以上占比8%（见图1.15）。

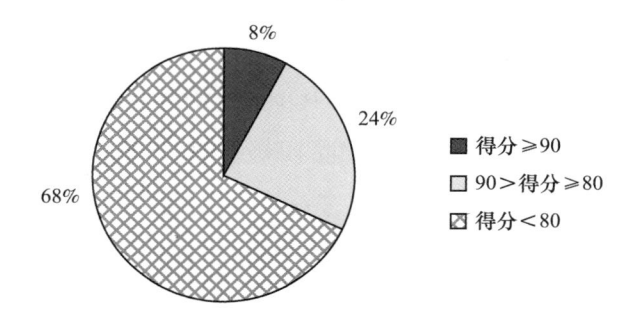

图1.15 "下沉执法人员占比"得分分布

整体来看，样本县（市、区）在"下沉执法人员占比"这一子项得分，相较于其他项而言得分普遍更低。2023年，许多样本县（市、区）在推动县级执法力量向乡镇层级下沉的工作过程中暴露出了不少短板。在制度配备方面，部分样本县（市、区）在规划执法力量下沉方案时缺乏系统性和前瞻性，尚未形成完善的人员调配机制与激励措施体系。在资源分配方面，部分样本县（市、区）对乡镇基层执法的物资、资金等保障投入不足，使下沉工作缺乏坚实物质基础。

当然，数据和资料也显示，在"下沉执法人员占比"这一子项测评中，不乏部分样本县（市、区）存在工作亮点，如北京市东城区、北京市西城区、江苏省南京市栖霞区和江苏省南通市如皋市等。北京市大力推广"街乡吹哨、部门报到"模式，有效整合分散的执法资源，使执法力量能够快速响应基层需求并下沉到位。[1] 江苏省在实践中探索出了一条"网格化联动执法"，路径通过构建精细的网格体系将执法力量精准布局在网格中，实现了信息共享、协同联动，极大地提高了执法效率与覆盖面。[2]

2. 认罪认罚从宽适用率

"认罪认罚从宽适用率"是衡量检察工作成效的重要表征，能够反映出参评地区是否在优化司法资源配置、有效惩治犯罪、缓解案多人少矛盾方面发挥积极作用。数据显示，本项指

---

[1] 芦晓春、邓保群：《北京市实施"街乡吹哨、部门报到"改革纪实》，人民网，2018年12月10日。

[2] 参见《以"平安前哨"工程为抓手，深入推进网格警格融合建设，着力提升基层社会治理现代化水平——访江苏省委政法委常务副书记朱光远》，澎湃新闻网，2020年10月20日。

标的平均分为95.58分，其中27个样本县（市、区）获得满分，其余样本县（市、区）样本县（市、区）得分均在90分以上，总体情况较为乐观。

从横向比较来看，一些经济发达、司法资源充足的样本县（市、区），认罪认罚从宽适用率相对较高，如北京市、重庆市、江苏省等地；而一些经济欠发达地区适用率相对较低。

3. 万人失信率

本项指标可直观反映地区在经济与社会活动中的信用生态状况。低万人失信率有利于构建良好社会风尚及互信环境。社区内居民信任度高，能降低交易成本，推动邻里互助、二手交易等活动顺利开展，促进社区和谐稳定。从经济层面看，低失信率地区对投资有强吸引力，能增强市场活力，助力企业融资与业务拓展，如信用示范城市吸引企业入驻，带动产业发展；反之则让投资者却步。

数据显示，本项指标平均分为80.87分，最高得分94分，最低得分70分，有42个样本县（市、区）得分低于75分，占比达40.00%；55个样本县（市、区）得分处于75—85分，占52.38%；另有西藏自治区山南市乃东区、西藏自治区林芝市波密县、吉林省磐石市、吉林省通化市辉南县、吉林省四平市梨树县、湖南省湘西市龙山县、山东省威海市环翠区等区县得分在85分以上（见图1.16）。

西藏地区"万人失信率"得分较高，与其深厚的宗教文化底蕴和相对单一的经济活动紧密相关，减少了失信行为的复杂诱因。吉林省部分县区在诚信建设方面同样成果显著，为地区信用体系建设树立优秀范例。具体而言，吉林省大力推行《吉林省

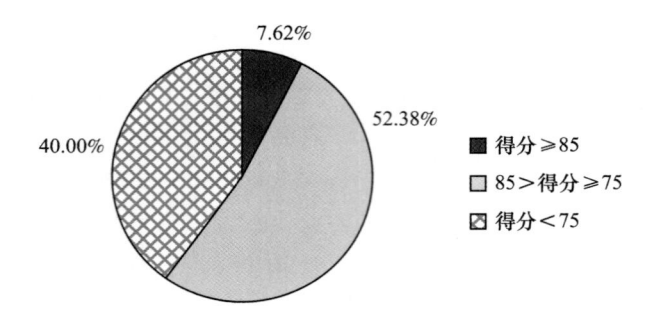

图 1.16 "万人失信率"得分分布

社会信用条例》和《关于推进社会信用体系建设高质量发展若干举措》，将信用体系建设全面纳入全省"数字政府"建设，统筹打造集约高效的"两平台、一站群"，工作成效斐然。[①]

（三）相关思考

整体来看，各地"四治融合"工作总体态势良好，样本区县的综合得分普遍处于良好区间。然而，部分单项指标差异显著，"万人失信率"尤为典型。从横向来看，经济较落后地区如西藏、吉林的"万人失信率"得分高于广东、浙江等发达地区。从纵向来看，2022—2023 年，"四治融合"指标测评结果稳步提升，但"万人失信率"这一子项却有所下滑。改善"万人失信率"指标，具体可以从三个方面入手。

第一，彰扬诚信文化，构建精神根基。从文化学视角审视，文化对诚信具有持久影响。以西藏为例，该地区佛教文化盛行，宗教教义中所蕴含的诚信与道德规范理念深入人心，在

---

① 参见《持续加强社会信用体系建设 不断优化营商环境》，吉林省人民政府网，2023 年 11 月 4 日。

社会中营造出强大的道德约束场域，失信行为在这种浓厚的宗教文化氛围下受到极大的抵制。山东作为孔孟之乡，儒家文化倡导的诚信理念世代传承，深入人心，成为社会成员行为规范的准则。在测评的样本县（市、区）中，西藏自治区山南市乃东区、林芝市波密县、那曲市比如县以及山东省威海市环翠区在"万人失信率"这一指标得分均高达94分之上，优于其他样本县（市、区）。尽管样本数量有限，但在一定程度上具有典型性，有力地佐证了文化传统在诚信构建中的关键作用。这种文化传承不仅塑造个体的道德品质，更在区域层面形成一种集体的诚信意识，为良好信用环境的营造奠定坚实基础。

第二，优化营商环境，鞭策失信行为。经济发展情势是"万人失信率"的复杂风向标。从经济学与社会学交叉研究的维度考量，理论上经济发展水平与信用水平应呈正相关关系。在经济发展程度较高阶段，市场交易活动频繁且规模庞大。守信行为能够有效降低交易成本、提升交易效率，促使市场主体获取更多商业机遇与资源，进而形成良性循环，激励人们更加倾向于守信。然而，近几年受疫情冲击等因素影响，经济形势发生波动。整体经济环境的不景气，导致经商环境恶化，从街边小店到大型企业集团，众多商业主体在疫情冲击下倒闭。这种情况下，因经商失败而产生的"被动型老赖"数量逐渐增多，在一定程度上致使"万人失信率"指标变差。特别是在经济发达地区如浙江、广东等地，这种现象更为凸显。从测评数据来看，这两个地区的6个样本县（市、区）在"万人失信率"方面排名靠后。该测评结果与最高人民法院执行信息公开网、企查查等公开信息相互印证，揭示出经济发展情势变化对

"万人失信率"指标的复杂影响机制。对此，应将持续加强诚信社区建设，不断创新工作思路，拓展工作路径，结合社区各类活动，通过网格走访、网络宣传等方式，带动更多的居民及商户参与到社会信用体系建设中。

第三，强化政府引导，创建诚信社会。在构建诚信社会中，政府完善信用监管体系很关键。利用大数据和人工智能，可实时精准监测企业和个人信用，精确采集并分析信息用于多领域。加大失信惩处，如经济处罚、限制准入、公开信息等提高失信成本。教育上，学校开设诚信课程和活动，社区开展宣传，构建诚信教育网络提升民众信用意识。企业建立行业信用联盟，制定标准规范行为，加强内部监督，承担社会责任以树立良好信用形象。完善信用修复机制，给失信者机会重建信用，降低"万人失信率"，营造积极健康有序的信用环境，这一系列举措相互关联、相辅相成，共同推动诚信社会建设。

五 矛盾化解

新时代"枫桥经验"以矛盾纠纷预防化解为基本内容。新时代"枫桥经验"体现了注重调解、司法为民、重在"治未病"等中国特色，是实践证明行之有效的人民内部矛盾预防化解方法。坚持和发展新时代"枫桥经验"，就要以就地解决矛盾为导向，把基层一线作为化解矛盾纠纷主阵地，不上交矛盾，切实做到守土有责、守土尽责。课题组围绕"'无上访村社'创建率""矛盾纠纷就地化解率""初次信访事项化解率"等指标进行数据收集测评。数据显示，大部分样本县（市、区）在矛盾纠纷预防化解工作成效明显。一些样本县（市、区）需要进一步完善矛盾纠纷预防化解工作机制，更有效地预防化解矛盾纠纷。

（一）矛盾化解概括分析

数据和相关资料显示，样本县（市、区）普遍重视坚持和发展新时代"枫桥经验"，聚焦提升基层社会治理能力，推动政法资源力量下沉网格，努力提升矛盾纠纷预防化解法治化水平，使矛盾纠纷预防在先、发现在早、处置在小，最大限度地化解在萌芽状态。样本县（市、区）矛盾化解工作整体呈现良好水平。"矛盾化解"得分情况见表1.9和表1.10。

表1.9　　"矛盾化解"各得分区间样本区、县数量

"矛盾化解"指标平均得分	94＞得分≥92	92＞得分≥90	90＞得分≥88	88＞得分≥86	86＞得分≥84
区县数量	2	4	25	66	8
所占比例	1.90%	3.80%	23.80%	62.90%	7.60%

表1.10　　"矛盾化解"得分情况

平均分	最高分	最低分	中位值
87.46	93.50	85.33	87.33

从表1.10可知，各样本县（市、区）平均分为87.46分，表明样本县（市、区）普遍重视矛盾纠纷预防化解工作，且能基本保证矛盾纠纷在基层得到有效化解。同时数据也显示，样本县（市、区）最高分为93.50分，最低分为85.33分，分数

间存在一定差异。数据差异从一个角度反映了不同样本县（市、区）之间矛盾纠纷预防化解工作水平与成效存在一定差距。不同地方的经济发展情况、法治建设状况、人员流动性等因素都会影响矛盾纠纷预防化解的成效。

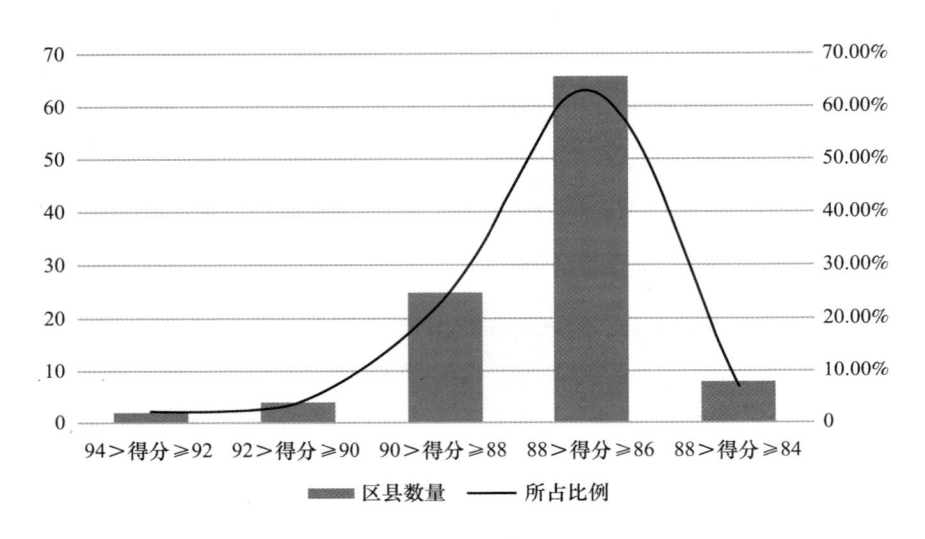

图1.17 "矛盾化解"得分分布

数据显示，"矛盾化解"得分主要集中在86—88分，突破90分的样本县（市、区）数量仍为少数。"矛盾化解"得分靠前的样本县（市、区）有：浙江省舟山市普陀区、重庆市江津区、四川省成都市武侯区、浙江省杭州市余杭区、重庆市江北区、山东省潍坊市高密市、重庆市武隆区、浙江省衢州市常山县、北京市西城区、北京市石景山区、福建省福州市仓山区、福建省泉州市晋江市、江苏省南通市如皋市和新疆维吾尔自治区喀什地区巴楚县等。这些样本县（市、区）在化解矛盾纠纷领域的工作成效较为突出，其工作做法值得总结推广。例如，重庆市江北区的"老马工作法"。马善祥同志扎根基层27年，成功调解矛盾纠纷2000多起，为社会稳定、邻里和睦做出了贡献。该工作法是在对马善祥本人总结梳理的60多种工作方法和观音桥街道多年来形成的基层群众工作机制的基础上，总结提炼出来的一整套基层调解工作和群众思想工作方法体系，包括"民为本、义致和""3441"保障制度和老马三十六策等内容。该项工作法很大程度上提升了当地矛盾纠纷预防化解的工作效率，值得借鉴学习。

（二）矛盾化解单项指标分析

为进一步总结"矛盾化解"成效突出的样本县（市、区）的工作经验，探讨当前矛盾纠纷化解工作机制存在的不足，课题组选取若干三级指标进行具体分析。

1. 无上访村社创建率

大多数样本县（市、区）"无上访村社创建率"的得分集中在80—85分。得分较高的样本县（市、区）有浙江省杭州市余杭区、重庆市江津区、浙江省舟山市普陀区、甘肃省酒泉市敦煌市、湖南省常德市津市市、广东省珠海市香洲区、北京市西城区、福建省泉州市晋江市、江苏省南通市如皋市等。华东地区样本县（市、区）的平均分要高于其他地区，表明矛盾纠纷预防化解与经济发展水平等因素存在相关关系（见图18）。

资料显示，得分较高的样本县（市、区）重视运用新时代"枫桥经验"预防化解矛盾纠纷。例如，湖南常德市出台了《关于建设"无上访村（社区）"的意见（试行）》，总结了"四个一"的工作模式，推行"四诊"工作法，在县一级设立县级矛盾调处中心，强化访调对接、联合调处，让县一级成为

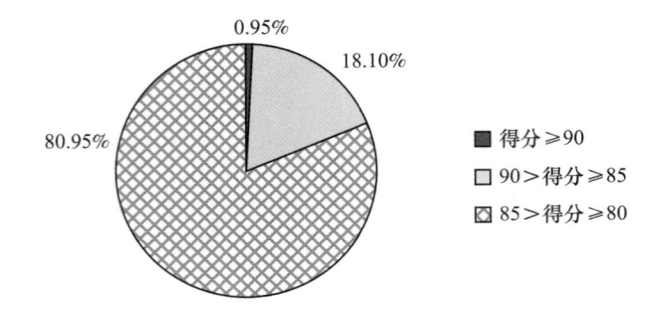

图1.18 "无上访村社创建率"得分分布

多数信访问题的终点站。这样的工作方式方法推动了基层矛盾的就地化解，成为新时代"枫桥经验"常态化的具体实践。

2. 行政复议化解率

从"行政复议化解率"得分情况来看，大多数样本县（市、区）的得分在85—90分这个区间，评分在90分以上的样本县（市、区）共19个（见图1.19）。

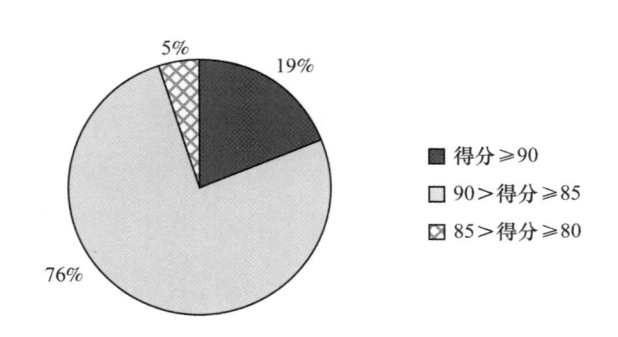

图1.19 "行政复议化解率"得分分布

得分较高的样本县（市、区）分别是新疆生产建设兵团第八师石河子市、新疆维吾尔自治区喀什地区巴楚县、浙江省舟山市普陀区、天津市河西区、上海市虹口区、宁夏回族自治区固原市西吉县、浙江省杭州市余杭区、重庆市武隆区、山东省潍坊市高密市、甘肃省兰州市西固区、甘肃省酒泉市敦煌市、广东省梅州市蕉岭县、广西壮族自治区崇左市龙州县、贵州省遵义市仁怀市、海南省昌江黎族自治县、河北省保定市莲池区、黑龙江省大兴安岭地区漠河市、黑龙江省哈尔滨市道外区、湖南省常德市津市。

资料表明，得分较高的样本县（市、区）在运用新时代"枫桥经验"预防化解矛盾纠纷方面都有创新举措。例如，重庆司法局升级重庆"掌上复议"应用，分阶段对接司法部"掌上复议"平台和重庆市"渝快办""渝智调"等数字应用，实现网上申请、网上立案、网上答复、网上送达等，为群众提供全方位行政复议案件办理服务。同时，市司法局持续深化"复调对接"机制，在行政复议案件受理前、审理中、决定后开展全流程调解，加强各部门对接联动，有效降低行政起诉率与诉讼率，推动行政争议化解在基层、问题解决在当地。

3. 万人成讼率

"万人成讼率"反映一个地区法院受理的民商事案件数量，可以较为客观地体现该地区民商事矛盾纠纷预防化解情况。数据显示，样本县（市、区）大多得分在85—90分。获得90分以上的地区有河南省郑州市金水区、海南省昌江黎族自治县、福建省福州市仓山区、北京市西城区、北京市石景山区、重庆市江北区、浙江省金华市义乌市、浙江省宁波市鄞州区等（见图1.20）。

数据表明，各地在万人成讼率方面的工作基本保持良好态势。其中，北京、重庆、浙江三地的万人成讼率相对较低。万人成讼率与样本县（市、区）的具体工作措施密切相关。例

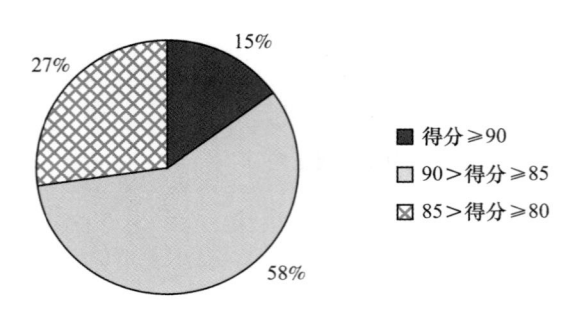

图 1.20 "万人成讼率"得分分布

如，福建省漳州市诏安县成立了以县委书记为组长的诉源治理工作领导小组，同时在全省率先建立首个县级党政领导的诉源治理中心，根据县乡村三级不同定位，分别建设"中心—法院分中心—乡镇工作室—村居治理点"，方便群众有诉求可以一站式办理，推动矛盾纠纷就地化解。诏安县万人成讼率连续3年全省最低，基层矛盾化解工作颇有成效。

（三）相关思考

根据数据和资料分析，样本县（市、区）的"行政复议化解率"得分大多集中在70—80分，总体分数不高，这说明还有很大一部分的行政争议问题不能仅通过行政复议就能有效化解，而是需要通过诉讼途径来解决。因此，如何提升行政复议化解率，将人民群众和行政机关之间的矛盾纠纷化解在诉讼之前，是值得高度重视的问题。

第一，畅通行政复议渠道。相较于行政诉讼、行政信访等争议解决渠道，行政复议兼具行政性和司法性的特征，能够兼顾公正效率，在化解行政争议方面具有更高效便民的制度优势。加强行政复议规范化建设，不仅可以提高人民群众对政府的信任度，还可以在很大程度上促进矛盾纠纷解决。一些地区在这方面工作做得出色。例如，广东省江门市截至2024年上半年共在全市范围内建立了8个行政复议服务中心，73个镇（街）实现基层行政复议受理点全覆盖。同时涉及政企行政复议案件，江门市建立涉企行政复议"三快通道"，即"快调、快审、快结"。在保证办案质量的前提下，相关单位尽量缩短审理时限，依法维护企业合法权益，让企业"轻装上阵"。又如，北京市怀柔区扎实推进行政复议规范化建设，完善区复议接待中心运行，严格执行一次性告知和首问责任制，集成复议咨询、申请、受理"一站式"服务，进一步畅通行政复议申请渠道。

第二，深化行政争议多元化解机制建设。建立多元解纷平台，成立行政争议多元解纷中心或调解中心，组建由律师、法官、检察官、复议工作人员组成的调解队伍。在此过程中还需加大案前释法调解力度，根据法律法规在合理情境内转变案件审理思路，积极解决行政争议背后的实质诉求。引导当事人积极参与调解，满足其合理要求，规范行政机关的行政行为。例如，北京市怀柔区组建了由律师、法官、检察官、复议工作人员组成的调解队伍，加大案前释法调解力度，多维度多方向进行调解，提升了行政复议化解率，避免了司法资源的浪费。

第三，加强行政复议与司法衔接。《行政复议法》构建了统一、科学的行政复议体制和规范，高效的行政复议程序，确定了行政复议化解行政争议主渠道的地位。样本县（市、区）遵循《行政复议法》，深入贯彻落实《最高人民法院 司法部关于加强行政复议行政诉讼衔接配合、推动化解行政争议的指导意见（试行）》文件精神，进一步加强行政诉讼与行政复议之间的沟通与协作，切实提高行政争议实质性化解的效率和质量。一些地方建立行政复议与司法衔接机制。一些地方定期召开辖区行政审判与行政复议衔接工作联席会，重视做实"抓前端、治未病"，将非诉讼纠纷解决机制挺在前面，以职能延伸助力社会治理。

六　平安和谐

平安和谐作为新时代"枫桥经验"的核心价值导向，反映了在全面建成小康社会的过程中，确保个人安全与社会稳定的重要性，同时也是落实"人民至上"理念的关键体现。新时代"枫桥经验"强调的是一个涵盖广泛领域的综合性安全观，即不仅局限于传统的治安稳定，更涉及社会多个方面的整体安全。课题组围绕"万人犯罪率""省级以上'枫桥式'公安派出所数量""经济案件立案数""空气质量优良率""道路交通万车事故死亡率"等指标进行数据抓取测评。数据显示，各样本县（市、区）在推进平安和谐建设方面的整体水平普遍良好。

（一）平安和谐概括分析

全国样本县（市、区）"平安和谐"一级指标平均分为87.27分，最高得分为90.32分，最低得分为85.67分，中位值为86.90分。样本县（市、区）的"平安和谐"一级指标良好率达到100%。整体得分分布情况见图21。数据表明，当前样本县（市、区）在推进综合治安工作方面整体表现较好，"平安和谐"一级指标得分处于较高水平。

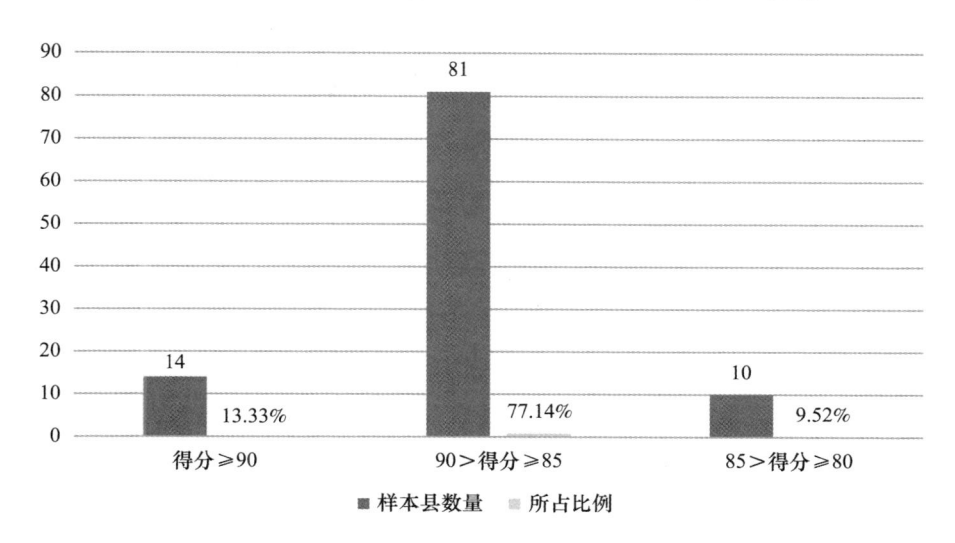

图 1.21 "平安和谐"得分情况

在本次测评中,"平安和谐"一级指标得分排名靠前的样本县(市、区)有:上海市浦东新区(94分)、重庆市江北区(91分)、浙江省衢州市常山县(91分)。其中,上海市浦东新区有3项三级指标分数达到95分以上,其余三级指标得分也在良好以上。在"平安和谐"一级指标中获得高分的样本县(市、区)还有:浙江省杭州市余杭区、重庆市江津区、福建省福州市仓山区、安徽省安庆市桐城市、北京市东城区、天津市红桥区、广东省梅州市蕉岭县。这些在平安和谐整体工作中取得较好成绩的地区,主要集中在经济相对发达的省份。数据表明,相对而言,经济发展水平较高且政策环境优越的区域,在开展综合治安工作方面往往更具优势。这些优势不仅是因为物质资源的丰富、科技力量的强大以及制度保障的完善等方面,更重要的是,它们能够形成一个相互促进、良性循环的发展机制,持续推动社会治安综合治理水平的提升,为居民提供更加安全和谐的生活环境。尽管各地已经奠定良好基础,但仍需探索如何持续改善并保持高水平的平安和谐状态，确保综合治理机制能够更加有效地应对新出现的各种风险。

（二）平安和谐单项指标分析

为深入评估区域"平安和谐"指标的情况，并提出相应的政策建议，本节选取"万人犯罪率""省级以上'枫桥式'公安派出所数量""经济案件立案数"这三个具有代表性的指标进一步分析。

1. 万人犯罪率

"万人犯罪率"的平均分为86.53分，最高得分为95分，最低得分为80分。指标得分分布情况如图1.22所示。

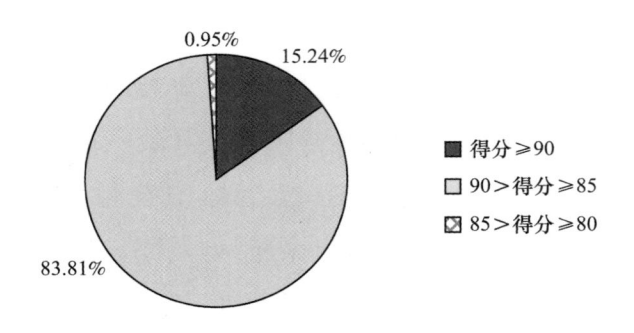

图1.22 "万人犯罪率"得分分布

"万人犯罪率"直接反映了某一地区在特定时间内犯罪事件的频发程度，是衡量评估各地区社会治理成效的一个重要指标。样本县（市、区）中浙江省衢州市常山县的万人犯罪率得分高于90，这得益于其综合性的治安策略。常山县公安局通过强化社会治安管控及严厉打击违法犯罪活动，有效地遏制了民间纠纷向刑事案件转化的趋势。为优化法治化营商环境，当地政府实施了"树正打歪""铁军护企"以及"营商环境清障"三大行动，构建了高效的案件处置机制，保障企业的合法权益。同时，常山县公安局深入推进执法规范化建设，提高执法透明度与效率。结合智能化巡控与社区参与的治安防控体系，常山县实现了治安状况的持续改善，显著抑制了犯罪行为的发生。① 此外，测评数据显示，接近85%的样本县（市、区）万人犯罪率得分都在80分以上，其中，四川省眉山市丹棱县、重庆市江津区、重庆市武隆区、山东省潍坊市高密市、甘肃省酒泉市敦煌市、湖南省常德市津市、山西省长治市潞州区、陕西省渭南市富平县、天津市红桥区等区县的得分均高于85分以上，数据表明以上样本县（市、区）在基层打击违法犯罪行为方面展现了较强的工作力度，并取得了较为优秀的治安成效。

2. 省级以上"枫桥式"公安派出所数量

"省级以上'枫桥式'公安派出所数量"的平均分为85.95分，最高得分为100分，最低得分为80分。指标得分分布情况如图1.23所示。

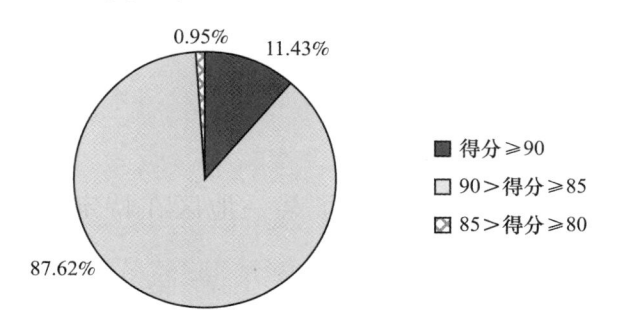

图1.23 "省级以上'枫桥式'公安派出所数量"得分分布

---

① 参见《常山县公安局2023年法治政府建设年度报告》，常山县人民政府网，2024年2月2日。

数据显示，几乎所有样本县（市、区）的"省级以上'枫桥式'公安派出所数量"得分高于 85 分以上，其中得分高于 90 分的样本县（市、区）有重庆市江津区、重庆市江北区、四川省成都市武侯区、北京市东城区、北京市西城区、北京市石景山区、福建省泉州市晋江市、广东省梅州市蕉岭县、湖南省湘西市州龙山县、宁夏回族自治区银川市永宁县、上海市浦东新区。据此可知，这些地区对于创建省级以上"枫桥式"公安派出所十分重视。例如，重庆市自 2019 年起响应公安部号召，重视"枫桥式"公安派出所创建，通过树立典型示范，深化"枫桥经验"应用，加强基层治理创新，提升矛盾化解和服务水平。截至 2023 年年底，重庆市共有 9 个派出所被命名为全国"枫桥式公安派出所"，80 个被评为直辖市级"枫桥式公安派出所"，[①] 充分体现了重庆市在提升基层警务效能和服务质量方面的不懈努力和显著成效。北京市也自 2019 年起响应公安部号召，通过实施"两队一室"架构改革和引入"穿警服副书记"机制，促进基层治理创新。截至 2024 年年初，北京市 9 个派出所荣获"枫桥式公安派出所"称号，其中包括采用"1＋3"调解机制的西罗园派出所和实行精细排查的东华门派出所，均显著提升了基层警务工作效率与服务质量。[②]

3. 经济案件立案数

"经济案件立案数"的平均分为 85.67 分，最高得分为 95

[①] 参见《重庆举行公安机关五年工作成效新闻发布会》，重庆市人民政府新闻办公室，2024 年 7 月 30 日。

[②] 参见《北京公安开展"枫桥式公安派出所"创建活动》，北京市人民政府网，2019 年 9 月 2 日。

分，最低得分为 75 分。指标得分分布情况如图 1.24 所示。

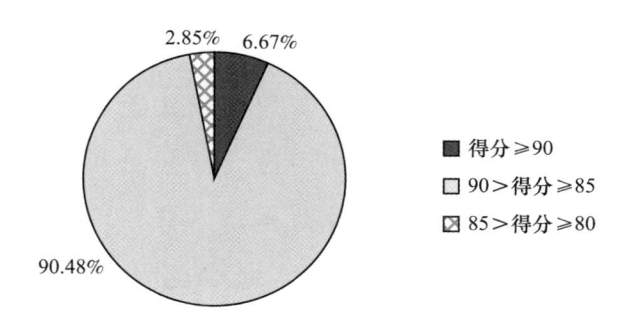

图 1.24 "经济案件立案数"得分分布

得分≥90 6.67%
90＞得分≥85 90.48%
85＞得分≥80 2.85%

"经济案件立案数"是衡量一个地区经济安全状况和法治环境的重要标志。样本县（市、区）通过监测经济案件立案数可以评估当地的金融风险防控效果，促进市场经济秩序的健康稳定发展。样本县（市、区）中江苏省南京市栖霞区的"经济案件立案数"指标得分较高，这源于法院与检察院协同实施的综合性策略。栖霞区法院通过整合多元化纠纷解决机制，增强非诉讼解决途径，有效遏制了诉讼增量。法院内部通过强化管理和意识培训，结合"无讼村居"项目，构建了政府与行业协作的预防性治理体系。民事速裁团队的建立也显著提升了特定案件的处理效率。与此同时，栖霞区检察院高效执行审查逮捕与起诉程序，严格把控案件质量，共同保障了区域经济秩序与社会稳定。[①] 此外，数据显示，97.15% 的样本县（市、区）在"经济案件立案数"指标的得分高于 85 分以上，这说明

---

① 参见《栖霞区人民法院 2023 年度工作报告》，南京市栖霞区人民法院网，2024 年 1 月 10 日。

当前基层在打击经济犯罪方面的工作展现了较好的成效。其中成效较为突出的样本县（市、区）有：浙江省舟山市普陀区、重庆市江津区、江苏省南通市如皋市、陕西省渭南市富平县、上海市虹口区、浙江省衢州市常山县等。其主要措施包括：深入进行金融风险专项治理，依法处理大量涉及经济犯罪的非法金融活动；实施针对地下钱庄的专项行动，集中打击危害经济安全的非法资金流通渠道及专业洗钱犯罪组织；依法严惩各类侵犯知识产权的犯罪行为，保障企业的合法权益及激发创新活力。

（三）相关思考

根据相关统计数据，各地在综合治安管理方面总体表现较好，样本县（市、区）之间的综合得分均处于良好区间，但部分三级指标间仍存在显著差异，其中较为典型的是"经济案件立案数"。该指标不仅反映了执法机关在特定时期内对经济犯罪行为的识别与打击能力，同时也是衡量地区经济安全和社会治理水平的重要标志。鉴于此，各地区应高度重视"经济案件立案数"的变化趋势，了解指标得分较低的原因，采取科学合理的措施以应对潜在问题。

第一，完善立法监管，强化法律培训。经济增长速度与监管措施之间的不匹配往往会导致经济案件立案数量上升。一方面，随着经济环境的快速发展，新型商业模式如互联网金融、共享经济等不断涌现。由于这些领域的创新性和复杂性，其运营过程中往往伴随着较高的不确定性。在法律法规尚不完善的情况下，市场主体可能因法律意识薄弱或监管真空而涉足非法活动，导致经济案件频发。另一方面，现有监管机制在应对新兴业态时显示出滞后性。因缺乏明确的规范指导，部分企业或个人在追求利润最大化的过程中容易忽视合规性要求，从而增加了经济犯罪的概率。例如，互联网金融行业的监管不足可能导致非法集资、诈骗等违法行为。对此，各地区可以加快立法进程，针对新兴经济领域出台相应的法律法规，填补监管空白；加强监管能力建设，提升监管机构的技术水平与执法能力，确保监管措施的有效执行；加大对市场主体的法律法规培训力度，提升其法律意识与合规经营水平，从源头上减少经济犯罪的发生。①

第二，构建信用体系，加强舆论监督。社会诚信体系构建的不完善是导致部分区域经济主体选择违法行为的关键因素。主要体现在两个方面：一是失信成本过低，使一些市场主体在逐利动机驱使下，无视法律法规，频繁从事诸如商业欺诈、合同违约等活动；二是现有的惩戒机制不够健全，无法对这些违法行为形成有效的威慑力，导致其难以被及时发现并制止。此外，一些经济主体还可能利用现行法律制度中的空白地带，从事灰色地带的操作，进一步加剧了经济犯罪的问题。针对上述问题，各地区应积极推进社会信用体系建设，具体措施包括但不限于建立覆盖所有经济主体的信用档案，并将信用评价结果纳入日常管理之中。对于存在严重失信行为的企业和个人，应当采取联合惩戒措施，提高其违法成本。同时，鼓励媒体对不良行为进行曝光，形成强大的舆论监督氛围，以此来约束市场

---

① 张存萍：《我国互联网金融风险防范及政策建议》，《技术经济与管理研究》2019 年第 11 期。

主体的行为。① 通过上述措施，逐步构建起以诚信为基础的市场经济秩序，从而为社会的平安和谐奠定坚实的基石。

第三，加强普法教育，提升法律服务。公众的法律意识水平对经济活动的合法性有着直接影响。部分地区由于普法教育力度不足或教育资源分配不均衡，导致部分群体对于法律法规的认知程度较低。在这样的背景下，即便是出于善意的企业或个人也可能因为缺乏必要的法律知识而无意间触犯法律，从而导致经济案件数量的增加。因此，有必要加大普法教育力度，均衡分配教育资源，提高全体公民的法律素养。政府及相关机构也应加大对基层法律服务的支持力度。例如，浙江省杭州市推出的"智慧法务"平台，利用信息技术手段提供便捷的法律咨询服务，增强了公众获取法律服务的便利性，进一步促进了社会法治水平的提升。② 以上经验值得借鉴，未来，各地可结合地方发展水平和特色，确保法律信息和服务能够覆盖到更多角落，提升整个社会的法治水平。

结　语

新时代"枫桥经验"在预防化解矛盾纠纷、维护社会稳定、促进社会平安和谐中书写了一个个基层治理的鲜活故事，铺就了一座座沟通党心民心的连心桥，为中国式现代化提供了

---

① 白永秀、宁启、刘盼：《二十届三中全会对社会主义市场经济体制的创新》，《兰州大学学报》（社会科学版）2024年第4期。
② 参见《杭州市公共法律服务体系"十三五"规划》，杭州市人民政府网，2021年10月15日。

有力支撑。2024年7月18日，党的二十届三中全会通过的《中共中央关于进一步全面深化改革、推进中国式现代化的决定》强调："坚持和发展新时代'枫桥经验'，健全党组织领导的自治、法治、德治相结合的城乡基层治理体系，完善共建共治共享的社会治理制度。"新时代"枫桥经验"已经上升为党领导人民推进国家治理体系和治理能力现代化的一条基本经验。实践将不断彰显新时代"枫桥经验"在预防化解矛盾纠纷中的方法优势、制度优势和强大活力。全国将不断涌现基层社会预防化解矛盾纠纷的鲜活故事和特色做法。

浙江诸暨指标分析和
"一站式、一码管"

近年来，浙江省诸暨市坚定扛起感恩奋进、勇立潮头的发源地使命担当，按照习近平总书记指示要求和指引方向不断开拓前进，进一步夯实新时代"枫桥经验"制度体系、保障体系、发展创新体系，以市、镇、村三级社会治理中心（站点）建设为依托，着力建强矛盾纠纷化解"一站式"平台，实现矛盾纠纷线上线下的"信息收集—分类处置—综合销号"闭环管理，有效破解社会基层矛盾反映渠道少、化解力量散、协同处置难等问题，源头解纷能力显著提升，社会治理环境持续优化。诸暨市先后创成平安中国建设示范县、全国法治政府建设示范县、全国信访工作示范县，实现政法领域国家级最高荣誉"大满贯"，连续18年全省平安考核优胜，夺得首批"二星平安金鼎"。

一 诸暨市基本情况

诸暨是越国古都、西施故里、"枫桥经验"发源地。市域面积2311平方千米，现辖5个街道、18个镇乡，常住人口约121万人。

诸暨是一座融杭之城，区位优越、开放包容。北邻杭州，东接绍兴，南临义乌，是杭州都市圈紧密层城市，沪昆铁路、杭长高铁、杭金衢高速公路、诸永高速公路、绍诸高速公路贯穿全境。高铁至杭州只需19分钟，至上海约90分钟；距萧山国际机场约50分钟车程。

诸暨是一座人文之城，历史悠久、人文荟萃。公元前222年置县，1989年撤县设市，拥有2200多年的建城史。先后诞生了王冕、杨维桢、陈洪绶等一批文坛奇才，涌现出俞秀松、张秋人、汪寿华、宣侠父等一批革命志士，孕育了金善宝、赵忠尧等15位"两院"院士和130多位将军。

诸暨是一座活力之城，民殷商富、产业繁荣。是中国袜业之都、珍珠之都、五金之乡，大唐袜业产量占全国的65%、占全世界的35%，山下湖珍珠产量占全国的80%、占全世界的70%，店口五金管业产量占全国的70%。共有规模以上（限额以上）企业2718家、境内外上市企业16家，拥有各类市场主体超20万家。

诸暨是一座美丽之城，山水秀丽、生态优美。拥有"七山一水两分田"的资源禀赋，五泄风景区、西施故里、东白山水、千年榧林等秀美风光美不胜收，是中国优秀旅游城市、省全域旅游示范县市，入选国家乡村振兴示范县创建单位。五次夺得"五水共治"大禹鼎，成为全国水系连通及水美乡村建设试点县，是国家生态市、国家生态园林城市，获评美丽浙江建设优秀县市。

诸暨是一座和谐之城，城乡统筹、社会稳定。获评平安中国建设示范县、全国信访工作示范县、全国法治政府建设示范县和全国文明城市。2023年9月20日，习近平总书记亲临诸暨，实地考察"枫桥经验"并做出重要指示，强调要"坚持好、发展好新时代'枫桥经验'"，赋予了新时代"枫桥经验"新要求、新期望。

二　若干指标数据分析

为直观呈现诸暨市相关工作做法成效，现根据2024年新时代"枫桥经验"指数指标体系，结合该市具体实际和情况，对部分指标数据作简要分析。

（一）清廉村居创建率

清廉村居创建率从两个方面反映了我国基层治理的成效。一方面，清廉村居创建的首要任务即强化党组织建设、规范村务管理、督促干部廉洁自律。清廉村居创建率越高，就越反映出我国基层社会治理的规范化和现代化。另一方面，以人民为中心，让人民群众满意是清廉村居创建的根本宗旨，创建率的上升同时也是人民群众幸福感、安全感、获得感得到提升的直接反映。

"打造新时代清廉建设高地"是浙江高质量发展建设共同富裕示范区的重要抓手之一。诸暨市作为"枫桥经验"的发源地，找准了清廉村居建设的关键点，融合时代背景与当地特色，率先探索出了一条新时代清风廉路。为建设清廉村居，诸暨市先后做了以下工作。

传承创新，连点成线，激活清廉文化，实现清廉村居全覆盖。诸暨市在传统文化与红色文化中深入挖掘廉洁因子，打造了周氏宗祠、王冕故里等一批清廉村居特色示范点。统筹地方文化资源，近200个"一村一品"清廉地标覆盖全市23个乡镇。

制定工作负面清单，建立常态长效机制。持续深化农村经济合作社领域的专项整治行动，累计识别并处理潜在问题181个。灵活运用各类问题清单，有效整改隐患142项。针对违法违规、频繁信访、群众关切的突出问题，共发出整改通知66份，处理处分51人。组建市、镇、村三级"清廉建设顾问团"，制定基层重点事项治理"微九条"，推广"三事分议"机制，将清廉村居建设率纳入村内多项考评，建立清廉建设工作常态长效机制。

数字赋能，线上线下共建廉洁村居。随着"浙里办"微信小程序的上线，浙江省各市的廉洁文化建设也从线下拓展到线上。诸暨创新推出融合教育体验、文化宣传、文创服务、清廉监管于一体的新时代清风廉路应用平台，年内访问量突破15万次，惠及群众超过1.3万人。

优化建议：加大工作支持力度，提供更有力的财政和技术支持，进一步扩展清廉村居的建设范围，确保所有乡村都能受益。鼓励更多民众参与清廉村居建设，提高项目的可持续性和影响力。定期评估清廉村居项目的成效，及时调整方向以应对新的挑战。

（二）残疾人帮扶服务覆盖率

残疾人帮扶服务覆盖率可以用来衡量一个地区提供残疾人

服务的范围是否足够广泛，以及服务种类与质量是否能够满足残疾人的需求。具体而言，该指标的高低主要通过基本康复服务普及率、无障碍设施建设情况、残疾人福利支出、残疾人就业与教育等方面予以衡量。

为提高残疾人帮扶服务覆盖率，诸暨从多个方面做了努力。

提供家庭医生签约服务，助力残疾人实现精准康复。为满足残疾人精准康复训练需求，诸暨出台的多项政策为残疾人家庭医生签约服务提供保障。作为全国残疾人家庭医生签约服务重点联系点，目前诸暨已有2.5万余名残疾人拥有家庭医生，签约率达93.4%。累计为1556名残疾人发放康复补助经费508.8万元。

开设助残项目，帮助残疾人就业。真正的助残，是帮助这一群体得到融入社会的机会。为此，诸暨市近年来开展了多项助残就业项目，"融爱星面馆"是浙江省较早为心智障碍青年提供就业岗位的助残项目，诸暨已有5家。目前共有残疾人之家25家，未来将积极探索实践"岗位定制+职业体验+实习就业"的帮扶模式，针对残疾人的身心需求，为其量身打造就业岗位。

优化建议：持续关注残疾人帮扶事业，加大工作持力度争取项目资金补贴，以家庭医生签约服务为中心，扩大帮扶服务的覆盖范围，努力确保所有有需求的残疾人都能得到服务。利用现代科技手段，如人工智能、大数据等，聚焦资源信息整合，打造联动救助格局。以"项目化""个性化""共济化"路径，实现对残疾人的精准帮扶。

(三) 一网通办率

实现政务服务"一网通办"是提升群众、企业办事体验的迫切要求。为加快建成"掌上办事之省",实现数字政府"整体智治",浙江省政府构建了"网上一站办、大厅就近办、办事更便捷"的一网通办浙江模式。为落实数字化战略部署,诸暨市坚定扛起新时代"枫桥经验"数字化改革大旗,成为全国公安机关一网通办试点城市。试点启动以来,诸暨市公安局始终以人民意志为导向,将提升民众满意度置于工作的核心地位,创造性地构建了"警事通"在线警民交流平台,独立研发了智能服务助手"警小蓝",实现了民众办事流程的全面可视化及催办服务智能化。升级"一站式"通办便利群众,推广"一窗通办"、加急办证、集中办证等特色服务,畅通"掌上办""窗口办""自助办""就近办"四个渠道,优化"警医邮"服务网点布局,确保110项业务可在线上一网通办,93项服务能够一机自助完成,高频业务的网办比例高达97%。此外,借助"诸事小灵通"这一本土化应用平台,强化跨部门超期受理与办理的监督预警机制,累计发出预警通知2069次,有效将超期受理率从2.26%锐减至0.01%,超期办理率同样降至0.01%,赢得了省政务服务平台100%的好评率。2023年,诸暨的一网通办率由2022年的90%提高到97%,基本实现通办事项全覆盖。

优化建议:持续做好政务服务数字平台应用推广工作,扩大政务服务质量与覆盖面,不断提升政务服务质量。

（四）公共法律服务平台服务人次

公共法律服务平台服务人次包括实体来访咨询、热线咨询、法律援助申办、人民调解申办、公证申办等内容。通过公共法律服务平台，人民群众可以实现在线调解、申请法律援助、咨询法律问题、办理公证事项，获得实时、持续、高效的法律服务，各类法律需求都得到满足。2022年，诸暨公共法律服务平台服务人次共计2620次。2023年直接飙升为16020次。这说明在2023年，诸暨的公共法律平台得到了大力推广，平台的使用频率显著提高，其应用实效也显著提升。具体而言，诸暨为提升法律服务平台服务数据做了以下工作。

建立各类线上线下渠道，加大普法宣传。诸暨充分运用"诸暨普法"微信公众号、"1963法润"直播平台等开展"一月一法"和专项普法活动。截至目前，已成功举办包括主题宣讲、法律咨询等各类活动超过1500场次，惠及人群广泛，覆盖量突破40万人次。充分发挥"法律明白人"的标杆效应，创建"民主法治村（社区）"，将法治深入乡村、深入社区、深入基层，创建民主法治村（社区）省级12家、绍兴市级64家。

法律援助提高质量与扩宽覆盖面齐头并进。加大法律援助经费投入，2023年共使用法律援助经费420余万元。共受理法律援助案件1474件，解答群众来电来访法律咨询16020人次，援助案件的质量评查平均分等级为良好。与人民法院联合出台绍兴市首个《关于推进行政诉讼法律援助工作的实施意见》，全力落实"法律援助市域内100%通办"，共受理市域内通办案件 8 件，结案 7 件，回访满意度达 100%。出台《诸暨市"法律援助案件质量提升年"活动实施方案》，致力于提升法律援助案件质量。

公证服务便民利企。对一次性告知清单的发放进行优化，新增部分业务的线上申请服务，提供上门办证等服务，将公证服务拓展至"三改一拆"、知识产权保护等领域。2023 年"最多跑一次"办证总量 2936 件，覆盖率达 75.26%。

优化建议：聚焦法治新需求，以强化法治宣传、优化法律服务供给、优化市场主体服务为抓手，持续扩大升级公共法律服务体系。

（五）省级及以上"枫桥式"司法所数量

"枫桥式"司法所创建灵感来源于"枫桥经验"，是诸暨推行的基层司法行政工作模式，为了更好地满足基层人民群众的法律服务需求，强调将矛盾化解在小、化解在早，实现矛盾纠纷的诉源治理。诸暨作为"枫桥经验"发源地，还打造了"枫桥式"共享法庭、"枫桥式"派出所、"枫桥式"检察室等。"枫桥式"司法所虽然设立在基层，但设施齐全，通常设有专门的公共法律服务大厅、党建活动室、在线调解室以及视频会见室，基本实现了"只跑一次"的智慧司法要求。司法所实施"互联网＋社区矫正"监管，社区矫正对象只需要通过智慧矫正自助终端，即可远程完成当面报告、针对性教育学习、请假销假以及参与公益活动等操作。为了更好地建设"枫桥式"司法所，诸暨还出台了《关于加强"枫桥式"司法所建设的实施意见》，以期达到"树立典型、以点带面、全面推广"的效果。

积极开展相关调研，争取获得领导的重视支持，将司法所建设预算提升到 279 万元。2023 年，打造省级"枫桥式"司法所 3 家。

优化建议：推进"枫桥式"司法所标准化、规范化、信息化建设，以"软环境、硬实力、好形象"为切入点，开展"枫桥式"法治宣传、人民调解、矫正帮教、法律服务，积极融入乡镇（街道）"四个平台"和"镇级社会矛盾调处化解中心"建设。

（六）道路交通万车事故死亡率

道路交通万车事故死亡率直观反映出一个地区道路交通的安全水平。其计算公式为：$RN = D/N \times 10000$。式中，RN 表示万车死亡率；D 表示交通事故的死亡人数；N 表示机动车的拥有量。该指标直观反映出一个地区道路交通的安全水平，政府和相关部门可以通过监测道路交通万车事故死亡率的变化来评估交通安全政策的效果，制定并调整当前的政策和措施，提高整体道路交通安全水平。2023 年，诸暨公安局聚力护好市内交通安全，道路交通事故死亡人数同比下降 2.67%。

优化建议：全面实施农村道路交通安全考核及网格化管理两大机制，推行过境货车"铁桶计划"，打好老年人精准宣防、电动两轮、三轮车专项治理"三大攻坚仗"，开展春季守护、夏季整治、秋季会战、冬季攻坚"四大行动"，全力压降道路交通事故。

（七）电信网络诈骗案件数

2023 年，诸暨通过开展打击治理专项行动，在打击电信网络诈骗方面取得了较好成绩，电信诈骗案件发生数量、案件损失金额持续下降，强势推进侦破"2.01"特大电信网络诈骗洗钱专案等部督、省督案件23起；实行全天候（"7×24"小时）值守制度，实现对潜在风险的精准迅速干预，有效处理18.58万条预警信息；组织十次以反诈骗为主题的"平安基层行"活动，深入推动"无诈社区/单位"系列创建项目，成功孵化50个反诈骗工作示范点；全市范围内电信网络诈骗案件发生率较2022年下降17.48%，案件造成的经济损失同比减少28.07%。打击处理相关人员同比增长61.7%，追回赃款并挽回损失金额上升14.4%。

优化建议：全力净化社会治安环境，不断健全电信网络诈骗犯罪打防治格局，优化宣防体系，加强骗前劝阻队伍建设，保持发案、案损下降及打处、挽损上升的"两降两升"。

三 "一站式、一码管"产生背景

当前，正值世界百年未有之大变局，我国发展既面临新的战略机遇，又不得不面对一些脱不开、绕不过的深层次矛盾。在战略机遇和风险挑战并存的大背景下，诸暨市社会矛盾纠纷的数量、类型和态势不断发展变化，矛盾纠纷多元化解工作面临着极大的挑战。

（一）矛盾纠纷数据分析

诸暨市矛盾纠纷数量近年来总体呈现不断攀升之势。根据汇总，2019—2022年，该市警情纠纷与上一年相比分别增长了3.77%、3.90%、33.18%、0.61%，市社会治理中心受理登记的矛盾纠纷数量，2020年15634件，2021年16648件，2022年17583件；2021年与2022年增长率分别达到6.4%、5.6%，2023年1—6月登记纠纷11331件。根据诸暨市人民法院2018年到2023年6月受理一审民商事案件数据分析，与上一年同期相比分别为18.62%、－6.25%、－6.82%、－11.90%、－11.60%、－5.94%。根据信访件数据分析，2020—2022年信访总量从8229件攀升到12088件，两年增长率约为46.8%；信访事项呈现增长态势；调解事项与同期相比，增长也较快。

就矛盾纠纷类型而言，相比消费、家庭婚姻感情、邻里等纠纷，治安、劳资、经济纠纷数量增长较快，尤其是经济纠纷，2018年为1114件，2022年达到6552件，四年数量大幅攀升。从2020—2023年人民调解案件数量统计来看，尽管道路交通事故纠纷一直居于首位，但2022年与2020年相比增加约为9.9%；与之相比，合同纠纷增长率为11.5%，民间借贷纠纷增长率为12.74%。根据诸暨市法院2018年到2023年6月受理一审民商事案件情况统计，交通事故、民间借贷、买卖合同、劳务合同纠纷连年呈下降趋势，但2023年1—6月离婚纠纷、金融贷款合同纠纷与上年同期相比都呈现较猛上升势头。

（二）矛盾纠纷及其化解情况

从上述数据统计可见，诸暨市矛盾纠纷及其化解呈现以下特点：一是矛盾纠纷类型及其增长情况不断变化。如人民法院受理纠纷排名前十的案由，民间借贷、买卖合同、离婚、机动车交通事故、金融借款合同纠纷保持在榜，房屋预售合同纠纷仅2019年、2020年榜上有名，承揽合同纠纷仅2022年、2023年榜上有名。又如信访案件中，城乡建设类纠纷一直占比较高；卫生健康类纠纷2021年、2022年占比较高；市场监管类纠纷2023年占比较高。二是人民调解案件数量与法院受理一审民商事案件数量、矛盾纠纷警情数量呈现"跷跷板"效应。如2020年到2023年6月，随着人民调解案件数量的增加，人民法院受理一审民商事案件数量随之减少；又如2022年6月以后，诸暨市公安局先后对店口镇、安华镇、陶朱街道、牌头镇、浣东街道、次坞镇实施非警务警情分流，纠纷警情有所下降，但同时期相关镇街人民调解案件数量随之上升。三是人民调解案件数量中，行业性、专业性调解案件与村社调解案件数量增长较快。据统计，2021年、2022年，行业性、专业性调解案件增长率分别为44.5%、30%；同时期，镇街与村社行业性、专业性调解案件增长率分别为27%、-0.5%与17.4%、49.5%。

四 "一站式、一码管"主要内容

诸暨市坚持和发展新时代"枫桥经验"，依托市镇村三级社会治理中心（工作站）建设，紧扣矛盾化解"只进一扇门、最多跑一地"目标，着力建强矛盾化解"一站式"平台，有效破解群众多头访、化解联动难等问题，源头解纷能力显著提升，社会治理环境持续优化。2023年，全市矛盾纠纷调处数同比提升18.8%，基层信访事项化解率达97.6%。

（一）优化平台强统筹

不断推动群众"最多跑一地"改革，2019 年诸暨市正式挂牌运行社会矛盾纠纷调处化解中心，2022 年迭代升级为社会治理中心，优化三级架构建设，明确市、镇、村三级功能定位，做实"一站式"平台保障。一是市级中心为"终点站"统筹协调。市级中心深度整合人民来访接待、公共法律服务、诉讼服务等 7 个工作平台，吸纳医疗纠纷、物业纠纷等 14 个专业调委会，引入青少年关怀、心理服务等社会组织，形成集接访、咨询、调解、仲裁、诉讼、帮扶等于一体的综合平台，为疑难矛盾市级兜底搭建坚实基础。二是镇街中心为"主阵地"集成运作。镇街中心迭代"党建统领、经济生态、平安法治、公共服务"四条跑道；统筹综合信息指挥室、社会治理办、综合执法办、应急管理办等"一室三办"入驻镇级社会治理中心，完善信访接待、矛盾调解、网格管理等基本服务功能，并根据镇街治理特点引入个性化力量，做到扁平化管理、联动化调处，不断提升矛盾就地化解质效。三是村社为"前哨所"夯实基础。村社一级在原村级综治中心和人民调委会基础上，吸纳法律顾问、"两代表一委员"、乡贤、志愿者等力量充实村级社会治理工作站。以"1+3+N"模式深化网格建设，努力实现矛盾先知、处置先达、效果先现，实现简易矛盾村社就地化解。目前全市共划分网格 1770 个，微网格 10111 个，配备网格长 1269 名，专职网格员 1377 名，在绍兴范围内率先实现网格员的"专职化"。

图 2.1　诸暨市社会治理中心全貌

（二）深化流程提效能

坚持把数智化力量融入社会治理，创新推行"一码管"，坚持"一事一编码、一码管到底、全程可追溯"解纷流程，提升矛盾化解效能。一是全量数据赋码归集。创新设立"事项码"，落实归集数据"一事一码"，为掌握事项全息动态提供便利。线下聚力"共享法庭"、政务 110 等平台渠道，规范三级中心"事项码"登记规程，实现数据规范化掌握。线上借助一体化、智能化公共数据平台和 33677 个前端感知设备，汇聚基层智治综合应用、110 非警务类警情、风险隐患监测平台等多方数据，实现事项"多口进、一库集、一码统"。二是全链流转带码化解。明确事项处置"一码贯之，码上留痕"。建立健全"源头预防为先、非诉调解挺前、法院诉讼断后"的"枫桥式"矛盾纠纷分层化解机制。按照"繁简分流、轻重分离、缓急分道"的要求，紧密联动访、调、仲、诉力量，对事项实行带码流转、分类分层联调，后续只需扫码，就可以实时查看事项调处的环节、进度、结果，确保心中有数，有效推进纠纷"码"上解。同时，在"码"上加载数据分析功能，通过数据碰撞、算法识别和线索关联等方法对同类纠纷开展分析研判，为借助"一件事"解决"一类事"提供对策建议。三是全程闭环溯码管控。设立"码"上综合评价机制，规范业务办理细则。通过"定期检查+动态抽查"，确保事项实时可跟进、全程可追溯。科学设置"交办提醒、到期催办、缺件退回、审核重办"功能模块，做到办理规范全程提醒、办理进度实时跟踪、办理质效即时督导、办理经验阶段总结。2022年共下发督办单15份，实现事项全流程责任落实到位、调处化解到位，有效破解"随意式办理、应付式报结、推诿式处置"等问题。

图 2.2　诸暨市社会治理中心指挥大厅

（三）常态长效夯基石

紧扣"常态常管、长效长治"目标，上下一体精细谋划，严督实考优化质效，历练提升调解队伍。一是提级统筹强保障。实行指挥体系"提级统筹"，市镇村三级中心（工作站）"一把手"分别由市委副书记、镇街党（工）委书记、村社"一肩挑"书记兼任，确保社会治理"一站式"平台高效运作。二是一事双评严督考。坚持群众评判，把人民满意作为矛盾化解工作的根本标尺，严格落实"一事双评"制度，既追求实体处理满意度，也追求工作作风满意度，真正把评判的"表决器"交到群众手中。坚持成效评比，市级中心常态化开展研判分析，定期推送社会治理专报，以"红黄蓝"三色预警图倒逼责任落实和业务能力提升。坚持考核评定，把矛盾化解工作质效与全市工作目标责任制考核、评先评优、干部选拔任用挂钩。三是凝心聚力抓队伍。常态开展调解员交流培训，2023年培训涉及暨南街道、东和乡等19个镇街（村、社）以及姚江派出所、市电力局等5个单位，内容涉及婚姻家庭类纠纷、劳动争议、人身损害赔偿等7个纠纷调处化解领域。深挖资源，加强人民调解队伍，全市共有调解专家85名，专职调解员210名，兼职调解员3455名。培育了"江大姐"调解室、"兄妹帮忙"工作室、"你点我调"工作室等特色品牌工作室50余个，其中3个获评省级金牌调解室、7个获评市级品牌调解室。

图 2.3　诸暨市枫桥镇社会治理中心全貌

五　成效和启示

诸暨市进一步健全坚持和发展新时代"枫桥经验"的制度体系、创新体系和保障体系，着力推动基层社会治理系统性变革、创新性发展、整体性提升，勇闯具有诸暨特点、浙江特色、时代特征的中国式现代化基层治理县域实践新路子。

图 2.4　诸暨市枫桥镇杜黄新村发挥村民自治优势，带动乡村"共富"

（一）坚持党的领导，抓实基层夯实治理基础

始终坚持把加强党的领导贯穿基层社会治理全过程、各方面，着力推进"党建引领乡村治理"试点县建设，不断完善重心下移、力量下沉、保障下倾的治理机制，切实把党的领导优势转化为治理胜势，成功创成全省首批"红色根脉"强基示范县（市、区）。

1. 持续增强组织功能

持续深化"党建+"模式，擦亮"红枫"党建、"红袜子"党建等特色品牌，分别在山下湖镇、陶朱街道成立全省首家直播电商党支部和"红色速递"暖"新"矛盾调解团，引导新业态新就业群体积极参与社会治理。组织开展流动党员"入列归队"专项行动，流入党员3084名，组建"江东红""蒲公英"等流动党员先锋队48个，累计开展志愿服务900余次。深化党建网、治理网"双网融合"，全域推行"支部建在网格上"，构建基层党建"纵四横三"[①]组织体系，实行党组织负责人与网格长"一肩挑"、党员与网格员"双培养"。积极打造党建引领新时代"枫桥经验"城市版，按照"一网格一支部一阵地"要求，统筹整合物业用房、闲置公房等资源，实体化运行210个"网格微阵地"，探索形成由党支部牵头抓总、业委会和物业协同配合、社会组织等多元主体共同参与的现代社区治理新格局，涌现东盛、江新等一批社区治理典型样本。

[①] 纵四即街道党工委—社区党组织—小区党支部—楼道党小组的组织体系，横三即横向融合小区党支部、小区业委会和物业服务企业。

2. 全面重塑治理体系

以深化"141"平台体系建设为牵引,建立健全治理力量上下贯通、横向协同机制,迭代升级市级社会治理中心,职能部门、专调委、社会组织等机构220多人入驻中心集中办公,实现矛盾化解、诉讼服务等功能高度集成、高效衔接,2022年受理群众事项17583件,处理率达100%,平均调处时间减少35%。以事件处置、应急联动等六大机制为重点,推进镇乡(街道)综合信息指挥室建设,重组"一室三办"① 机构职能,构建"镇村一体、条块联动"基层指挥调度体系,形成"信息收集—分类处置—综合销号"矛盾化解管理闭环,实现治理重点指标"三降三升"② 的良好效果。持续开展"枫桥式"系列创建,全域推进镇街(村社)共享法庭和"一站式"诉讼服务中心建设,有效推动司法服务向基层延伸。截至目前,"枫桥式"创建已覆盖20多个行业领域,被各级命名的"枫桥式"基层单位350余个,全域创建格局基本形成。

3. 着力建强网格肌体

健全"1+3+N"③ 网格力量配备模式,有效吸纳"两代表一委员"、法律顾问、志愿者、乡贤等充实基层治理力量,组织网格"大培训、大练兵、大比武"活动,健全"平战一体、快响激活"运行机制,有效发挥网格一线"哨兵"作用,

---

① 即综合指挥室,综合治理办、综合执法办、应急管理办。
② 即初信初访、矛盾纠纷警情、诉讼案件数下降;办理效能、一次性化解率、群众评价满意度提升。
③ "1"即1名网格长;"3"即1名专职网格员、1名兼职网格员、1名网格指导员;"N"即网格内的"两代表一委员"、其他包联干部、基层党员干部、在职党员、志愿者等。

2023年1—7月累计通过网格采集信息177869条，按时办结率达99.04%。深入开展"进网入格亮身份、亮旗践诺作表率"活动，全市1.1万余名在职党员通过"先锋微家"入网报到，3年来累计参与各类社区活动7744场次，完成群众"微心愿"8.7万余个，实现党员"先锋指数"向治理"活力指数"有效转化。创新开发"城市枫桥"应用，成功上线群众档案、党建联盟等9个功能模块，以数字化手段打造社区治理信息共享、诉求回应、服务供给等典型场景，成功入选2022年全国城市数字治理创新十佳案例。

图2.5 诸暨市暨阳街道江新社区工作人员为居民群众答疑解忧

（二）践行群众路线，共建共享激发治理活力

始终秉持"一切为了群众、一切依靠群众"初心宗旨，不断完善基层民主自治制度，创新推进"五社联动"和社区社会组织参与社会治理省级改革试点，实现政府治理和社会调节、

居民自治良性互动。

1. 深化基层自治

迭代标准化民主治村模式，创新村级事务"三事分议"①，实行重大事务"三上三下三公开"②和日常事务"四事"工作法③，不断完善"民意引导决策、权力阳光运行"的村级治理机制，成为全国基层自治试点标杆。丰富线上线下民主议事协商形式，有效整合党群服务中心、文化礼堂、新时代文明实践站等资源，创新"村民议事厅""民主恳谈室""议事长廊"等村社议事平台，打造"云上议事厅"，畅通群众表达诉求、参与治理渠道。开发建设"民治民享"应用，完善村民事项正（负）面清单，通过打造可视化、可量化场景推动村规民约数字化转型。

2. 深化社会参与

高标准建成运行市社会组织服务中心，整合镇级中心与社工站，配备专职人员137人，100%实现实体化、规范化运行。全面推行"1+5+X"④村级社会组织标准化建设，有效整合社会救助服务联合体、居家养老服务中心、未成年人保护中心等功能，强化社会组织参与社会治理组织和条件保障。截至2023年6月，全市共有社会组织5391家，参加人数超30万。

---

① "三事"指重大事务、日常事务、应急事务。

② 即在议题收集环节：群众意见收上来，筛选后意见征求一下；在方案酝酿环节：初步方案上会讨论，民主恳谈一下；在审议决策环节：提上村"两委"会议审议，代表决策一下。并且做到表决结果、实施方案、实施进度和满意度测评情况等及时公开。

③ 即定期问事、开放议事、规范办事、民主评事。

④ "1"即社会组织服务站，"5"即乡贤参事议事、平安志愿、乡风文明、帮忙助困、邻里纠纷调解5个村级社会组织，"X"即其他个性化社会组织。

持续完善社会组织运行管理服务机制，首创"党建云"系统，建立准入、激励、会诊、帮扶、退出等工作机制，实现社会组织活动可量化、可追溯、可考核的动态指数评价。推动政府、社会良性互动，构建"定向孵化、购买服务、流程监管、绩效评估"市场化培育工作闭环。5年来，政府购买服务累计超6000万元，扶持公益创投项目477个，累计投入1500余万元。打造"红枫七品""浣灯笼"等社工服务品牌项目21个，年服务达3万余人次。

3. 深化共富共享

推动新时代"枫桥经验"和"千万工程"深度融合，全面推进党建引领共富工坊建设，梳理完善本地资源、供给需求、政策支持、农村剩余劳动力（低收入农户）"四张清单"，通过闲置土地流转、低效资源活化等方式，推动农民就业、企业增效、集体增收。截至2023年6月，全市已建成共富工坊151家，吸纳就业6100余人，预计每年增加集体经营性收入2500余万元。坚持"服务是最好的治理"理念，加强老旧社区服务设施改造更新，全面推进共享社区建设，提升共享食堂、社区幼托、老年大学、幸福派活动中心等服务功能，完善社区服务、社会服务、志愿服务等融合一体的"共富网格"，切实增强基层群众的获得感、幸福度，有效激发其参与社会治理的积极性、主动性。

（三）强化法治思维，良法善治优化治理方式

始终坚持在法治轨道上全面加强基层矛盾纠纷排查化解，全面营造"办事依法、遇事找法、解决问题用法、化解矛盾靠

76 / 中国新时代"枫桥经验"指数报告2024

图 2.6 诸暨市开展专职网格员能力素养提升培训

法"的法治环境，不断提升县域社会治理法治化水平。

1. 把解纷机制挺在前面

以市镇村三级社会治理中心为枢纽阵地，不断完善基层矛盾纠纷闭环解决机制，搭建集接访、调解、诉讼、仲裁、行政复议和法律援助等服务于一体的法治化集成平台，实施"631"矛盾化解工程[①]，形成"简易矛盾村社化解、复杂矛盾镇街首调、疑难矛盾市级包案"工作格局，确保矛盾风险"管得住、不外溢"。组建医患纠纷、交通事故、物业纠纷等16家行业性专调委，培育"老杨调解中心""江大姐调解""电力老娘舅"等多元化调解品牌，推动人民调解、行政调解、司法调解衔接联动，形成多层次、社会化、全覆盖的"枫桥式"矛盾纠纷大调解体系。5年来，各级人民调解组织共受理矛盾纠纷81093

---

① 即矛盾纠纷调处化解，村（社区）化解量占六成，镇（街道）化解量占三成，市级化解量占一成。

件，调处成功率达99%。推动成立"红枫义警""徽商义警"等解纷主体，强化政府、社会力量协同联动，实现从"有问题，找警察"到"有麻烦，找义警"的治理转变。

2. 把依法行政做在源头

建立市级社会风险评估指导中心，全面实施行政重大决策风险评估机制，5年来对733件重大决策开展风险评估，切实筑牢依法决策"防火墙"。完善"党政办+司法所+法律顾问""三位一体"运行机制，实现镇街涉法事项合法性审查全覆盖。全面推进"大综合一体化"行政执法改革，推行"综合执法+专业执法+属地乡镇"的"1+X+1"工作模式，明确市场监管、生态环境等8支专业执法队伍5759项执法权限，推广首违不罚、轻微违法告知承诺制等"暖心"执法方式，创新实施"双随机"执法监管"首发响应"机制，实现跨领域跨部门横向协同、综合治理。

3. 把法律服务落到实处

构建完善市镇村三级公共法律服务体系，实现法律顾问聘任和县级民主法治村创建全覆盖，创成国家级"民主法治示范村"3家。推出全省首个法律服务微信小程序，打造"1963法润"直播平台，已推出普法专题256期，观看点击量超3300万，以高水平法律服务夯实法治基础。成立市营商环境监督服务中心，近4万家市场主体享受到"点单式"法律组团服务。积极探索"枫桥式"护企优商模式，整合公安、检察、司法、市场监管及行业协会、金融机构等力量，成立市、镇两级护企优商平台，为企业提供咨询受理、宣防预警和纠纷化解等服务，自2021年年底成立以来，指导企业完善规章制度40余份，帮助企业追赃挽损 1.43 亿元，全面优化法治化营商环境。

图 2.7 老杨调解中心负责人杨光照（左二）

（四）推动文明实践，德治教化厚植治理土壤

始终践行"以人为本"核心理念，以深化新时代文明实践为抓手，扎实开展浙江省高质量发展建设共同富裕示范区精神文明高地试点，全力打造基层社会治理现代化精神富有的"诸暨窗口"。

1. 大力弘扬文明新风

高标准推进全国新时代文明实践"先行试验区"建设，聚焦争创全国文明典范城市目标，深入实施"浙江有礼·'枫'尚诸暨"实践行动，持续开展"文明出行""礼让斑马线"等主题活动，以文明乡风带动民风家风向上向好。持之以恒深化移风易俗，巩固乡风文明理事会"走亲式"劝导等工作方法，完善公益婚车、乐队、小工等配套服务，推动"风尚"向"风俗"转变，每年为基层群众减负10亿元以上。组织开展"板凳课堂""草根名嘴说"等面对面宣讲，推出"暨阳微时论"三分钟快讲栏目，持续深化习近平新时代中国特色社会主义思想宣传普及。充分发掘红色教育资源，对全市13处红色文化遗址修缮保护、活化利用，建设64个爱国主义教育基地，当好"红色根脉"守护者、传承者。全域推进新时代文明实践中心（站、所）建设，建成文化驿站17个、文化家园16个、"浣江书房"15家，实现农村文化礼堂行政村全覆盖。

2. 大力推进全城志愿

积极实施"全城志愿·温暖之城"行动，统筹宣传、民政、团委等职能部门和群团社团力量，搭建志愿服务信息平台，实现各类公益资源同步共享、高效利用。依托志愿者组织，推出"我为老人烧餐饭""我为环卫工人送早餐"等"暖心八件事"，围绕民生小难题"量身定制"服务项目，累计惠及群众15余万人次，相关做法得到中宣部肯定推广。创新联盟结对和服务联动机制，推广"镇镇联盟、村社走亲"，跨地域、常态化开展"一站式"便民服务。目前全市已建成镇街志愿联盟10个，村社"志愿轻骑兵"53支，常态化志愿队伍3000余支。

3. 大力重塑公共精神

将新时代文明实践与村社居家养老有机结合，构建"五位一体"[①]爱心食堂服务体系，探索"五个一点"[②]筹资模式，增设医疗、休闲等多功能场所，创新"共享五福"助老服务，

[①] 即一个框架统、一核多点建、一套规范运、一张网络管、一组保障护。
[②] 即个人出一点、基金捐一点、政府补一点、志愿帮一点、经营筹一点。

建设富有人情味、温暖感的村庄共同空间。目前，全市已建成爱心食堂213家，服务315个村12000余名老人。创新推出以干部陪送餐制度为主要内容的"食堂版民情日记"，密切干群关系，补齐治理短板。迭代村级关爱基金2.0版，做大村级基金"蓄水池"，实施"四重一好"① 关爱体系，着力打造新时代文明实践共同体。全市476个行政村全域建立关爱基金，总资金达2.2亿元，已使用1.3亿元，惠及群众33万余人次。2023年成功举办首届"村BA"，历时3个月，吸引281支球队近4000人参赛，线下观赛人群达100万人次以上。通过建立互助共享平台和开展公共文化活动，重塑乡村公共精神，营造共同精神家园。

图 2.8　网格员在群众中开展平安建设宣传

---

① 即重大变故基金有慰问帮扶、重点对象基金有结对关爱、重要项目基金有补助服务、重要节日基金有保障，好人好事基金有礼遇。

（五）聚焦风险防控，数智赋能提升治理效能

始终坚持以数字化改革为牵引，推动基层治理机制迭代、体系重塑、效能提升，最大限度地把矛盾纠纷防范在源头、化解在基层，构建各类风险全链条管控闭环。

1. "数字化"源头预防

开发建设"浙里兴村治社"应用，构建"事项一口归集、任务一键智派、管理一屏掌控"数字化场景，自上而下统筹整合进村入社事项，自下而上打造民情回应机制，形成"办事透明、绩效量化、评价精准"基层权力运行机制，被评为全国基层治理创新案例。开发运行基层公权力监督平台，以信息化手段重塑基层监督机制，组建市镇村三级"清廉建设顾问团"，编制基层重点事项治理"微九条"[①]，探索建立信访工作"双查三建议"制度[②]，实现基层监督"四落实"[③]，打造"枫桥式"基层监督样板，不断优化基层治理源头生态。

2. "智能化"闭环管控

大力推进"公安大脑"建设，充分运用人脸抓拍、道闸联动、轨迹追踪等技术，实施视频监控"雪亮工程"、信息感知"铁桶工程"、数据分析"利剑工程"，不断强化风险识别、分析、监测、预警全过程闭环管控，利用视频监控等技术侦破各类刑事案件占比超84%。迭代完善"浙江解纷码"数字化矛盾

[①] 即围绕村级工程项目管理、被征地农民社会保障指标分配、农民建房审批监管、村务财务公开等重点需要监督的问题。

[②] 即查问题源头、查问题过程，并提出改进工作、完善政策、追究责任三项建议。

[③] 即跟踪督办落实、公开公示落实、代表签字落实、档案归集落实。

纠纷化解平台，有效汇聚政府、社会和行业优质解纷资源，构建咨询、调解、仲裁、诉讼四大在线功能，实现矛盾纠纷"云上"解决，2023年法院民商事受案数同比下降15.92%。建设矛盾调解"枫桥经验"应用系统，通过热词提取、自动识别和数据分析，对重点人员和重点事项进行研判预警。探索建设实有人口全息感知平台和开放式情报网络，全量汇聚政务警务数据，开发电信诈骗、校园安全等43个预警模型，健全社会风险预测预警预防体系，有效提升安全防护能力。

3．"精准化"破解难题

建设"星海守望"预防青少年新型违法犯罪应用平台，协同公安、教体等27个部门和73个社会团体，构建精准量化、分级分类青少年新型犯罪预防治理模式，获评全省法治领域数字化改革"最佳应用"。重点聚焦底数不清、预警不足、监管不到位等问题，开发建设网络安全智治应用，实现全市2.2万余个网络软硬件资产监管全覆盖，低危风险和中高风险处置率分别提升至99.3%和100%，全力筑牢网络安全屏障。针对直播行业"监管难"问题，开发"浙里直播共富"应用，运用AI技术识别、分析、抓取问题线索，全天候无感监测直播行为，使违法违规发生率下降至5%以下，以科技赋能精准治理成效显著。

5年来，诸暨市充分发挥发源地先发优势，坚持党委统抓、多方协同，持续推进新时代"枫桥经验"理论研究和宣传推广工作，先后成立枫桥学院和新时代"枫桥经验"研究院，改造提升"枫桥经验"陈列馆，不断深化与浙江大学、华东政法大学等高校及科研机构的合作，连续4届举办新时代"枫桥经

图 2.9　诸暨市开展网格"大培训、大练兵、大比武"活动

验"研讨峰会,推出《新时代"枫桥经验"理论系列丛书》等一批高质量研究成果,统筹各方资源打造高水平培训研学体系,2019 年以来共接待各类考察培训近 21 万人次。

诸暨在发展新时代"枫桥经验"上取得重大成效的最根本原因在于习近平总书记的关怀指导和亲自推动,在于习近平新时代中国特色社会主义思想科学指引。新时代"枫桥经验"形成发展及其一系列重大成果有力证明了"两个确立"的决定性意义。实践也充分证明,"'枫桥经验'是个好经验",新时代"枫桥经验"既是正确处理人民内部矛盾、维护基层和谐稳定的重要"法宝",更是推进中国特色社会主义、中国式现代化的有效保障。在坚持和发展新时代"枫桥经验"的探索实践中主要有以下体会。

1. 抓早抓小抓基层

这是新时代"枫桥经验"的实践本源。抓早抓小是"枫桥经验"的基本内涵，基层基础是"枫桥经验"的根本支撑。诸暨市牢固树立"大抓基层"的鲜明导向，以数字化改革为牵引，全面统筹基层治理单元力量，常态化开展隐患排查整治，有效构建矛盾纠纷预测预警和处置反馈全过程管控闭环，切实强化源头治理。实践证明，只有将各类矛盾隐患发现在早、处置在小、化解在基层，才能筑牢社会稳定的"第一道堤坎"，充分展现新时代"枫桥经验"溯源治本的实践魅力。

2. 法治德治促自治

这是新时代"枫桥经验"的根本路径。从基层角度来讲，法治、德治归根结底要通过促进自治来更好地发挥作用，也要通过基层自治来推动整体智治。诸暨市始终坚持自治为基、法治为本、德治为先，进一步健全和完善基层党组织领导下的基层群众自治机制，基本形成了以法治规范自治、以德治滋养自治的基层治理体系。实践证明，只有大力发扬基层民主，坚持民事民议、民事民办、民事民管，才能推动法治、德治、自治相辅相成、相得益彰，有效拓宽新时代"枫桥经验"的治理路径。

3. 共建共享奔共富

这是新时代"枫桥经验"的价值导向。新时代"枫桥经验"最根本最基础的核心价值就在于坚持以人民为中心发展理念，解决好人民群众最关心最直接最现实的问题。锚定打造新时代共同富裕新高地目标，坚持把新时代"枫桥经验"的理念、方法和作风运用到推进共同富裕各方面、全过程，进一步完善发动群众、组织群众、服务群众的体制机制，致力于打造人人有责、人人尽责、人人享有的社会治理共同体。实践证明，只有推动人民群众成为社会治理的直接参与者、坚定支持者和最大受益者，才能最大限度地汇聚起社会治理的强大合力，不断彰显新时代"枫桥经验"在走好共富路上的独特作用。

图 2.10　诸暨市开展网格"三十六计"短视频大赛

"枫桥经验"在新时代伟大变革中不断丰富发展，在新时代真理之光照耀下熠熠生辉。放眼未来，要清醒认识到"有社会肯定有矛盾"，坚持和发展新时代"枫桥经验"，推进基层社会治理能力和治理体系现代化永远在路上。必须用心感怀习近平总书记对"枫桥经验"的深情大爱，学深悟透习近平总书记关于坚持发展"枫桥经验"的系列指示批示精神，深刻把握蕴含其中的习近平新时代中国特色社会主义思想世界观、方法论的"金钥匙"，坚定不移地沿着习近平总书记指引的路子奋勇前进，坚决扛起发源地使命担当。必须全面准确把握新时代"枫桥经验"内涵指引，紧扣"正确处理人民内部矛盾"的时代特征，坚持把加强党的领导贯穿到基层社会治理全过程、各领域，坚持"发动群众、组织群众""把矛盾化解在基层、化解在萌芽状态"，尽最大努力做到"小事不出村、大事不出镇、矛盾不上交"。必须始终坚持人民至上的价值追求，牢固树立以人民为中心的发展思想，将回应人民关切、体现人民愿望、增进人民福祉作为基层治理的出发点和落脚点，始终牢记"中国人民就可以过上更幸福美好生活"的根本目标，切实将"一切为了群众、一切依靠群众"宗旨理念转化为基层社会治理的生动实践。必须认真总结提炼、宣传推广新时代"枫桥经验"的时代课题，用心领悟"把'枫桥经验'用于实际、用得更好"的殷切嘱托，努力在坚持中发展、在传承中创新，坚持问题导向，大胆破题探路，努力打造更多具有引领性、示范性的基层治理经验，为不断深化新时代"枫桥经验"在更高层次、更广领域实践创新提供更多诸暨样本。

六 典型案例

（一）案例：一案一编码、一码管到底、全程可追溯

1. 基本案情

张某与李某是朋友关系，李某因从事电商行业资金周转等原因，陆续从张某处借款，到 2022 年 6 月，经双方核对，李某共计从张某处借款达 27 万余元，当时李某写下借条并承诺到 2022 年 12 月 31 日还清全部借款。时间一转已是 2023 年 8 月，李某仍未归还借款。

2. 主要做法

张某偶然听说他人通过扫码成功解决经济纠纷，因不想与朋友对簿公堂，于是抱着试试看的心态，通过微信扫码进入"浙江解纷码"小程序。张某按照提示完成注册并登录后，在"我要调解""咨询服务""投诉举报""其他服务"四类功能模块中，直接点击"我要调解"模块，填写相应信息，上传相关材料。张某因不知道让哪个调解组织来调解自己的案件，所以选择了"线下矛盾调解中心"。事项完成提交后，张某就收到系统生成的二维码，可随时扫码查看纠纷调解的进度和结果。

市社会治理中心的综合受理窗口工作人员在平台上收到了张某提交的事项，通过电话联系到张某进一步了解情况，根据张某的诉求和事项类型，将事项分派给入驻中心的商事纠纷人民调解委员会。系统派单后，调解员宣华收到线上派发案件的短信，并立即联系了当事人双方。由于被申请人李某在外地，不方便来中心进行面对面线下调处，调解员就通过"浙江解纷码"在线视频调解，一次一次与双方进行账目核对及协议内容协商，经过一个星期的努力，双方终于达成分期还款协议。在调解员指导下，双方还使用"浙江解纷码"线上签署了调解协议书等文书材料。双方在成功完成线上签字后，张某就发现，系统里的案件更新了进度，看着手机里"调解成功"的字样，张某露出了满意的笑容，称赞道："这个解纷码真的太实用了，不用准备专业复杂的起诉资料，不用现场提交，关键是人都不用到场，随时随地就能调解！"

3. 典型意义

全市"浙江解纷码"平台共上线 127 家调解机构、502 名调解员，融合司法、行政、信访、劳动、人力社保等多部门资源，拥有强大的专业支撑。同时实行"一案一编码、一码管到底、全程可追溯"，全流程实时追溯纠纷调解环节、进度、结果。另外，"浙江解纷码"平台还为当事人提供在线司法确认和诉讼立案功能，在纠纷调解过程中为当事人提供全周期的司法保障。截至目前，诸暨市已通过"浙江解纷码"成功调解14000余件纠纷，纠纷调处更加高效、便捷。

（二）案例："一站式"集成、多部门协同合作

1. 基本案情

申请人周某与被申请人冯某原均系诸暨某银行职工。被申请人冯某当时担任该银行某网点的负责人（于2007年9月辞职）。1983年周某在工作期间以2元钱入股本银行的社员股，银行按规定出具股权证。后周某调往宁波某银行工作，并将户籍迁至宁波。2004年诸暨某银行进行合作制改革时，因周某已不属于本市户籍，故不再符合持股增股条件，按相关规定周某所持有的股份需清退。但由于联系不到周某，冯某将周某的2元股权以2.06元的价格办理了现金清退手续。

2019年5月28日，周某得知其在原单位的股权被清退，即向诸暨银监办投诉，希望得到经济补偿。在多次协商化解无果情况下，绍兴市银行业人民调解委员会引导申请人周某与被申请人冯某至诸暨市社会治理中心调解。

2. 主要做法

诸暨市社会治理中心将案件派发至金融纠纷调委会。调解员受理事项后，认真翻阅资料，与周某经过多次沟通，掌握事

项来龙去脉，并会同中心舒心园、公共法律服务中心等人员开展"专家会诊"。

一是舒心园专家从情字出发疏导申请人心态。指出申请人的诉求是很难得到各方支持的，为了2元股金持续上访两年如此大费周章不值得。劝导他还是趁着调解员介入调解的机会，放平心态适当争取点补偿，将这件事做个了断，把更多的精力投入享受退休后的幸福生活。

二是调解员从理出发运用对比分析法降低申请人预期。调解员以多种方法计算2元股金的投资回报率，2004年以来的十几年时间里，不可能超过20倍的收益率，即使是投资北上广深四个一线城市的核心地段，资金回报率最高也就不超过20倍。所以2元或者投资分红后计算的8.34元，甚至是市场上每股4元左右的某行股份转让来计算，均不会有很多的钱。

三是法律专家以法为据消除申请人不切实际的幻想。援助律师就本次纠纷同周某分析，其自身也有责任，身为银行员工，对该银行系统的股份制改制这件大事应该是知情的，如按照正常程序办理清退手续，也不至于产生纠纷。而且其拖延时间过长，早已丧失胜诉的权利，建议其通过调解的方式化解本次纠纷。

3. 典型意义

本案涉及银行系统体制改革后股东的权益保护、银行系统的操作规程、法律的适用、责任的分担等诸多问题，中心通过发挥"一站式"集成功效，多部门协同合作、相互助力，以纠纷实质化解为理念，分析研判纠纷背后的潜在风险，灵活运用心理疏导、法律指引、多元调解等多种手段，在促成纠纷化解的同时有效排除潜在风险。

浙江普陀指标分析和"海上枫桥经验"

　　浙江省舟山市普陀区始终坚持以"产业重心在哪里，法治护航到哪里"的工作理念，推动海洋经济高质量发展和高水平安全良性互动。近年来，针对普陀区海上矛盾纠纷"动态管理难、发现处置难、源头预防难、调处化解难"等问题，持续深化和发展新时代"枫桥经验"，积极探索海上矛盾纠纷化解融治理模式，打造了全国首家海上融治理中心，构建了"一站式"海上矛盾纠纷解纷平台。2023年全年化解各类涉海企业矛盾纠纷680余起，涉案金额2.1亿元，实现了海上矛盾纠纷快速、有效、精准化解，先后获评2022—2023年度全国平安渔业示范县，沈家门渔港获评2022—2023年度全国文明渔港，是浙江省唯一获得两个称号的县区。沈家门街道海上矛盾纠纷预防化解"四步"工作法入选全国"枫桥式"工作法。

一　普陀区基本情况

　　普陀区名来自梵语音译，在《华严经》意为"一朵美丽的小白花",素有"海天佛国、渔都港城"美誉。地处舟山群岛东南部,区域总面积6728平方千米,其中海域面积6269.4平方千米,陆域面积458.6平方千米,共有大小岛屿743.5个,有人居住岛屿45.5个,是典型的海洋大区、陆地小区。现辖六横、虾峙、桃花、东极、普陀山5个镇,沈家门、东港、展茅、朱家尖4个街道,蚂蚁岛、白沙、登步3个区属功能区管委会。户籍人口30.9万人,常住人口38.4万人,城镇化率70%,是国家生态文明示范区、全省首批全域旅游示范区、全省高质量发展推进共同富裕首批实践试点。

近年来,普陀区积极承接系列国家战略,落地引进中石化全球船加油销售统筹中心、浙江唯一天然气交易市场,建成国内最大铁矿石中转码头、华东地区最大煤炭中转码头,货物吞吐量突破1.2亿吨。现代海洋产业集聚成势,海洋经济占地区生产总值超70%,外轮维修量占全国25%、船舶制造能力约占全国5%,远洋渔业产量占全国20%、全省近60%,金枪鱼、鱿鱼加工量均占全国"半壁江山"。2023年,普陀区实现地区生产总值456.51亿元、增长6.3%;财政总收入51.24亿元、增长6.2%,一般公共预算收入32.6亿元、增长1.2%;城乡居民人均可支配收入分别为74579元、48833元,分别增长5.8%、7.2%,城乡居民收入倍差缩小至1.53。2024年第一季度实现地区生产总值99.8亿元,增长5.7%;城乡居民人均可支配收入分别为21699元、15257元,分别增长5.5%、7.5%,城乡居民收入倍差缩小至1.42。

二 若干指标数据分析

普陀区深入学习习近平法治思想,全面贯彻党的二十大精神，认真落实中央、省、市决策部署，持续推动法治政府建设再上新台阶。"海上枫桥，法随远洋"获2022年度全省"十大普法影响力事件"提名奖；2023年普陀区"民商事纠纷调诉比"排名全省第二位；获评"浙江省人民调解工作先进县（市、区）"；沈家门街道海上矛盾纠纷化解"四步"工作法获评全国新时代"枫桥经验"先进典型。根据普陀区相关指标数据分析如下：

（一）全国民主法治村数量

普陀区精心打造普法宣传阵地，稳步实施民主法治村（社区）5年倍增计划，把宪法元素融入社区公共空间，在全社会树立依法治国的精神引领，营造浓厚的法治文化氛围。全区"民主法治示范村（社区）"国家级4个、省级33个、市级68个，市级及以上创建率达97.22%，居全省前列。

优化建议：一是强化组织领导，为创建工作提供有力保障。健全完善"党委领导、各部门各负其责、全社会共同参与"的民主法治村领导小组和工作机制，推动形成民主法治村创建大格局。把依法治村工作列入村（社区）两委重要工作议事日程，切实加强对民主法治示范村工作领导。严格"五民主三公开"，坚持用制度规范基层干部行为，不断提升社区（村）法治化管理水平，为新渔农村建设提供强有力的法治保障。二是推进基层治理，夯实民主法治建设基层基础。按照地域特色与法治阵地相结合的原则，加快构建基层治理体系和服务体系，全面提升基层法治建设能力和水平。倡导自治为基、法治为本、德治为先"三治融合"的治理体系，将"民主法治村

（社区）"创建工作纳入美丽乡村建设三年攻坚行动规划，构建符合法治规律、具有海岛特色、满足群众需求的新时代民主法治村（社区）建设体系。推动区、镇（街道）、村（社区）三级公共法律服务实体平台全覆盖，培育完善"老娘舅志愿者调解队伍""平安志愿者队伍""东海渔嫂"等各具特色的基层志愿服务团队，不断强化基层服务。三是深化法治宣传，强化基层民主法治建设理念。创新普法宣传载体，按照"一街一品"阵地建设要求，打造镇（街道）特色普法阵地，全面推进基层法治文化建设。依托"法律十进"深入开展海岛系列特色普法宣传活动，采取社区大讲堂、巡回调解、集中咨询、网络问诊等形式加强普法宣传教育，不断增强渔农民依法维权意识和自觉守法、遇事找法、办事依法、解决问题靠法的自觉性、主动性。

（二）律师万人比

2023年，普陀区共有执业律师93名，法援律师3名，公职律师39名，律师万人比为3.51。2024年6月底，普陀区共有执业律师97名，公职律师64名，律师万人比为4.17，同比增长18.8%。区司法局联合区委组织部、区财政局出台《关于进一步加强公职律师工作的意见（试行）》，全面提升法治普陀和法治政府建设水平。向通过2023年法考的7名公职人员和年度考核称职的49名公职律师发放奖金11.9万元，大大激发了全区广大公职律师的活力和工作能动性。

优化建议：一是大力发展执业律师队伍。聚焦律师行业监管工作中存在的问题和短板，着力解决管理水平不足、日常监管宽松软等问题，有效提升律师行业治理能力，监督指导律师事务所和律师依法依规执业。引导鼓励律所明确发展领域，优化定位，加强品牌建设与业务合作。引导注销不符合规定的个人律师事务所。通过开展律师行业、基层法律服务行业年度考核注册工作，排查律师、律所违法违规执业隐患。与律协普陀分会定期开展"普陀·青年法智汇"系列活动，进一步提升区内青年律师的专业素养，促进执业发展。二是积极培育公职律师。通过实地走访、宣传动员、微信公众号、政务网公告等方式加大宣传力度，让辖区各单位全面了解申报条件，引导各党政机关积极发展公职律师。全面摸排已取得国家法律职业资格证书的在职公务员情况形成拟培育名单，鼓励符合条件的人员报名参加公职律师申领岗前培训班。落实"三个应该"：一是鼓励在职在编人员积极报考法律职业资格考试，做到"应考尽考"；二是积极组织符合申报公职律师条件的人员参加公职律师岗前培训，做到"应培尽培"；三是已参加岗前培训并考核合格，又符合公职律师申报条件的人员按要求做好公职律师申报工作，做到"应报尽报"。不断完善激励保障机制，细化日常监督、年度考核等工作措施。

（三）法治文化公园数量

2023年以来，普陀区先后在全国民主法治示范村黄杨尖村、红色教育基地蚂蚁岛、碧海金沙桃花岛等地建成本土特色宪法（法治）文化公园4个，区级宪法广场1个。2023年，统筹区属相关机关单位及城投、电力等部门力量，通过招投标形式、现场查看及设计理念沟通，推动区宪法广场落地。

优化建议：聚焦"八五"普法工作部署要求，以建设高品质法治文化公园为抓手，从群众法治需求出发，进一步创新普法宣教模式，让群众看得见"法治进步"，享受得到"法治红利"。结合普陀"八五"普法规划，按照"一街一品"法治阵地建设要求，将法治元素融入当地绿化景观及本地文化，因地制宜建设完善不同类型、特点、规模的法治文化长廊、广场、公园、街区等宣传阵地。

（四）行政规范性文件备案审查纠错率

2023年以来，普陀区政府合法性审查机构共审查区政府及区政府办拟发和制发的行政规范性文件31件，采纳率达98.4%，未出现被纠错的情况。

优化建议：一是完善机制。坚持"应纳尽纳，应审尽审"原则，编制印发区镇两级行政规范性文件等5类合法性审查事项目录清单，实现"区政府+部门+镇街"审查事项应纳尽纳。强化标准先行，编制5张流程图，编写涵盖107个审查要点、158个常见问题的工作指引，规范行政规范性文件等审查事项"立项—审查—决定—备案"全过程。二是紧盯程序。强化行政决策程序，明确重要政策和规范性文件会前必须经合法性审核，区司法局主要负责人固定列席会议，从源头上把好规范性文件合法关。建立规范性文件合法性审查意见采纳沟通机制，对意见分歧较大的文件与起草单位专题沟通，确保达成一致意见，主动做好与备案部门的沟通协调，积极引导主动纠正，做到"有件必审、有审必回"，有效遏制"问题文件"出台。三是严格备案。坚持"应纳尽纳、应审尽审、有错必纠"

原则，相关文件按规定经区政府常务会议审议通过后发布实施，并报区人大常委会和市政府备案。

（五）社区矫正对象再犯罪率

2023年以来，普陀区接收社区矫正对象271人，解矫225人。目前在册在管301人，未出现脱漏管和重新犯罪等情况，较好地实现了特殊敏感时期各项安保任务和社区矫正监管工作目标。2022年以来，全区涉海涉渔矫正对象人均年收入达15余万元，所在船只每年创造经济产值近5000万元。"涉海涉渔社区矫正对象依法批准经常性跨市、县活动案例"作为全市唯一获评全省"执法攻坚破难"优秀案例；"社矫中的8名船老大请假出海"案例被浙江法制头版头条专题报道；涉海涉渔社区矫正对象外出监管的相关做法在今年全国两会期间的《今日说法》专题报道。四是建立律师进驻区社区矫正中心工作机制。出台《舟山市普陀区律师参与社区矫正工作的意见（试行）》，在区社区矫正中心增设"律师联络室"，定期组织律师进驻开展法律服务工作，讲解《民法典》《社区矫正法》及开展反诈宣传。针对社区矫正对象生活、工作中遇到的困难，律师利用专业法律知识积极助力纾困解难，并及时通报社区矫正中心。2023年以来，共为矫正对象开展集中教育、法治宣传20余场500余人次，解答法律问题100余条。律师参与化解婚姻家庭、劳务、经济等纠纷十余件，无民转刑案件发生。

优化建议：一是落实信息核查比对。与法院、检察院、公安等部门对接，核查核实社区矫正对象列管、治安处罚、收监执行、报备边控等情况，了解掌握是否存在脱漏管情况。二是加强衔接配合。建立社区矫正联合动态分析和会商机制，邀请公检法等单位定期参加社区矫正动态分析会议，主动邀请检察机关、纪检部门（派驻纪检监察组）参加或列席集体研究审议社区矫正提请撤销缓刑、撤销假释、收监执行等执法重大事项。三是严格涉海涉渔社区矫正对象的外出审批。以"海之矫"平台为监管手段，破解严管期渔船老大海上作业审批难题，解决同船船员家庭生计问题。

（六）公共法律服务平台服务人次

2023年普陀区公共法律服务平台服务15877人次；2024年1—6月12742人次，同比增长60%。2024年1—6月，公共法律服务平台服务12742人次，居全市首位。依托"12348"浙江法网和浙里办公共法律服务专区，建成覆盖全业务的"电商式"网上公共法律服务大厅，将所有公共法律服务职能纳入网上平台，实现公共法律服务"掌上办""指尖办""随身办"。结合海岛实际在65艘岛际交通客船、引航船、码头等本土阵地及市海员产业工会、国际法治服务港等涉外阵地，部署形成"指尖上"的15分钟公共法律服务顾问。

优化建议：一是以"15分钟公共法律服务圈"省级试点建设为抓手，在全省率先以区政府工作报告、区两办工作清单形式高位统筹推进。以多元公共法律服务推动海岛特色产业发展、海洋社会治理。二是构建"一链闭环"服务体系，实现有感覆盖。在人口密集、企业、楼宇集中、矛盾纠纷高发、法律服务需求频繁区域增设法律服务点，以海上融治理中心、远洋渔业合规中心为平台，设立海商事、渔事等特色驿站；加大

"小岛你好"等岛屿公共法律服务自助机的投入，实行法律服务资源"常态"保障和法律服务人员依需"随时"驻相结合。三是推出"一类全办"服务指引，实现有为覆盖。针对远洋渔船、安全生产等风险防范点，规范远洋渔船合法合规开展太平洋公海海域生产作业行为，谋划定制增值化海事服务产业链法治服务。加强涉外法治建设，探索运用法治手段应对国际海商事纠纷化解，全力打造国内国际双循环的海上矛盾纠纷全域治理新标杆。

三 "海上枫桥经验"产生背景

舟山市立足海洋海岛实际，聚焦聚力解决海域治理难题，创新体制机制、坚持改革破题，探索形成了海上"融治理"模式，有力护航了海洋强国战略实施，促进了海洋经济高质量发展。

（一）适应舟山市"海上枫桥经验"创新工作的需要

近年来，舟山市坚决贯彻习近平总书记关于坚持和发展新时代"枫桥经验""舟山要把海洋经济这篇文章做强做大"等一系列重要指示精神，立足海洋海岛实际，统筹发展和安全，把新时代"枫桥经验"从陆地向海上延伸，聚焦海上矛盾纠纷化解难、安全风险防控难、海上治理协同难等问题，创新理念思路、体制机制、方式方法，坚持党建引领、群众主体、改革破题、法智支撑，形成了以"海陆一体、多元融合、开放共治、同舟共济"为主要特征的新时代"海上枫桥经验"，推动海洋海岛治理体系和治理能力现代化，以高水平的平安建设护航高质量的海洋经济发展，护航海洋强国战略实施。普陀区海域辽阔，港口贸易船只往来众多，海上交通运输、渔业生产作业繁忙，海上不确定安全因素、海事渔事商事纠纷多发，给海上安全稳定带来严峻挑战。为积极落实市委战略部署，普陀区不断推进海上矛盾纠纷化解融治理模式走深走实，凝聚社会资源，整合法治资源，优化人才资源，通过融合发力、分类施治，推动基层治理精细化、精准化。

（二）解决海上生产关系新痛点的需要

1. 渔民综合素质低下，安全生产意识有待强化

在渔业生产活动中，渔民的安全生产意识对保障渔业可持续发展至关重要。受历史和社会原因影响，渔区社会整体教育资源匮乏，渔民尤其是老年渔民受教育水平普遍不高，这也间接影响了他们对新知识、新技能的接受程度。较低的知识水平导致他们对海上安全生产意识比较淡薄，不仅会造成不小的渔业经济损失，还会对个人生命安全产生威胁。目前，渔业作业人员组成模式大多是本地渔民加外来渔工，由于部分渔民对海上作业的安全知识了解不足，无法正确有效地识别和防范风险。因此在面对风暴、海啸等自然灾害或渔网缠绕、渔具故障等渔业事故时容易产生错误判断，不能及时采取有效应对措施，从而加剧渔业作业风险。此外，部分渔民在作业前对专业生产教育接触机会较少，缺乏系统的安全作业培训，导致部分渔民对相关安全生产法规认识不足，对安全设备使用或维护意识差，容易因追逐高额的经济利益而忽视安全生产甚至出现违

规作业现象，这些都严重威胁了海上作业的安全。

2. 渔业作业环境艰苦，渔民身心健康遭受挑战

长时间的海上作业对渔民的身体和精神也是重大考验。渔民不仅时刻面临自然灾害的威胁，还需要进行高强度劳动，这对渔民的身心健康都是不小的挑战。本地渔民经常用"半年神仙半年狗"戏称自己的渔业生产生活，可见渔业作业环境艰苦。由于渔船面积有限，渔民需要长时间居住在空间狭小、通风差、床位紧凑的船舱内进行生活。工作环境的封闭，导致渔民容易出现焦虑、抑郁等心理健康问题。出海后，一般渔民需要在船上进行几个月的连续作业，且经常需要昼夜加班。长时间进行重复性和高强度的体力劳动导致渔民容易患上职业性疾病，如关节炎、肠胃疾病和其他肌肉骨骼疾病。此外，由于渔业资源不断衰退，渔船需要寻找最佳捕鱼点，渔民有时会长时间面临无鱼可捕现象，为打发无聊时光，抵御海上风寒，渔民吸烟、饮酒率很高，长时间的不良生活习惯增加了渔民患病的风险。再加上船上缺乏专业的医疗服务和设施，渔民很难在海上得到及时有效的医疗救助。

3. 保障机制不够健全，渔民劳动权益保护亟待加强

渔民作为渔业的重要主体，其保障机制的健全与否直接关系到渔业的健康发展与社会的和谐稳定。尽管政府相关部门和组织不断完善保障机制，但在实际操作中仍出现一些亟待完善的问题。首先，《中华人民共和国劳动法》《中华人民共和国劳动合同法》等法律法规都明确规定了船员与船东之间需签订劳动合同，但很多时候因合同签订双方关系不清，易出现船员与服务机构和船东之间都互相签订合同的情况，最终导致船员工

资待遇无法保障；其次，由于渔船长期漂泊在海上，居无定所，有时甚至漂泊在公海或者别的国家，捕捞作业时间不确定，导致渔业从业人员很难精准记录工作时间，加上工作时间一般由公司记录，若监管不严，就易出现因加班时间难以证明发生分歧扯皮现象；最后，由于渔船尤其是远洋渔船活动范围广、时间长，一些船东在给船员购买人身保险时未按规定购买，常常不购买或者购买金额过低，从而一旦发生意外造成船员合法权益无法得到有效保障。

（三）解决海岛社会治理难点的需要

1. 海岛治理预防之路难疏通

由于海上环境的特殊性和复杂性，海上风险"预测难、预警难、预防难"的治理瓶颈长期存在。普陀辖区岛屿众多、海况复杂，有时渔船为避台风、海浪等灾害天气需及时返航寻找港口停靠，渔船碰撞、触礁等事故极易发生。海上监管和执法不仅需要专业的海上执法人员，还需要大量投入高端的技术设备，如卫星监控、远程识别系统等。但因经费限制配备不足，早期预警能力受限。在一些公共海域，部分渔船可能会跟别的国家（地区）渔船产生冲突，如果海上监测信号受影响，极易引发重大国际事件。因此，海上矛盾纠纷的预防不仅需要国内各相关部门的通力协作，还经常需要开展跨国合作。但因受政治、经济等因素影响，国际合作难度较大，国际预防机制难以形成。

2. 海岛治理协同局面难实现

随着海上活动日益增多，海上矛盾纠纷的化解尤为迫切，但纠纷处理中经常因为多部门联动不畅受到诸多限制。相比在陆上，海上矛盾纠纷呈现牵涉主体广泛、牵涉事件复杂、牵涉金额较大等特点。因此，在具体执法维权过程中往往需要海事、港航、渔业、公安等多部门协同办案。但各部门的职能范围可能存在交叉重叠现象，由于缺乏明确的责任划分，在工作中可能就会造成"谁都能管、谁都不管"的情况。此外，由于不同部门在信息接收和案件处理的侧重点上不同，因协作机制不健全导致信息资源共享程度不高，这也在一定程度上影响了执法效率的提高。虽然不定期开展的专项行动取得了较好效果，但因缺乏长效的工作机制，各部门相互协作中的局限和问题亟待解决。

3. 海岛治理善后机制难构建

海上活动增多和海洋经济的快速发展促进了城市建设，也带来了许多新的矛盾和纠纷类型。但受现有法律体系局限，这些新问题和纠纷的处理缺乏充足的法律依据。如现行民事赔偿和海事保险制度在船员伤残善后方面具有局限性。普通渔民由于知识水平有限、对法律法规了解不多认知不足，加上社会活动参与度较低，在维护自身合法权益时容易出现不知道找谁、不知道如何配合等问题。相关部门在执行善后流程时因法规或政策不完善、且证据不足情况下给出片面意见。导致渔民的合法利益无法得到充分保障。虽然有相关社会组织参与，在做好善后工作时发挥了监督、宣传作用，但因其参与度和影响力有限，不能形成有效的补充力量。

四 "海上枫桥经验"主要内容

普陀区主动适应新形势新要求，推动新时代"海上枫桥经验"理念、制度、机制、政策、工作全方位跃升，打造了海上"融治理"模式。重点通过有机融合涉海治理元素，变革优化海上治理体制机制，有针对性地解决海上矛盾风险和治理瓶颈等问题，推动海域全面治理、集约治理和精细治理。

（一）再造海岛基层社会治理体系

健全的社会治理体系是提升社会治理效能的前提。良性运转的社会治理体系能否发挥正向作用，不仅取决于治理体系自身是否健全完善、是否尊重和符合社会变迁规律，还取决于能否将制度优势转化为效能优势。为此，普陀区高度重视基层社会治理建设的制度引领，坚持科学、民主、依法，高质量推进法治化体系建设。

1. 建立科学完备的规则体系，确保规则制度的回应能力、调适能力和应变能力

规则制度是根据客观规则和共同价值观念来指导、规范和约束治理主体形成治理关系的形式载体，使政府行为能保民生、促稳定、保和谐、促发展。普陀区拥有著名的沈家门渔港，各地渔船汇集舟山渔场，涉海纠纷多发，劳资纠纷类型多，基层社会治理呈现防控成本大、防范盲点多、处置耗时长等特点。该区先后推动出台《舟山市国家级海洋特别保护区管理条例》《舟山市国家级海洋特别保护区海钓管理办法》等涉

海类法规规章，有力促进了普陀海域海区和谐稳定。立足法治化开展调解工作全流程闭环，制定了市级地方标准《社会矛盾纠纷调处化解"最多跑一地"工作规范》，将矛盾调解经验汇编成《矛盾纠纷三十六策》。编制《区海上融治理中心矛调受理服务指南》，针对重特大疑难和群体纠纷，形成规范性文件《矛盾化解"一件事"工作标准》。同时，积极推动将群众认同、行之有效的自治规则、公序良俗等运用到海上矛盾纠纷化解之中，形成软硬结合、内外协调、运行高效的规范体系。

2. 构建公正高效的社会治理实施体系，持续提高治理效能

党的十九大报告提出，要提高社会治理社会化、法治化、智能化、专业化水平，这表明实现社会治理现代化，就是要通过社会治理实施过程中的社会化、法治化、智能化、专业化四项能力的提升，增加社会治理的协同效力。普陀区的做法是：首先，拓宽群众信息反馈渠道。通过开通亲民热线等方式，充分听取民意、反映民心。协调不同领域的部门、社会组织等充分发挥各自专业优势，多角度、多途径为群众提供优质的社会化服务。全区建成海事渔事人民调解组织11个，现有"海上娘舅船"287艘，"东海渔嫂"队伍147支；其次，推动社会治理法治化规范化。将法治化贯穿于矛盾纠纷源头治理、综合受理、纠纷调解、司法保障、全程监督5个环节，全面整合矛盾纠纷化解方式。推动海事法院与矛盾调解中心建立诉调对接机制，人民法院提前介入调解环节，将难以调解的纠纷迅速立案进入诉讼程序；再次，全面提升社会治理专业化能力。针对海损、劳资等8个海上矛盾纠纷多发领域，进一步

明确受理范围、联合专业职能部门和专业调解团队、行业协会协同办理；最后，提升社会治理智能化能力。制定了"浙江解纷码"应用规范，明确工作职责，规范信息互联、调解支持、诉讼指引、执行协助、法律咨询等具体流程，对案件受理、流转、办结等重要环节明确完成时限，从制度上保障"浙江解纷码"的规范应用。截至2024年7月，该区社会治理中心共解决群众各类诉求56.15万件，561件重大疑难纠纷得到妥善处置，调处成功率和协议履行率均为100%。

3. 构建社会治理共同体治理体系，持续推进治理主体在党的领导下多元参与、平等协作、有机共生

2019年1月，习近平总书记在中央政法工作会议上要求，要在基层社会治理中打造人人有责、人人尽责的社会治理共同体。普陀区注重多元主体协同作用发挥，有效整合社区、司法、综治等部门力量，做到海上矛盾联调、信息联通、问题联治、风险联控。搭建以区海上矛盾调解中心为重点，镇街、村社调解组织为基础，海上网格员为触角，行业性专业性调解组织为补充的"3+1+N"海上矛盾纠纷全域排查化解体系，全面构建"海上前哨所、中心主阵地、区级终点站"分级解纷体系。通过做强"海上前哨所"，推动小矛盾小问题就地化解；做优"中心主战场"，实现大事联合调解；做实"区级终点站"，实现难事攻坚破解。以海上矛盾调解中心为核心平台，整合访调、警调、检调、诉调、援调和法律咨询、司法救助、劳动仲裁、诉讼服务等业务条块，将原本分散的各项海上矛盾纠纷调处业务整合入驻矛盾调解中心。统筹涉海行政职能部门和区人民调解委员会、区海事渔事纠纷调解委

员会等行业专业调解机构，实现"一窗反映、一门受理、一地综办"。同时积极吸收行业性专业调委会、专技培训、心理服务等社会力量入驻，初步形成全方位、全过程、专业化的海上矛盾纠纷化解体系。

（二）再造海上"融治理"新模式，打造"融治理"新平台

近年来，普陀区立足海洋海岛实际，聚焦聚力解决海域治理难题，探索形成海上"融治理"新模式。区委政法委牵头建立"海上融治理中心"，占地面积500平方米，设立海上服务中心、法治服务中心、数智管控中心三个大厅，充分发挥社会治理中心"一平台融合"机制优势，集成海上解纷"一件事"应用。

1. 做实为民服务理念，打牢社会治理坚实基础

中心设立海上服务大厅，针对海上矛盾纠纷多样复杂的情况，全面提供信息查询、资格审核、证件办理等服务；成立"海上新时代文明实践站"，针对渔区实际和渔民需求，成立十支特色志愿服务队，消除志愿服务盲点，解难扶困，将关怀关爱传递到渔村、渔船和渔民，打造具有普陀特色的"共富方舟"。

2. 推进治理资源融合和服务重心下沉，拓宽社会共建共治共享渠道，凝聚社会治理共识

一是加强涉海"一支队伍"融合，法治服务中心由宁波海事法院自由贸易区法庭、区司法局、区检察院、区公安局等相关单位（部门）常态化入驻，整合归并1607项执法事项，融合各类协调资源联动联处。深化诉、访、警、检调对接，建立海上执法全流程联动机制。通过体系重构、流程再造、机制重

塑，推动海上执法高效协同。二是通过建设行业协会工作室，引入海运、远洋、油品等涉海行业协会，建立纠纷联调、安全联防、抢险互助等工作机制。通过专家资源指导涉海矛盾研判化解，融合法律资源，全区11家律师事务所与14家商会签约结对，实现律所服务商会100%覆盖。三是以"海上纠纷跨区域调解绿色通道"为载体，与77个沿海涉渔省、市、县、乡、渔业村建立渔业纠纷联合协调机制，与宁波海事法院共建"海上共享法庭"。近三年来，跨区域联调处置各类涉海纠纷2000余件。四是坚持"瀛洲红帆"引航，形成"红帆船长+党员船员+骨干渔民"的自我管理团队，开展海上纠纷化解、安全联防、抢险互助等工作。注重"东海渔嫂"示范，以"10+X"模式统筹组建调解员、渔安员等女性志愿者队伍近400支10000余人，推动形成社会组织参与社会治理的新格局。

3. 推动提升"整体智治"社会治理现代化水平，打造"风平浪静"和谐基础

聚焦海上治理信息资源共享难、安全事故预防难、违法犯罪打击难等问题，借助大数据技术，数智管控中心实现对各类风险因素的精准预警和处置。一是构建"天罗海网"，以"雪亮工程"建设为牵引，在全国率先形成海域雷达"一张网"，实现海上风险实时动态感知。二是打造"智控平台"，建立海上云数据库，打造渔业安全精密智控基础数据"一张图"，实现海上安全实时监管、预警管理、报警处置、应急救援和精准执法一体化。三是应用"智治海安"，打造海防缉私、生态保护、设施防护、安全服务、执法协同五大场景，构建起"远

洋—岸线—岛屿—港口"四层"智能防控圈",做到海上风险隐患未动先知、异动即知。

图 3.1　普陀区海上融治理中心和调解工作场景

（三）再造海上矛盾纠纷一站式、全链条、快通道化解模式，推动海上矛盾陆源解、涉海要素智管控

坚持和发展新时代"枫桥经验"，坚持"矛盾不出船"和多元化解理念，强化在海上矛盾纠纷预防预警、快速响应、研判分析、案件受理、司法保障等方面形成全周期、法治化的工作闭环。

1. 强化风险感知，预防工作体系化

在研判层面，区司法、法院、社会治理中心等8部门建成社会治理数据库，形成以首席调解员、员额法官、援助律师为主的"3+X"会商研判模式，对趋势性问题研判预警，扩大个案调解经验示范参照效应，促进"类案同法"解决，形成三大海上矛盾纠纷预防机制：一是定期排查机制，组织渔业、海事等专业部门和海上网格员等基层力量，深入渔区、渔船、渔民开展大走访、大排查，全量掌握海上纠纷隐患，联动卫健、渔业、公安等部门，对船员进行综合审查，避免带"病"上船；二是提前介入机制，发挥远洋渔船治安员、"海上老娘舅"作用，在事发现场尽早介入制止，预防纠纷升级；三是证据固定机制，通过目击船员自述材料、视频监控、手机影像等材料数字化途径上传，配合海警、海事、海洋与渔业等部门进一步调查取证，明确事实责任。在法治素质提升层面，定期组织全区人民调解员、骨干"东海渔嫂"调解员、"海上老娘舅"和"共享法庭"庭务主任培训班，全面提升专职人民调解员的业务水平。培训采取集中授课、案例分析、互动问答等形式，既有理论知识的学习，又有业务实践的探讨与交流，具有很强的针对性、指导性和可操作性。2022年以来，通过共享法庭组织开展163场调解培训729人次，指导基层调解1118次，普法宣传312场，发放《普陀区人民调解案例选编》《人民调解工作条例》200余本。

2. 夯实治理基础，推动矛盾纠纷综合受理—化解流程化体系化建设

以服务需求为导向，对具体职责清单及相应治理资源、流程、机构等要素进行重置，建立海上矛盾调解中心—基层矛盾调解组织—海上网格纵向三级为主，行业性专业性调解组织横向为补充，上下贯通、层层推进配合的治理结构。具体做法是：一是通过纠纷当事人、基层信息员、群众举报和线上发现案情等途径递交三层治理架构综合受理，由首席调解员、员额法官、援助律师和行业协会等初步调解，通过做强海上网格员和基层矛盾调解组织，推动小矛盾小问题就地化解，大事联合调解；做优区级海上矛盾调解中心，实现难事攻坚破解。二是针对初步调解未形成统一意见的案件，按照海损、劳资等8项海上矛盾纠纷多发领域明确化解受案范围、联办部门及职责、联办服务项目、办案流程。以海上矛盾调解中心整合访调、警调、检调、诉调、援调和法律咨询、司法救助、劳动仲裁、诉讼服务等业务服务为主，借助涉海行政职能部门及区人民调解委员会、区海事渔事纠纷调解委员会等行业专业调解机构进行纠纷调解，调解不成的依法诉讼，调解达成协议的进行司法确认。三是针对依法诉讼的案件，积极探索"海上共享法庭"工作模式，通过一屏、一线、一终端的简单配置，实现连线质证、开庭、调解等工作，实现"调解指导、网上立案、在线诉讼、普法宣传、基层治理""五位一体"的效能，并设有专业的仲裁机构和行政复议机构，确保当事人的合法权益获得司法保障。

3. 数字赋能高效率化解矛盾纠纷

智能式解纷的重点在于将互联网、大数据、人工智能等现代信息技术深度嵌入矛盾纠纷治理，通过构建线上解纷平台或系统来提升矛盾纠纷化解效能。普陀区依托"智治海安""智控港区""航运智控在线"等应用,搭建"船员72小时逆推辨认""前科船舶船员预警"应用模型,加强全域全时治安要素前置感知,形成十里渔港"治安热力图",真正实现数据治海。深入推进"大数据+人民调解"工作机制,推广应用"浙里解纷码""共享法庭""海上枫桥"浙里矛盾调解等线上调解全业务链条,线上受理海上矛盾纠纷473起,化解率97.89%,群众满意率100%。"海上枫桥"浙里矛盾调解应用入选全国政法智能化优秀案例。

(四)再造海岛社会协同治理与互动治理

1. 开拓社会协同治理格局,有效破解社会治理碎片化、解纷资源分散化的瓶颈性问题,实现诉调资源全面整合

普陀区将各种矛盾纠纷治理机构全部收归到一个中心,整合政府机关、社会组织、司法机关功能,为当事人矛盾纠纷解决需求提供一体化服务。全区形成"党委领导、政府支持、多方参与、资源共享、调解在先、诉讼断后"的诉源治理新模式,实现人民群众解决矛盾"只进一扇门""最多跑一地"。按照"全科门诊"目标要求,成建制入驻网格管理中心、"四个平台"指挥中心、公共法律服务中心、劳动仲裁院、海事渔事调处中心、"智慧城管"中心等15个部门及医疗纠纷调委会、劳动争议调委会、海事渔事调委会等13个专业行业调解组织。协同治理格局的形成,一是降低了普通纠纷转化为诉讼案件的数量。协商民主畅通了民意表达渠道,及时协调各方关系,避免其进入诉讼程序;二是提高了解决矛盾纠纷的时效性。由第三方主持协商,矛盾各方具有平等的话语权,针

对各方利益诉求快速公平解决；三是促进了基层社会治理多元化。基层党组织、社会组织、社区等主体参与协同治理，形成了多元社会治理新格局。

2. 培育和发展公民社会组织，打造社会治理品牌，推动上下平等互动治理

社会组织开展的基础性社会福利活动和建言献策是推动社会公平化的重要保障。这就需要政府打破传统体制下对权力的高度集中，将部分服务性、协调性的工作交给社会组织，以弥补政府力量不足等短板，鼓励支持民间力量融入社会共同治理。积极打造一批"和为贵"的特色社会治理品牌，推动形成"头雁效应"。普陀区积极打造"枫调渔顺"人民调解品牌，设立渔商行业协会、"渔港枫警"、"平安沈心"等人民调解工作站（室）。打造"1名员额法官＋1名法官助理＋1名专业力量＋N名辅助力量""1＋1＋1＋N"海上桥头堡矛盾化解模式，聚焦辖区内国际海事争端纠纷解决实际，建立海事审判机关与行业调解组织之间的诉调对接机制。加强与市外、省外等沿海县区的海上联谊协作，与13个沿海涉渔市县、25个涉渔镇街、36个渔业村社联谊结对，开辟"海上纠纷跨区域调解绿色通道"。

五　成效和启示

普陀区以习近平新时代中国特色社会主义思想为指导，紧紧围绕海上治理体系和治理能力现代化总目标，坚持系统治理、依法治理、综合治理、源头治理，着力在化解海上矛盾纠

纷法治化上下功夫，完善一站式多元解纷机制，为基层矛盾纠纷法治化治理提供"普陀经验"。试点工作开展以来，认真贯彻落实习近平总书记重要指示精神，把坚持和发展新时代"枫桥经验"作为建设现代海洋城市的重要保证和平安建设的总抓手，聚焦"群众唱主角、干部来引导、德法加智治、有事当地了"，形成"一中心两个工作法"，打造了一批具有普陀辨识度的基层治理现代化标志性成果。

一是形成一个全国"枫桥式工作法"。沈家门位于舟山本岛东南部，是我国最大的渔港和海水产品集散地，每年因水产品交易、渔业生产、海损事故等引发的矛盾纠纷量大面广。为切实维护辖区平安稳定，沈家门街道躬耕"枫桥经验"，着眼海上纠纷实际，创新工作方法，探索形成"领航、织网、起锚、稳舵"四步工作法，有效解决了海上矛盾纠纷"动态管理难、发现处置难、源头预防难、调处化解难"等问题，实现"小事不上岸、大事不出镇、矛盾不上交"，为多元化解海上矛盾纠纷、推动海岛基层治理体系和治理能力现代化提供了"沈家门样本"。2023年11月，获评全国新时代"枫桥经验"先进典型。

二是形成一个全省"枫桥式工作法"。普陀区是浙江省海洋经济发展的"前哨"，因航道多、船只多、海况复杂，海上纠纷频发易发，每年海上重大纠纷占全区重大纠纷一半以上。为切实筑牢海上安全防线，试点工作推进以来，该区推进"枫桥经验"从陆上延伸至海上，探索建立"党建统领、数字赋能、法治化解、司法保障"四步走工作法，创新海上基层治理求解"方程式"，为海上平安稳定保驾护航。2023年11月，该区巧用"加减乘除"解好海上治理"方程式"的"四步走"工作法入选全省新时代"枫桥式工作法"100例。

三是打造全省首个海上矛盾纠纷调处化解中心。积极探索海上"融治理"方法路径，形成了以"海陆统筹、多跨协同、社会参与、法治保障、数字赋能"为特征的新时代"海上枫桥经验"，基本解决了海上矛盾纠纷化解难、安全风险防控难、海洋治理协同难等现实问题。2023年12月，由普陀区委政法委牵头，联合宁波海事法院、区海洋渔业局和区社会治理中心共同打造的海上融治理中心举行揭牌仪式，这是全省首个实体化一站式海上矛盾纠纷解纷站。中心占地面积约1500平方米，设有海上服务中心、法治服务中心、数智管控中心三个大厅，聚合了涉海涉渔突出问题前端治理、涉渔纠纷调解、海上审判服务等功能，充分发挥多元化解力量，通过数字化手段、法治化方式解决海上矛盾纠纷，将矛盾纠纷快速妥善化解在前端，并与区社会治理中心形成了一个"专科门诊"和"综合门诊"的互补。

普陀区海上矛盾纠纷法治化建设试点工作是以习近平新时代中国特色社会主义思想为指导，是"枫桥经验"的进一步深化，突出"群众唱主角、干部来引导、德法加智治、有事当地了"，实现"小事不上岸，大事不出港，矛盾不上交，化解在海上"的终极目标，是坚持系统治理、依法治理、综合治理、源头治理的具体实践，为全国完善海上矛盾纠纷化解机制助推法治中国建设提供了应用模板。

六　典型案例

（一）依法跨域调处渔事纠纷

1. 基本情况和化解难点

2022年12月26日，一艘宁波籍远洋渔船与舟山普陀籍"浙普渔62032"渔船在沈家门渔港发生碰撞，双方船体受损，"浙普渔62032"渔船船体进水并造成渔获物损失。事故发生后，宁波籍远洋渔船向宁波方做了报告并驶离现场出境捕捞作业，"浙普渔62032"船向属地沈家门街道求助并申请调解。这起渔事纠纷案涉及两地籍船只碰撞，又因一方船只离开了事发地赴远洋作业，存在现场取证难、异地定损难、就地调解难等问题。

2. 调处化解过程

（1）快速介入、查明情况。事故发生后第一时间，所属海上网格的"瀛洲红帆"船就近开展救助，并迅速报告所属街道。针对对方船只驶离现场的情况，街道立即与渔业及海事部门对接，通过"智控港区"平台调查事故发生时间及海域位置，查询相关船只航行轨迹，获取该起碰撞事故另一方船只详细信息。同时，街道安排"海上老娘舅"实地了解情况，及时收集证据；属地"东海渔嫂"第一时间走访涉事船员及家属，安抚情绪。后经省市协助与宁波远洋公司和船只取得联系，初步确认事故发生经过。

（2）部门联动、会商研判。因对方船只已赴远洋生产作业，并处于新加坡海域，若回港处理将对该船造成较大经济损失，但不定损又无法及时调解。对此，街道海上"融治理"中心牵头，召集海洋渔业、司法行政部门和专业律师、"海上老娘舅"等专业力量，并邀请宁波海事法院自由贸易区海事法庭，对案情进行把脉联诊。根据人民调解程序，结合相关案例，确定了远洋船只就近靠岸勘验、异地评估损失的解决方案。

（3）多元化解、定损明责。经"海上老娘舅"联系，双方当事人代表及各自保险公司对"浙普渔62032"船在沈家门渔港进行勘察，邀请水产行业协会参与渔获物定损指导，确定了"浙普渔62032"船损失。宁波远洋公司委托新加坡保险公司对所属涉事渔船进行勘验，出具定损报告，确定远洋渔船损失。确损后，因双方对事故责任存在分歧，沈家门街道又邀请渔政渔监部门做出责任认定初步意见，几经沟通，最终达成调解意向。

（4）司法确认、保障履行。因双方当事责任人相隔万里，无法现场签订调解协议，街道联系"海上共享法庭"庭务主任引导双方通过"浙江解纷码"签订协议书，并向宁波海事法院自贸区海事法庭申请司法确认，由该法庭出具民事裁定书。后续，属地街道落实跟踪回访，通过跨域协助机制，对接宁波相关部门，敦促双方积极配合办理保险赔付事宜。2023年1月15日，双方履行协议完毕。

3. 启示和思考

本案调处过程中，沈家门街道充分依托海上"融治理"中心和"海上网格"等机制优势，积极运用跨域调解海上矛盾纠纷经验，通过"快速介入、部门联动、多元化解、司法确认"

调解途径，妥善化解了这起渔船碰撞纠纷。其中，针对一方渔船赴远洋捕捞作业的实际，并未要求其到事发地调处，避免了对方经济的损失。这起案件的成功调处，在于"海上老娘舅"等社会力量发挥了前端处置等作用，在于多个职能部门为依法调处纠纷提供了法治保障，在于"海上共享法庭"和"浙江解纷码"为异地调处纠纷提供了便利。同时也充分证明，沈家门街道在实践中总结提炼的"红帆领航、海陆织网、平安起锚、法治稳舵"四步工作法，符合海上矛盾纠纷现状和调解工作实际，实现了服务群众、案结事了的目标。

（二）多措并举依法化解涉渔劳资纠纷

1. 基本情况和化解难点

2023年4月30日，普陀区通过"沈家门渔港智治一体化"平台发现城西渔港一码头存在聚众围堵现象，经沈家门派出所前期处置了解，系该区沈家门街道所属"浙普渔68580"渔船船东蔡某某因经营单拖捕捞作业需要，于3月初雇用本地和外地共6名船员出海作业，但至5月1日休渔期前，仍未支付船员报酬，拖欠工资两个月，共计近10万元。这起渔船雇员劳务报酬纠纷存在船东支付有难度、船员工资有差异、船员身份较复杂、雇用合同不规范、调解意向难统一等问题。

2. 调处化解过程

（1）数字监管、就地稳控。案情发生第一时间，渔政部门通过渔港智治一体化平台及时将信息通报给沈家门街道和公安部门，并继续监测事件发展动态，公安部门通过"智控港区"数字化手段，及时出警，并在现场了解事实、收集资料、固定证据，有效防止该群体事件扩大。

（2）部门联动、会商研判。了解基本情况后，区海上矛盾调解领导小组会同区公安分局、区海洋与渔业局、区海事渔事办、区人社局、区司法局、沈家门街道、区渔业协会等相关单位组成工作专班，对案件进行把脉联诊，初步确定启动人民调解程序，结合相关案例，拟定调解方案。

（3）因人制宜、协同推进。此案件涉及人员身份较复杂、意向难统一，故由沈家门街道组织"红帆"党员船老大做好船东支付报酬意向沟通工作；"海上老娘舅"和属地"东海渔嫂"第一时间走访3名本地船员及家属，做好船员沟通及家属情绪安抚工作；启动"以外调外"机制，由温岭籍在沈调解员章奎定做好3名温岭籍船员的调解意向沟通工作。

（4）多元化解、达成意向。经前期初步沟通后，区海事渔事办组织当事人至沈家门城西"平安小苑"融治理中心进行协商调解。渔业协会和援助律师根据市场化标准认定船员工资，解决前期劳动合同不规范问题；船东愿意根据市场标准支付相应报酬，但因无法一次性支付到位，约定分期支付；船员表示理解船东现实经济情况并同意其在规定时间内分期支付劳动报酬。

（5）司法确认、依法保障。区海事渔事办联系宁波海事法院自贸区海事法庭，要求法庭根据调解结果，出具民事调解书，明确船东分两期支付船员报酬，于5月底支付船员一半工资，禁渔期过后的9月支付剩下一半工资，并申请司法确认。后续，属地街道落实跟踪回访，通过协助机制，敦促双方根据调解协议，确保履约顺利。截至2023年9月底，双方履行协议完毕。

3. 启示和思考

本案调处过程中，普陀区充分依托"沈家门渔港智治一体化"平台等数字化手段，积极运用海上矛盾纠纷调解经验，通过"数字监管、部门联动、分层分类、多元化解、司法确认"的调解途径，妥善化解了这起渔船雇员劳务报酬纠纷。其中，针对船员身份复杂、工资不等、意向不同等实际，并未进行"一刀切"，而是因人制宜沟通意向，以市场指引为导向，行业协会和律师予以支撑的方式，避免引发群体性上访事件。这起案件的成功调处在于发挥了"党员"船老大、"海上老娘舅"、"东海渔嫂"及以外调外机制和法律援助力量的调解催化作用，在于多个职能部门为依法调处纠纷提供了法治保障。同时也证明，普陀区在海上矛盾纠纷处置中提炼的"党建统领、数字赋能、法治解纷、司法保障""加减乘除四步走"工作法符合当前工作实际，实现了服务群众、保障民生的目标。

浙江余杭指标分析和
"网络消费纠纷化解"

　　浙江省杭州市余杭区是阿里巴巴集团总部所在地，是平台经济强区，目前共有各类平台经济企业93家，集聚以天猫、淘宝为代表的传统电商、直播MCN机构等各类平台主体，带动平台内中小经营户超过1000万户。平台经济的高度发达也给余杭区带来了来自全国各地的网络消费纠纷，2023年，全区共受理来自全国的各类投诉举报咨询事件923792件，占比超全省总量三分之一。为此，余杭区深入践行新时代"枫桥经验"，通过深化政企协作，优化多元解纷，强化执法监管，运用数字赋能，探索"网络消费纠纷化解工作法"，有效化解网络消费纠纷，全力维护全国网络消费者合法权益，形成了网上"枫桥经验"余杭样板。

一　余杭区基本情况

　　余杭区位于杭嘉湖平原和京杭大运河南端，地处长三角的圆心地。1994年，撤县设市；2001年，撤市设区；2021年，调整行政区划，在原行政区域范围内设立新的余杭区和临平区。行政区划调整后，区域面积942平方千米，下辖5个镇、7个街道，户籍人口75.97万，常住人口151.89万。2023年，实现地区生产总值2936.43亿元、增长8.5%，总量全省第一；全年完成财政总收入801.57亿元、增长19.37%，其中地方财政收入416.68亿元、增长18.06%，总量全省第一，主要经济指标居全省前列；2024年，全区继续保持强劲发展势头，第一季度实现GDP 814.26亿元、增长9.3%，数字经济核心产业增加值515.65亿元、增长14.9%，总量均继续位居全省第一；1—4月完成地方财政收入139.17亿元、总量继续保持全省第一。获评平安中国建设示范县、国家生态文明建设示范区、国家知识产权强县建设示范县等国家级称号，成为全省唯一的全国"新时代政法楷模集体"和"全国模范检察院"，杭州市唯一的国家首批乡村振兴示范县创建单位，获评全省首批综合考核先进区县，连续7年蝉联杭州市综合考核区（县市）第一，连续5年在杭州市大党建考评中位列区（县、市）第一。

打造创新活力之城的新中心。余杭拥有杭州未来科技城、钱江经济开发区、良渚新城三大产业平台，以及梦想小镇、梦栖小镇、5G创新园等特色小镇和创新园区；形成了之江、良渚、湖畔、天目山四大省实验室，以及浙江大学余杭脑机交叉研究院、杭州师范大学、北京航空航天大学中法航空学院、浙江大学超重力大科学装置等重要科研机构、重点高等院校、重大科技平台集群；集聚了阿里巴巴、中电海康、字节跳动、vivo、oppo 等一大批创新龙头企业，上市企业 34 家，国家高新技术企业总量达 2696 家；累计引进海外高层次人才 6000 余名，人才总量突破 40 万人，连续 3 年夺得全省"科技创新鼎"，正全面融入长三角高质量一体化发展战略，积极抢抓杭州城西科创大走廊高质量融合发展机遇，加快打造全球创新策源地、创新人才蓄水池、科技成果转化首选地和未来产业引领地，争创综合性国家科学中心核心承载区。

打造历史文化名城的新中心。余杭之名源自大禹舍舟登陆，秦时置县，良渚古城遗址作为实证中华五千多年文明史的圣地，被列入《世界遗产名录》和中华文明探源工程。2023 年 6 月 15 日，杭州第 19 届亚运会火种采集仪式在良渚古城遗址公园成功举行。2023 年 12 月 3 日，首届"良渚论坛"在余杭良渚成功举办，习近平总书记向论坛致贺信。五千多年良渚文化、两千多年运河文化、一千多年径山文化和千年古镇文化在这片古老的大地上交汇互融，留下了良渚古城遗址、大运河（余杭段）两大世界文化遗产，孕育了沈括、陈元赟、洪昇、章太炎等诸多先贤大家。"径山茶宴"成功入选人类非物质文化遗产。杭州国家版本馆文润阁的落成，矗立起极具中国气派和浙江辨识度的文化新地标，正高站位推进良渚文化大走廊建设，与城西科创大走廊和五千年发展轴构成"两廊一轴"空间新格局，擦亮"五千年中国看良渚"文化金名片，以实际行动践行习近平总书记提出的"向世人展示全面真实的古代中国和现代中国"的重要嘱托。

打造生态文明之都的新中心。余杭山水林田湖草兼备、城靓村美景秀宜居。"径通天目"的大径山是杭州西北的重要生态屏障,"集天目万山之水"的东苕溪穿境而过,西溪湿地、五常湿地、三白潭等湿地资源星罗棋布,荣获全省新时代美丽城镇建设优秀区、全省新时代美丽乡村示范区和全省全域旅游示范区等称号,连续5年获评全省乡村振兴考核优秀等次,夺得全省首批"神农鼎"。正深入践行"三生融合"发展理念,实施梦溪水乡、三白潭、北湖草荡等综保工程,打造"湿地水城"余杭典范,推动乡村振兴和大径山区域跨越式发展,着力拓宽"绿水青山"向"金山银山"转化通道,打造全域美丽全民富裕大花园。

打造最具幸福感城市的新中心。余杭区位交通优越,拥有"轨道上的长三角"重要节点工程——杭州西站枢纽,以及密集的高铁、地铁、高速和城市快速路网。群众生活幸福安康,2023年城乡居民可支配收入分别达84528元、55223元,收入比缩小至1.53,城乡居民收入增速快于GDP增速,拥有杭二中余杭学校(余杭第一中学)、学军中学余杭学校(余杭中学)、学军中学海创园校区、浙大一院总部、浙大一院良渚分院(区第一人民医院)、浙大儿院余杭诊疗中心等优质教育医疗资源,杭州外国语学校、锦绣育才教育集团、理想教育集团、浙大妇院成功签约落户,连续两年蝉联全省共同富裕示范区建设考核优秀单位,获评全省信访工作现代化试点工作先进单位(系全省唯一),成为全国14个信访工作法治化试点区(县市)之一(系杭州市唯一)。正全力推进共同富裕示范区建设,以杭州西站枢纽为核心构建外联内畅的现代化交通体系,推进教育、医疗、养老、托幼等公共服务优质均衡发展,加快建设更高水平的平安余杭、法治余杭。

二　若干指标数据分析

作为网络平台所在地，余杭区的市场监管部门面对平台上来自全国范围内的海量投诉举报纠纷，2023年共收到全国12315平台各类网络消费投诉举报咨询923792件，比2022年的603901件增长52.97%。为化解与日俱增的网络消费投诉纠纷，余杭区创新发展新时代"枫桥经验"，运用"枫桥经验"化解互联网时代下的网络交易矛盾纠纷，打造全国首创的"行政调解、协会调解、人民调解、企业自行调解"相融合的多元纠纷化解机制，致力于将矛盾化解在"网"，做到"网上的投诉网上调"，实现网购纠纷高效、和谐解决。现根据新时代"枫桥经验"指数指标体系内容对矛盾纠纷就地化解率、初次信访事项化解率及行政复议化解率等指标进行分析，评估余杭网购纠纷调解工作成效，进一步总结探索网络"枫桥经验"的实践路径。

（一）单项指标分析

1. 矛盾纠纷就地化解率

网络消费纠纷发生地覆盖全国各地，因此就地化解率指在网络平台直接解决的网络消费纠纷案件占总纠纷案件的比例。数据显示，2023年，余杭网络消费纠纷化解率为51.97%，较2022年同期增长5.12个百分点，投诉按时初查率、按时办结率、举报核查率均为100%，满意率从2022年的95%提升到了2023年的96.3%。2023年平均调解用时周期为30.35个自然日，相较 2022 年缩短 8 个自然日。从最新数据来看，2024 年调解用时周期仅为 24 余个自然日，部分纠纷仅用几个小时就能成功调解。从举报件自办比例这一维度来看，2023 年举报自办率为 62.99%，较 2022 年自办率 51.86% 提升超过 11 个百分点，大大提高了网络消费纠纷处置效能。这一提升得益于余杭区建立并不断完善的在线调解平台和即时响应机制，确保大部分纠纷能在网络上迅速得到处理，降低消费者和商家的时间成本，提升调解效能。

2. 初次信访事项化解率

初次信访事项化解率衡量的是通过信访渠道首次反映问题即得到有效解决的比例。余杭所受理的信访案件包括 12345 件、网信件、国家信访件、领导信箱、人民网件和（来人来访）信件等。2023 年度新增信访投诉 11533 件，除穷尽手段无法联系上双方当事人、恶意索赔等特殊件以外，其他信访件调解成功率达到 80.62%。此数据表明，通过优化信访工作协同机制，加强消费投诉举报事项分类、统计和考核工作，优化投诉处理流程，组建信访专项团队，强化信访调解普法工作等举措，大多数消费者的初次申诉能够得到满意答复，减少了重复信访，有效缓解了系统压力，提升了消费者满意度。自 2023 年 10 月以来，国家信访局件从原来的每月 400 余件降低至 200 件以下，调解满意率达 96% 以上。

3. 行政复议化解率

行政复议诉讼是检验网络消费纠纷处置是否正确的金标准，行政复议化解率代表经过行政复议程序后，纠纷得以最终解决的比例。目前，行政复议诉讼要求日趋严格，因消费者维权意识、法律意识不断提升，复议诉讼数量也相对增多。余杭区及时全面地复盘行政复议诉讼案件，重点就调解件、失败件，归纳总结风险点，调整存在的问题。2023 年共新增行政复议案件 238 起，比 2022 年同期 204 件增长 16.67%，远低于投诉举报件的增长率（52.97%）。新增行政诉讼案件 37 起，同比增加 5.71%，无败诉案件。行政复议化解率的提升，反映了余杭区该区在行政复议阶段加强调解工作、推动实质性解决问题的努力。这不仅有助于减轻人民法院的负担，还体现了法律程序中的柔性解决机制，促进了社会矛盾纠纷的多元化解。

4. "枫桥式"工作法创建

余杭区致力于探索网上"枫桥经验"化解网络消费纠纷，形成了一套网络消费纠纷化解工作法，取得了系列成果。

2018 年，以建设网络交易纠纷在线调解平台为突破口，建成"行政调解、行业调解、人民调解"相互衔接的网络消费纠纷在线调解平台，被列为余杭区创新项目。该年，多元调解工作作为互联网领域的"枫桥经验"，成功入选"枫桥经验"专题片，并成为中央政法委和浙江省委"枫桥经验"55 周年纪念大会典型案例。

2020 年，余杭区网络消费纠纷多元调解机制入选 2020 年浙江省县乡法治政府建设"最佳实践"项目。

2021 年，余杭获得全省平台经济监管工作"集体二等功"，同年 5 月，余杭网络经营监管工作获中央及长三角 40 多家媒体集中采访报道。

2022 年，《网络消费纠纷投诉举报处置中行政争议化解机制构建》被评为 2022 年浙江省法学会网络法治研究会优秀论文一等奖。

2023年，杭州市余杭区市场监管局作为主要起草单位制定的全国首个投诉举报领域国家标准《电子商务投诉举报信息分类与代码》正式发布，为海量数据时代下化解网络交易纠纷提供新模式。《余杭区构建"三位一体"体系 推动平台经济高质量发展》被《杭州信息》（2023年第38期）录用，获得时任浙江省副省长王文序批示肯定。

同年，《余杭区坚持和发展新时代"枫桥经验"高效化解网络消费纠纷 助推平台经济高质量发展》入选全省营商环境优化提升第三批"最佳实践案例"。余杭区还成为全省推动民营经济高质量发展中"推动平台经济创新发展走在前列"落地模板区县。

余杭区网络交易纠纷人民调解委员会连续五年被评为余杭区先进人民调解委员会，荣获2023年度杭州市"枫桥经验"传承工作集体嘉奖。

2024年，余杭平台经济工作荣获杭州市平台经济工作集体嘉奖。

（二）优化建议

第一，强化技术支撑。随着网购体量的增长，相应的消费投诉总量不断增加，纠纷复杂性增加，加上消费者对服务速度和质量的期望不断提升，要求调解机制更加灵活高效。需要持续优化在线调解平台功能，利用人工智能、大数据分析等技术，提升纠纷识别与处理能力，确保更高效地就地化解。目前，余杭结合网购纠纷化解各流程的特点，不断探索AI在调解过程中的使用可能性，在调解的多个环节引入智能 AI 技术，通过机器自动分流、自动发送受理短信等手段降低人力投入，降低办件错误率；开发上线智能预调解 AI 语音，对接到的投诉运用 AI 语音开展前期调解工作，做好人工介入前的整理分类，对已撤诉、已达成一致等案件进行自动办结，对尚未解决的可进一步明确消费者诉求，从而提升调解效率；对即将到期但尚未办结的案件实现自动延期申请，无须公示的办结件实现自动审批。逐步实现网络纠纷 24 小时自动受理、智能预调解，通过智能科技与人文关怀并重，提升纠纷化解质效，营造良好的网络消费环境。同时，积极探索升级相关预警机制，通过识别纠纷高发领域和潜在风险点，提前介入，预防纠纷发生；对历史数据的深度挖掘，构建预测模型，为监管政策的制定提供科学依据。

深化多方协作。网络购物的跨地域性使纠纷调解往往涉及不同地区的消费者和商家。当前调解体系在跨区域协作上仍存在一定的壁垒，包括信息共享不畅、法律适用差异等问题，影响了调解效率和调解成效。同时，近年来余杭区面临的恶意索赔现象严重，恶意索赔人发起大量投诉举报、信访、复议诉讼，极大占据行政资源，扰乱网络市场秩序。职业索赔人的治理各地都在探索，但方法、手段各不相同，尚未形成全国统一的尺度和形式，加之互联网的便利使职业索赔的成本越来越低，职业索赔呈现出产业化、职业化、集团化的趋势。因此，要不断加强电商平台、消费者协会、行业协会及司法、法院、公安等相关部门等多方合作，深化多元共治的网购纠纷解决机制，形成调解合力，共同推动网络消费纠纷的有效化解。据了解，目前，针对恶意投诉，余杭区联动市场监管、政法委、信访局等七部门，建立滥用投诉举报权行为甄别专业委员会，制定《关于建立余杭区滥用投诉举报甄别机制的意见》《杭州市余杭区非正常投诉举报人滥诉认定实施办法（试行）》，明确了12条非正常投诉人的认定标准，规定了对滥诉行为采取的8种规制措施，依法保护平台经营者合法权益，已发布两批平台经济领域非正常投诉举报人员名单。建议逐步落实相关文件和标准，协同治理恶意索赔行为。

提高调解水平：尽管余杭区开发了网络消费投诉在线调解平台，并不断迭代优化，在提升调解效率方面发挥了重要作用，但面对复杂多变的纠纷情况，现有技术尚不能完全替代人工调解的专业性和灵活性。特别是在情感沟通、法律解释等方面，仍需人工调解员的深度参与，仍需不断优化网络消费纠纷多元调解机制，提升纠纷调解各环节处置能级，前端对接平台打通数据端口，中端加强业务培训、律师团队把关，提高处置能力，末端增加常态化质检机制，加强结果运用，形成网络消费纠纷全流程闭环处置工作机制。同时，不断探索增强调解员队伍的综合素质，通过引入"传、帮、带"模式，对调解员开展入职培训、日常培训，优化考核，加强激励，增强调解员队伍的专业化、职业化建设，提升调解工作的规范性、证据链的严谨性、调查思路的条理性、调解技巧的多样性。

加大宣传引导：运用多元化宣传渠道，增强消费者和商家的法律意识。利用微博、微信、抖音、快手等热门社交媒体和短视频平台，发布易于理解且贴近生活的法律知识小视频、图文帖，增加互动性和趣味性，扩大覆盖范围。与各大电商平台合作，在其 App 内嵌入法律教育专栏，消费者在购物的同时可以轻松获取维权知识，商家则可学习合规经营指南。结合线上线下活动，如法律知识竞赛、模拟法庭体验、公益讲座等，增强参与感和体验式学习效果，引导理性消费和诚信经营，从源头减少纠纷发生。鼓励消费者对调解过程和结果进行评价，收集反馈信息，用以优化调解流程和服务质量。公开透明的评价体系也能促使调解机构不断提升服务水平。

三 "网络消费纠纷化解"工作法产生背景

余杭区作为阿里巴巴总部所在地，在肩负服务引导平台企业规范经营、快速发展工作的同时，更承担着阿里巴巴旗下淘宝、天猫、飞猪、菜鸟、口碑等第三方交易平台上海量网络交易纠纷矛盾化解工作。深入践行"枫桥经验"，多元化解矛盾纠纷，是新时代坚持群众路线的必然选择，也是筑牢基层防范风险的有效途径。

聚焦重大部署。习近平总书记指出"法治是最好的营商环境"，并且多次强调要坚持好、发展好新时代"枫桥经验"，2023 年 9 月在浙江省考察期间再次调研"枫桥经验"。因此，围绕经济社会发展新形势，坚持和发展新时代"枫桥经验"是落实党中央和习近平总书记重要指示精神的体现。

瞄准矛盾焦点。余杭是数字经济强区，辖区集聚"淘抖快"为代表的各类平台企业 90 余家，带动区内超 10 万家电商市场主体和超 40 万从业人数，与此同时，网络消费纠纷数量也快速增长，2023 年上半年全区网络消费投诉举报受理量占全省总量的三分之一。通过坚持和发展新时代"枫桥经验",高效化解海量网络消费纠纷,是助力电商产业和平台经济高质量发展的必由之路。

围绕重点任务。浙江省委营商环境"一号改革工程"提出"保护市场主体合法权益""优化法律服务供给""规范执法司法行为""加强涉企安全风险治理"等要求,高效化解网络消费纠纷是落实"一号改革工程"、保护电商企业合法权益、推动电商产业合规经营的重要举措。

深化举措创新。积极探索网络交易纠纷领域多元化纠纷解决机制,充分运用"互联网思维+枫桥经验"化解网络交易时代下新的纠纷矛盾,在全国范围内首创行政调解、协会调解、人民调解、电商企业调解相融合的多元化纠纷化解机制,建立余杭区网络交易纠纷调解中心;并依靠信息化技术,实现"以网管网+政企互动"的模式高效、便捷地开展网络交易纠纷调解工作。

四 "网络消费纠纷化解"工作法主要内容

(一) 打好解纷"组合拳",保障消费权益有广度

构建多元调解机制,推动解纷提质增效。为解决海量网络消费投诉举报纠纷,自2015年10月起,余杭区探索建立了全国首个网络交易纠纷调解中心,组建了一支融合"行政调解、协会调解、人民调解、平台调解"各方力量的网络交易纠纷多元调解队伍。

经过多年的探索创新,通过不断完善组织建构,优化绩效

激励，加强人员管理，该队伍已经成为团队氛围好、调解水平高、服务意识强的高素质多元调解队伍，目前共有专业调解员100余名，2023年收到锦旗48面，4人被评为区四级人民调解员，3人被区消保委评为优秀调解员，17人被区消保委评为调解能手。建立常态化质检机制，引入日抽检、周复盘、月评比的激励形式，抽查每日调解案件办理情况，复盘纠错提升调解技巧，评比优秀案例，开展经验交流分享，不断提升纠纷调解能力水平。定期开展人民调解员业务培训、技能比武，根据当下热门的网络消费多发性、典型性纠纷开展专题研讨培训。针对信访件、重复件等疑难案件，组建专项团队，梳理形成一套行之有效的处置机制，通过12315系统检索溯源，找准问题症结，力求重复信访化解到位，切实解决消费者合理诉求。在"315""618""双11"等重要时间节点，多元调解队伍还会提前进行保障，开通"315"维权绿色通道，开设"专窗"设置"专人"，提前介入网络消费维权保障，应对爆发式交易量下产生的增量投诉及时高效地解决，提升消费体验。

  网络消费纠纷涉及商品、服务、价格、售后、知识产权等多个行业和领域，问题复杂，专业性强。为提高调解能力和调解成功率，余杭区网络交易纠纷调解中心充分引入社会各界力量，成立网络交易纠纷调解专家库，邀请市场监管及其他相关行政执法部门各业务科室负责人，消费者协会、行业协会中业务强、经验足的工作人员，以及具有丰富知识产权案件、民事案件办理经验的律师，电商平台相关部门业务骨干担任成员，为复杂、疑难纠纷调解提供专业意见。遇到重大网络交易纠纷案件时，组织专家团队对案件进行集体"会诊"，指导调解人员依法调解，妥善化解。

深化政企协作，推动投诉举报降量。建立电商平台企业日常合规辅导机制，优化一对一指导、头部平台例会等机制，形成淘宝、天猫集团等头部平台的常态化指导机制，以月度、季度例会等形式，鼓励平台企业发挥主体作用，落实平台责任，强化数据信息交互共享、疑难案件协作配合等工作。2023年累计走访服务平台企业100家次，实现区内主体全覆盖，有效推动投诉举报提质降量。

培育"消费纠纷在线调解"企业（ODR），提升调解办结效能，指导淘宝、天猫、飞猪等平台开通消费维权绿色通道；联合淘天集团共同启动"政企联动绿通提效"项目，进一步打通政企双方数据通道，优化绿色通道合作机制，目前已稳定实现每天淘宝、天猫平台600件，闲鱼平台200件，飞猪平台全量转办的转件办理量，在一定程度上减轻了调解团队的日均业务负荷量，调解质量提升明显。

为解决目前国内电子商务投诉举报信息来源于多个平台而存在的数据定义、描述和格式不一致等问题，强化政校合作，制定并发布全国首个市场监管投诉举报领域的国家标准《电子商务投诉举报信息分类与代码》，对编码方法、代码结构以及代码表等方面做出明确规定，对电子商务投诉举报信息的表述进行了规范，有效打破了不同平台间信息共享的壁垒，加快推进电子商务投诉举报处置标准化、规范化和专业化，为精准调处提供支撑。

聚焦源头化解，实现"小事不出平台"。联合淘天集团建设升级淘宝消费维权服务站，实现消费维权关口前移，打通快速和解通道，促进纠纷源头化解，降低消费投诉外溢量，该消费维权服务站系浙江省消保委公布的首批5家首批电商平台消费维权联络站之一。通过指导服务，目前平台拥有专业的消费维权基地，日均自处理投诉纠纷的能力达10000件。2022年下半年以来，投诉举报日均流入量逐月持续下降，数据显示99.6%的普通消费者问题可以在平台内解决。

（二）弹好监管"协奏曲"，多措并举治理有力度

1. 聚焦新业态，开展专项治理

针对直播电商等新业态开展专项治理工作。2022年和2024年，浙江省开展全省漠视侵害群众利益问题专项治理工作，围绕近年来网络直播营销群众反映强烈的突出问题，开展"网络直播营销违法违规行为专项治理"。结合全省行动，余杭区第一时间统筹谋划，精密部署，组织区委宣传部、区公安分局、区商务局、区文广旅体局等八部门，建立联席会议和疑难会商机制，制定联合整治方案，明确部门职责，开展联合调研7次、联合执法4次，充分发挥综合执法优势，形成监管合力。

通过部门科所联动，跨部门信息共享，结合阿里巴巴平台线上排摸，线上线下相结合，全力摸排区内直播相关平台、MCN机构、直播人员服务机构、直播基地等主体。共摸排电商平台企业93家、MCN机构10家、直播基地2个，直播间经营者15000余家，建立动态数据库。依托"浙江公平在线""直播多棱镜""全国互联网广告监测平台""互联网消费维权处置复议一件事项目"等业务系统，充分挖掘各渠道网络直播风险舆情数据，建立网络直播风险预警库，定期开展数据分析，

及时发现新问题、新情况。提前对风险商品予以通报、管控，重点定向监测存在违法行为的"网红"经济主体，对存在不规范问题尚未出现违法行为主体开展针对性警示约谈。

在此基础上，加强对平台企业的行政指导。对辖区直播平台、MCN 机构及 80 余家直播电商开展集中行政指导及合规培训，提高企业思想站位，强化行动自觉，从违法广告、虚假宣传等 7 个方面进行合法合规业务辅导，聚焦主要法律法规政策、直播违法案例剖析，解读网络直播营销合规指引，切实提升直播营销主体合规能力。指导淘宝直播优化直播品控机制，制定《直播推广品类负面清单》《平台经济检查事项清单》等十余项规范，梳理 163 条合规风险清单，厘清边界，为平台企业经营行为画定红线。打造"淘宝直播严选货品池"，深化监督抽检神秘买样机制，全流程管理，不断优化和夯实质量管控能力。

2. 开展"绿色直播为民"行动，培育示范引领发展

结合"三支队伍"建设工作和全省十大"民生实事"行动，全面开展"绿色直播为民"行动，树标杆育人才，为行业发展引入创新活水。结合实际出台了《余杭区服务平台经济高质量发展若干举措》《关于促进平台经济高质量发展的实施意见》等各类政策，在浙江省内首推直播产业支持政策、直播助农支持政策，2024 年以来，兑现新电商发展补助 1000 万元，补助力度全市第一；在全杭州市率先出台电子商务人才认定目录，实施电商人才激励政策，新认定平台经济高级人才 820 名，其中直播类人才 39 名。

筛选辖区内优质直播机构和直播间，建立直播品牌培育库，开展一对一直播全生命周期服务，给予品牌扶持、运营扶

持、营销扶持与流量扶持等专属权益，形成"发展一批—成熟一批—推广一批"的良性发展循环，促进更多先进和优秀企业涌现。目前，余杭区共有遥望、百家星耀、目焦三家超亿级MCN机构，累计培育省级"绿色直播间"16家，千万级直播品牌7个，超千万直播间20个，千万级农产品品牌1个，新秀主播11名。同时建立了全区直播间梯度培育库，纳入培育库直播间63家。

2024年4月，余杭正式挂牌成立全省首个平台经济人才学院，制定平台经济人才队伍建设九大行动，聘请业内专家导师7名，构建"全员育才、全方位育才、全过程育才"的工作格局，纵深推进平台经济劳动者素养提升。截至目前，共对直播间运营机构、直播营销人员开展培训4次，走访直播企业16家，触达从业人员超200名。

3. 提升法律意识，开展多元普法

一方面，提升广大商家合规经营意识。针对平台、商家、主播等主体，与阿里巴巴集团共建网络经营合规培训基地，联合淘宝直播建立网络直播经营学习中心，开设《合规最前线》专栏节目，线上推出系列普法直播，持续督促行业自律，提升网络直播治理效能，累计覆盖商家数240万，全网累计观看900万人次，通过直播+短视频切片形式，已累计推出30余期专题栏目。通过千牛平台"余杭网监"公众号、微信公众号发布《告直播从业人员书》《平台经营者合规提醒》等合规警示触达商家，同步印制并发放《直播电商合规指导手册》3000余份，提升网络直播营销者合规守法意识。另一方面，面向消费者，开设网络消费微课堂，发布三个"315温馨提示""双

11"消费提醒等消费维权视频，警示引导消费者规避"消费陷阱"，增强消费维权的意识和能力。同时，动员广大群众、新闻媒体和社会各界对网络直播经营行为予以监督，努力营造全社会共同监督监管的氛围。

4. 试点"红盾云潮"，提升监管效能

聚焦服务发展，建设"直播＋生产制造企业"数实融合项目、直播电商选品与行政监督抽检多向赋能项目，搭建"优质杭产品"产品数据库和"优质杭产品"交流平台，强化商品质量监管，提高监管效能，通过资源共享、数字赋能，帮助本地优质产业数字化转型，构建"人、货、场"的无缝连接新场景。

5. 探索"适度性"容错机制，持续做优营商环境

制定《余杭区市场监管领域轻微违法行为减轻行政处罚清单》《余杭区市场监管局市场主体轻微违法违规经营行为容错免责清单》两张清单，营造包容审慎执法环境，针对38类市场主体轻微网络违法、违规经营行为，实行"首违免罚""轻违免罚"，在合法合理的基础上努力为平台内经营者减负。2023年，关于平台经营者立案共3235件，符合清单所列首违不罚892件，轻微免罚860件，两项占比共达54.16%。针对恶意投诉，联合政法委、信访局等七部门，建立余杭区滥用投诉举报权行为甄别专业委员会，制定《关于建立余杭区滥用投诉举报甄别机制的意见》《杭州市余杭区非正常投诉举报人滥诉认定实施办法（试行）》，明确了12条非正常投诉人的认定标准，规定了对滥诉行为采取的8种规制措施，保护平台经营者合法权益。

（三）用好数智"金钥匙"，科学解纷有深度

1. 搭建数字解纷"一平台"，纠纷化解更精准

网络交易因其独特的虚拟化、跨地域等特点，调解人员和消费者、经营者往往在全国不同地区。2018 年，余杭开发了全国首个"网络消费投诉在线调解平台"，该平台可以实时调取阿里平台交易相关数据，并通过阿里后台联系平台内商家，向他们推送调解信息以及相关普法知识，鼓励商家和消费者自行开展协商；该平台还具备三方通话和在线视频功能，可以减少沟通的时间成本，提升信息对称性；同时还能自动将调解过程记录智能转化成调解协议文本，供消费者和被投诉人在线确认。同时通过与有管辖权的法院系统对接，在消费者与被投诉人达成调解协议并共同申请司法确认时，自动向法院系统发起申请，快速完成司法确认过程，实现一键司法确认高效方式。同时所有调解记录形成历史数据库，通过对数据智能分析，为网络交易矛盾纠纷调解提供案例借鉴，也为纠纷源头控制提供信息支撑。近年来，在分析海量网络消费投诉举报数据的基础上，升级完善"网络消费投诉在线调解平台"，结合网购纠纷化解各流程的特点，在多个环节引入智能 AI 技术，实现网络纠纷 24 小时自动受理、智能预调解，通过智能科技与人文关怀并重，提升纠纷化解质效，营造良好的网络消费环境。2023 年，共完成网络消费纠纷调解 55 万余件，日均处理消费纠纷 1500 余件，消费者满意率达 96.3%，投诉初查反馈率和投诉按时办结率均为 100%。

2. 构建协同监管"大格局"，跨区监管更高效

针对跨区域监管难题，先后搭建创新"红盾云桥"及互联

网执法办案平台，深化"浙江公平在线"应用，实现网络违法线索实时监测、主动发现、线上流转、精准闭环全流程电子化一体化处置，跨区域协作监管"一次都不用跑"，有效提升纠纷处置效率。截至目前，跨区域网络市场协同监管网已覆盖全国27个省（直辖市），共合作签约异地市场监管部门600多家，在线账户超940个，跨区域协作时限从一个月缩短至一天，2018年相关做法获国务院办公厅通报表扬。

3. 推进纠纷处置"一件事"，风险预警更智能

联动司法、法院等部门，推进消费投诉举报复议"一件事"改革，针对网络消费投诉举报衍生的行政复议案件，研发AI智审系统，实现补正智能判别、文书智能生成、标准智能推送。制定《智审案件办理工作指引》《AI智审规程》，优化行政复议在线听证、在线调查、专家咨询、在线调解规则，目前已智审办理200余件，平均办案周期压缩10天以上，复议后诉讼案件实现"零败诉"。营商环境监测指标"民商事调诉比"位列全省第一，有效促进世界银行B-Ready评价体系中的"争议解决"指标提升。搭建一体化数字管理平台，清洗、归集近40万条网络消费投诉举报数据，开发电商企业风险智能监测模型，自动形成风险指数和五色预警，构建智能化风险发现、协同化风险处置的闭环体系，实现企业风险预警"触发—分析—分流—反馈—评价"全流程管理。目前，已帮助2.48万家涉及消费投诉举报企业监测风险，保障了辖区企业发展稳定。建立政企间的数据交流机制，搭建数据监测模型，深挖两侧数据，定向分析网络消费争议案例，提前预测网络消费风险，近两年"双11"期间日均交互风险数据达1300余条，排查整改

重点隐患41个，确保大型网络集中促销活动平稳收官。

五　成效和启示

"网络消费纠纷化解"工作法成效显著。一是通过深化政企合作等多项举措，及时解决当前网络交易纠纷增多、矛盾激化等问题，维护消费者合法权益，营造良好互联网营商环境，促进社会和谐稳定。2023年共受理网络消费投诉举报件923792件，投诉初查反馈率、投诉办结率、举报核查率均为100%，消费者满意率超95%。二是评价指标优化。网络消费纠纷化解效率大幅上升，截至2023年年底，在线调解平台已累计调解各类网络消费纠纷159万余件，日均处理量达1700余件，投诉初查反馈率和投诉按时办结率均为100%。

"网络消费纠纷化解"工作法促进发展。一是企业获得感提升。指导企业开展网络消费纠纷源头化解，消费维权站日均处理投诉纠纷7000余件，99.6%的普通消费者问题得到有效解决，大大减轻了企业面临的投诉举报压力。帮助2.5万家电商企业开展风险监测，对18家企业发出风险预警，近两年"双11"期间日均交互数据达1300余条，排查整改风险隐患41个，帮助企业平稳收官大型网络集中促销活动。2023年，针对区内电商企业累计开展各类合规指导100余次，提出合规意见21条，对54.16%的消费纠纷案件进行企业容错免责，帮助1855家商家实现信用快速修复。二是促进高质量发展。被国家商务部列为全省唯一的电子商务方向政策直报点，2023年上半年实现网络零售额1043.75亿元，同比增长30.5%，规模首次跃居全省第一，增速杭州第一；在电商产业带动下，地区生产总值实现1456.11亿元，同比增长10.8%，总量保持全省第一，增速杭州第一。

"网络消费纠纷化解"工作法成果引领。一是引领示范，成功创建全省网络市场监管与服务示范区，在网络消费纠纷化解领域实现多个"全国首创"，打造全国首个网络交易纠纷人民调解委员会，建设全国首个"互联网执法办案平台""网络消费纠纷在线调解平台"等应用，发布全国首个网络消费投诉举报领域国家标准等。二是复制推广，网络消费纠纷化解工作法入选全省营商环境优化提升第三批"最佳实践案例"。

六 典型案例

案例一：余杭区市场监管局高效作为，网络消费纠纷快速解

"没想到一天时间就帮我解决了问题，都说网络消费维权难，作为消费者，这次让我感觉有了'娘家人'撑腰，真是太感谢了。"来自北京的李先生给余杭区市场监管局送来了一面锦旗，感谢调解员王女士诚心服务，为其化解了一起网络消费纠纷。

原来，李先生在属地为余杭的某平台上购买的瓜子订单状态始终停留在"待发货"上，商家对于发货时间的询问也是一再拖延，于是李先生便申请了退款。本以为退款流程会相对顺畅，不料却遭遇了另一重波折。

按照平台的规则，使用红包的订单在退款时，红包金额应当原路返回至用户账户，以便未来继续使用。然而，当李先生满心欢喜地查看退款金额时，却发现退回的红包竟然已经失效，无法再次使用。李先生首先尝试与商家沟通，希望能得到一个合理的解决方案，但遗憾的是，商家的态度从最初的敷衍推诿逐渐转变为置之不理，这让李先生感到既无奈又气愤，因与商家多次协商未果，李先生无奈便向余杭区市场监管局提出了投诉。

接到投诉后，余杭区市场监管局迅速响应，调解员王思瑜仔细核查了李先生提供的订单信息、聊天记录及红包使用记录等证据材料，并立刻联系商家了解情况，商家表示并未收到相应货款，遂不愿意补偿。面对双方互不相让的情形，王思瑜凭借丰富的经验和敏锐的洞察力，及时调整化解纠纷思路，联系了电商平台，协商解决方案。通过与各方多次耐心细致的沟通，平台补发了李先生消费红包，最终三方达成一致，纠纷顺利化解。

"李先生这样的网络纠纷涉及的金额虽然不大，但作为调解员，我们的职责就是用心处理好每一起消费纠纷，切实维护消费者的合法权益。"王女士说道。

案例二：1000多元买了一台洗碗机被要求退款？余杭巧用数字化平台化解消费纠纷

消费者王女士趁着一年一度的电商大促活动，满怀期待地在某电商平台以1080元的价格购买了一台洗碗机，本以为这笔订单性价比极高，但是拍下后没多久就被商家告知该价格为运营设置错误，要求王女士退款。王女士认为，这样的价格错误显然是由商家内部操作不当造成的，既然自己已经完成了支付，商家就应当履行交易义务，而非单方面要求退款。双方因此陷入了僵持状态，王女士随后向余杭区市场监管局寻求帮助，维护自己的权益。

受理此案的调解员邬求真经验丰富，深知想要从一堆商品详情、交易记录、聊天截图等信息里找到完整证据链并不容易，尤其是在双方各执一词且不愿提供更多证据配合做进一步调查的局面下，纠纷更是难以化解。邬求真随即提议启用在线视频调解，为双方提供了一个高效、便捷、透明的沟通渠道，让消费者和商家当面"举证"。

余杭区网络交易纠纷调解中心搭建的"网络消费投诉在线调解平台"，支持在线多方视频、多方电话会议、多方在线会话等，调解员可根据实际情况随意切换沟通对象。同时，平台对调解过程进行全程实录，出现异议时，可调取对应的原始记录进行核对。

在视频调解过程中，邬求真耐心倾听双方的诉求，最终经过双方多轮在线质证，商家终于理解所谓的运营设置错误的"乌龙价格"，并不能通过要求消费者取消订单等方式强制解除买卖双方之间的合同关系。经过一番协商，王女士最终以1080元的价格保价重拍，双方达成和解。

案例三：强能力提效能，多措并举推动调解队伍素质提升

"特别想感谢调解员，半年多了，卖家一直不发货，也没有给我任何合理的解释，直到调解员帮我沟通了商家和平台，最终为我协调了赔偿，真是十分感谢调解员对我的帮助……"这是近期余杭区市场监管局接到的一通感谢电话，消费者王女士特地来电感谢调解员为她调解纠纷，表扬调解员专业知识扎实、沟通中有逻辑性、表达有理有据。

王女士在某电商平台购买了氧气瓶，但是商家一直不发货，只是跟消费者说无法发货，但在商品的详情页，包括店铺客服从未跟王女士说明为何无法发货，对订单也没有进行任何处理。直到半年后，王女士投诉到市场监管部门，商家才出具了因安防原因无法寄送的物流红章证明。经过调解员与商家、平台、消费者三方的沟通，认为商家未提前告知消费者无法发货，存在过错，于是后续又多次联系商家沟通赔偿事宜，最后商家同意按照平台规则赔付30%，并答应由平台操作转保处理。

"这个案件在赔付过程中也十分曲折，在平台联系商家转保时，商家再次反悔，后续又经多次联系协商，最终才给到订单金额的30%赔付。"调解员刘若在讲起这起消费案件时谈及其中的坎坷和曲折。

刘调解员是余杭区网络交易纠纷调解处理中心的一位专职调解员，尽管从事调解员工作时间不长，但每天都为数十位消费者解决在网络消费中产生的矛盾纠纷。像刘调解员这样的调解员有很多，凭借着过硬的业务能力和出色的调解技巧，每天为上千万的消费者解决纠纷。

随着互联网飞速发展，网络消费领域的纠纷逐年增多，为了解决伴随而来的海量网络消费纠纷，净化网络营商环境，经过多方探索和政企协作、部门协同，余杭区市场监管局于2015年10月成立全国首个网络交易纠纷调解处理中心，组建了一支融入多方力量的网络交易纠纷调解队伍。在此基础上，为了更好地提升队伍纠纷调解专业水平，高效地化解海量网络消费纠纷，近年来，余杭区市场监管局通过重新梳理优化网络消费纠纷处置机制，在中端加强对人民调解、行政调解、互联网执法办案等各个业务团队的培训指导，并通过律师团队把关，提高网络消费纠纷处置能力，末端增加常规化监督抽查，加强结果运用，形成网络消费纠纷全流程闭环处置工作机制，有效化解海量网络消费纠纷，减少行政复议诉讼等案件发生。

浙江常山指标分析和"跨省协作平安防线"

党的二十大报告明确提出要完善公共安全体系和社会治理体系，健全共治共享的社会治理制度，提升社会治理效能。本文从社会治理的视角，以加快建设更高水平法治常山，努力为打造更具首位度、辨识度、融合度、感受度、美誉度的"浙西第一门户"的相关做法为例，聚焦省际边界人员高频流动、社会治理薄弱、执法标准不统一等治理难题，通过建立跨省网格、跨省共治警务增值化改革、司法协作、联调机制等"跨省多方协作"、新时代"枫桥经验"省际边界治理新路径等治理新模式，把"四治融合"和安全发展贯穿经济社会发展全过程，实现基层风险可预警、过程可跟踪、结果可评估，不断完善基层治理体系，努力为浙江省山区26县特定条件下做好基层治理探索路径、提供样板。

一 常山县基本情况

常山县位于浙江省西南部，是全省的西大门，素有"两浙首站、四省通衢"之称。全县总面积1099平方千米，下辖3街道6镇5乡，180个行政村，14个社区，人口34.4万。主要有以下特点。

钱江之源。位于钱塘江源头区域，生态环境优良，有"千里钱塘江、最美在常山"美誉。森林覆盖率71.2%，空气质量常年保持在二级以上，$PM_{2.5}$≤26微克/立方米，县城负氧离子浓度最高达1万个/立方厘米以上，出境水水质常年保持Ⅱ类水以上标准，拥有全国第7座国际慢城，是国家重点生态功能区、浙江省重要生态屏障，获评全球绿色城市、中国天然氧吧、中国气候宜居县，创成省级生态文明建设示范县、省级大花园示范县、省级新时代美丽乡村示范县、省级全域旅游示范县。

四省之交。地处浙闽赣皖四省九地市中心地带，是中西部通往长三角地区的"桥头堡"，加快建设"浙西第一门户"。境内交通体系完善，十大通道连接成网，杭金衢、黄衢南、杭新景三条高速贯穿全境，205、320、351三条国道和221省道纵横交错，95联盟大道快速便捷，衢九铁路建成通车，实现半小时通达衢州机场、火车西站。常山江航电枢纽已正式实施，黄金水道通江达海、前景广阔，"聚浙西、通四省、联全国"的外联内畅交通格局加速成型，"融衢、接杭、连沪"更加通畅。

宜业之城。产业发展引擎强劲点燃，高端装备零部件和"两柚一茶"特色农产品深加工两大主导产业蓬勃发展，"双柚"产业链条不断拉长，轴承产业"二次崛起"，入围浙江省第一批产业大脑建设试点"揭榜挂帅"项目，哲丰新材料、斯凯孚轴承、大和热磁、众卡运力、小乔科技等一批优质企业脱颖而出。工业园区、产业集聚区、辉埠新区、生态园区"四区合一",创成省级经济开发区和省级高新园区。以远山云间旅游度假区、赛得健康产业园、不老泉为代表的养生养老产业加快成型,以村上酒舍、申山乡宿、彤弓山居、金源现代旅游根据地为代表的"常山漫居"高端民宿持续火爆。营商环境日益向好,创新生态持续优化,人才引力不断增强,是投资兴业的活力高地。

宋诗之河。东汉建安二十三年(218)建县,始称定阳,迄今已有1800多年。境内古道古渡、古街古村不胜枚举,文峰塔、文昌阁挺拔傲立,三十六天井记录百年故事,唐宋名刹万寿寺香火犹盛。宋诗文化源远流长,陆游、杨万里、辛弃疾、朱熹等大批诗人沿常山江赋诗吟咏,其中宋代诗人曾几的《三衢道中》,生动描绘了常山初夏时节的景致。国家级非遗"喝彩歌谣"等民俗文化享誉四方。常山江"宋诗之河"纳入钱塘江诗路黄金旅游带规划,入选浙江省首批诗路旅游目的地培育名单。诗画风光带串珠成链,徐村"紫薇花海"、长风"古渡金沙"、东方巨石阵成为网红打卡地,宋韵芳村、金色同弓未来乡村迎客八方,"画里乡村、研学走廊、康养胜地"文旅体系初步构建,获评中国最美乡村旅游目的地。

胡柚之乡。绿水青山孕育"常山三宝",是中国常山胡柚之乡、中国油茶之乡、中国食用菌之乡。三宝文化展示中心惊艳亮相。胡柚、香柚、油茶种植面积及产量均居浙江省首位,"两柚一茶"全产业总产值达30亿元。胡柚青果切片"衢枳壳"列入《浙江省中药炮制规范》,入围新"浙八味","柚见

80＋"鲜果、双柚汁、胡柚膏深受市场青睐，UU音乐节、民族动画电影《胡柚娃》等广受各界喜爱，"一份常礼"区域品牌绽放魅力，"一切为了U"城市品牌全面打响。油茶种植历史悠久，全国油茶交易中心、国家油茶公园落户地，油茶产区入选中国特色农产品优势区。"常山猴头菇"通过国家农产品地理标志登记。中国鲜辣美食之乡。

赏石之都。地质形成4.6亿年，拥有中国第一枚"金钉子"剖面——奥陶系达瑞威尔阶全球层形剖面点，极具科考旅游价值，是国家地质公园。拥有三衢石林、梅树底两个国家4A级景区，三衢石林获评"全球低碳生态景区"。矿石资源丰富，石灰石、萤石矿储量和品质均居浙江省首位，青石、花石品质优良，有华东地区最大的青石花石专业市场，建成中国观赏石博览园，"赏石小镇"为浙江省首批创建特色小镇，是"中国观赏石之乡"。

近年来，常山坚持和发展新时代"枫桥经验""浦江经验"，建设"三民工程"等社会治理载体，人大、政协、公检法等部门协同作战、创新举措，纵深推进平安常山、法治常山建设，创成法治浙江建设示范县，全县连续5年未发生严重精神障碍患者肇事肇祸行为，连续33个月未发生因矛盾纠纷引发的"民转刑"命案，全市唯一。2024年4月7日，在全省平安浙江20周年大会上，荣获"平安县十九连冠"，这也是浙江省平安建设领域的最高荣誉。

二　若干指标数据分析

从以下新时代"枫桥经验"指标体系的具体指标数据分析

中，可一窥常山县近年来在不断完善基层治理体系，探索基层治理新路径中取得的成效与未来的方向。

（一）清廉村居创建率

该指标是衡量农村社区清廉建设成效的重要指标。它反映了在一定时期内，通过实施清廉村居建设活动，成功达到清廉标准的行政村或社区的比例。这一指标不仅体现了农村基层治理水平的提升，还反映了党组织在推动全面从严治党向基层延伸方面的努力与成效。清廉村居创建率一是能够反映出基层治理水平：其创建涉及基层治理的多个方面，如党组织建设、村务管理、干部廉洁自律等，创建率的高低直接反映了基层治理的规范化和现代化水平。二是党风廉政建设成效：是党风廉政建设的重要组成部分，创建率的高低是衡量党风廉政建设成效的重要标尺。三是群众满意度：清廉村居的建设最终目的是提升人民群众的获得感、幸福感、安全感，创建率的高低也间接反映了群众对基层治理和党风廉政建设的满意度。

清廉村居建设率数据的变化通常经历若干阶段，并伴随一系列措施的实施。初期：制定详细的实施方案、明确创建标准和要求，广泛宣传动员，激发基层的积极性和参与度。此阶段创建率通常较低，但随着工作的推进，逐渐有行政村或社区开始尝试并成功创建。中期：在总结初期经验基础上，进一步优化创建流程、完善配套制度、加强监督检查，确保质量和效果。同时，通过树立典型、表彰先进，形成示范带动效应。此阶段创建率显著提升，越来越多的行政村或社区加入清廉村居的行列。后期：在巩固和提升创建成果基础上，注重长效机制的建设和完善，确保建设的持续性和稳定性。同时，加强基层监督，防止"微腐败"发生。此阶段，创建率趋于稳定并保持在较高水平，清廉村居成为农村基层治理的常态。

这些做法的作用主要体现在以下三个方面。

一是提升基层治理水平：清廉村居的创建推动了基层治理体系和治理能力的现代化，提升了基层党组织的凝聚力和战斗力。二是增强群众满意度：群众在村务管理、干部作风等方面感受到实实在在的变化，增强了群众的获得感和满意度。三是促进乡村振兴：为乡村振兴提供了有力的政治保障和纪律保障，推动了农村经济社会的全面发展。

截至2023年年底，清廉村居创建率为65%。根据要求，到2025年底，全县要基本实现所有村（社区）创建成功。针对这一目标，未来将从以下几个方面开展工作。持续优化创建标准：根据实践经验和形势变化，不断优化清廉村居的创建标准，确保科学性和可操作性。强化宣传教育：加大清廉村居建设的宣传力度，提高基层党员干部和群众的廉洁意识，营造崇廉尚洁的良好氛围。推广典型经验：及时总结和推广清廉村居建设的典型经验和做法，形成可复制、可推广的模式和路径。建设长效机制：在巩固和提升基础上，注重长效机制的建设和完善，确保清廉村居建设的持续性和稳定性。

（二）"一网通办"率

该指标反映的是政务服务"一网通办"改革成效。政务服务"一网通办"平台由浙江省数据局统一建设，实现"统一事项、统一共享、统一收件、统一对接、统一评价、统一体验、统一运维"（"七统一"），包含浙江政务服务网、"浙里办"App、智慧大厅工作台、政务服务自助终端机4个端口，县一级为推广应用平台。自2021年全面推广应用以来，常山县14个乡镇（街道）、194个村（社区）均开通智慧大厅工作台，同时，推动28个农商银行营业网点全部开通智慧大厅工作台，让群众、企业就近享受政务服务"一网通办"改革成效。2024年，常山县"一网通办"率达99.87%，约40.60%的线下办件在乡村两级便民服务中心及农商银行代收网点产生。下一步将持续做好平台应用推广工作，深化政务服务"一网通办"的成效。

（三）平安建设群众参与率

该指标作为浙江省"平安三率"之一，由省统计部门、省平安办委托第三方测评，主要反映各地群众对平安建设的知晓率和参与度。基于近年来的实施情况观察，大部分群众知道有平安建设工作，但很多人对什么是平安建设、如何参与"平安建设"不清楚，该指标能较好地反映各地平安建设成效。近年来，常山县针对平安建设群众参与率排名较低的情况，通过加强提前谋划部署、压实各方责任、强化宣传营造氛围等措施，目前全县群众参与率测评情况表现良好。截至2023年年底，群众参与率为93.45%。

（四）万人失信率

该指标是用来衡量社会信用状况的一个重要参考，它直观地反映了社会信用体系建设和公众信用意识的变化。截至2023

年年底,该县万人失信率为107。

(五) 公共法律服务平台服务人次

该指标包括实体来访咨询、热线咨询、法律援助申办、人民调解申办、公证申办等内容,通过公共法律服务平台为群众提供持续高效的法律服务,满足群众各类法律需求。指标主要反映该平台使用情况:2022年使用率前三的分别是人民调解申办5388次、实体来访咨询1711人次、热线咨询755人次;2023年使用率前三的分别是人民调解申办13017次、实体来访咨询2247人次、热线咨询582人次。下一步,为进一步发挥公共法律服务力量,将开展"15分钟公共法律服务圈"打造和发挥其作用,为群众提供更为便捷优质的法律服务。主要举措有:一是打造"1+14+n"阵地,实现平台贯通。依托现有的1个县级公共法律服务中心,14个乡镇(街道)公共法律服务站,194个村社公共法律服务点,构建"1+14+n"的15分钟公共法律服务网络。同时,根据人流密集程度、群众法律需求程度、区位分布情况等,在企业、商圈、学校、车站等场所增设n个点位,切实满足人民群众法律服务需求,做到在"15分钟公共法律服务圈"内打破地域壁垒,实现服务全域辐射。在各点位的显著位置设立公共法律服务融合指引牌,群众可通过电话、浙里办等渠道享受"5+2"全天候的公共法律服务体验。二是整合法律服务资源,凝聚人才合力。拓展县、乡、村三级公共法律服务触角,打造集微信、移动App、公共法律自助机等于一体的服务矩阵,集合法律咨询、法律援助、人民调解、律师、公证、普法等功能。汇集村(社区)法律顾问、法治带头人、法律明白人、村社网格员等法律资源，为基层提供有保障可持续法律服务活动。

（六）矛盾纠纷村社化解率、矛盾纠纷镇街化解率

2023年矛盾纠纷村社化解率与镇街化解率基本持平，村社化解率略高，反映在：第一，在矛盾纠纷排查阶段较为到位，对于矛盾纠纷内容能够做到信息统一；第二，村社一级化解率更高，对排查中发现的问题网格员发挥了其作用，能够及时处置问题，基本做到"小事不出格，大事不出村，矛盾不上交"。镇街一级矛盾纠纷化解率低于村社一级，除了矛盾纠纷基数发生变化外，转交给镇街的矛盾纠纷复杂程度往往更高，解决难度更大。对于难以解决的重点矛盾纠纷，县级社会治理中心至少每半月组织综合研判，对矛盾纠纷排查化解情况进行不定期检查督导，对重点限时交办的逐件督导，发现问题及时督促整改并形成报告。根据重大疑难复杂多跨程度，县级相关部门列出一批领导包案件，按照"谁主管谁负责、谁联系谁包案"原则，建立"一事一方案、一案一领导"，全面落实县、乡两级班子成员包案攻坚，实施挂图作战，提高了重点矛盾纠纷化解率，成功达到97%的指标。坚持多方参与，实现源头防控。对部门、乡镇（街道）上报的矛盾纠纷按主要风险做好分类，需要多部门协同，积极组织调解工作，构建多部门共同参与的矛盾纠纷排查化解综合平台，调解难以解决的矛盾纠纷，建议当事人走法律途径，协助提供法律援助，做到事事有人管、件件有着落，把民事纠纷化解在萌芽状态。

（七）道路交通万车事故死亡率

该指标是衡量道路交通安全水平的重要指标之一，与传统的单独统计交通事故死亡人数相比，该指标充分考虑了车辆增多、车流量增大带来的事故风险，较为客观地将各地交通安全治理水平放在了同等条件下进行评比。通过计算万车死亡率，可以了解城市道路交通安全水平的高低，帮助评估城市交通安全管理的效果，从而采取针对性措施来改善交通安全。常山县2022年道路交通死亡人数是33人，汽车保有量是8.92万辆，万车事故死亡率为3.69。

主要抓了以下几项工作。一是深化道路交通安全基础设施建设。2023年启动了"一路U行"城区道路交通设施改造提升工程，已于年底竣工验收。累计投入资金826万元，改建道路13条，更新、新增中央隔离护栏、机非隔离护栏7500米，架设标志标牌、人行路灯507套，施划标线21000平方米、彩色标线1800平方米，新增慢行一体化等候区3700平方米，安装标志牌637块，新增电警设备35套。其中天马路—朝阳路、天马路—南溪路交叉口改造方案获评2023年公安部交管局100个城市道路交叉口精细治理的精品案例。项目完工以来，城区交通安全明显改观，截至2024年6月底，城市道路未发生死亡事故。二是深化道路交通参与人素质提升工作。2023年，全县查处道路交通违法行为204227起，同比上升47.13%，其中查处电动自行车违法31699起，同比上升58.63%；酒醉驾违法627起，同比上升18.53%；"三超一疲劳"违法61033起，同比上升156.28%。开展"五进"宣传204次，发放宣传资料3

万余份，制作安全宣传视频 59 部，被省级媒体平台采用发布 40 部，市级媒体采用发布 39 部，发送安全驾驶提醒短信 20 万余条。经过综合治理，常山县道路交通安全工作总体形势稳定向好，截至 2024 年 6 月底，全县交通事故死亡人数同比下降 60.87%，万车事故死亡率为 0.79。

（八）电信网络诈骗案件数

该指标在客观上能够反映出以下几个方面的问题：一是每年电信网络诈骗犯罪变化趋势。2023 年发案、案损同比 2022 年均上升。二是犯罪手法的变化趋势。2022 年发案前三名的诈骗类型为刷单返利类诈骗（占比 44.11%）、网络贷款类诈骗（占比 12.69%）、冒充身份类诈骗（占比 9.97%），而 2023 年发案前三名的诈骗类型为刷单返利类诈骗（占比 32.34%）、虚假征信类诈骗（占比 25.82%）、网络游戏产品虚假交易类诈骗（占比 7.34%）。三是群众防范意识和能力。发案案损指标的变化反映出群众的防范意识和识诈能力是否有所提高。2023 年发案、案损同比 2022 年均上升，反映了民众的反诈意识有所下降。四是打击治理成效情况。发案案损变化反映公安机关打击治理工作取得的成效情况。2023 年下半年，公安机关进一步深化中缅警务执法合作，彻底覆灭了缅北涉诈的四大家族，成功铲除了一大批境外涉诈窝点，2023 年 10 月以来，国内电信网络诈骗案件呈现明显下降趋势。

主要措施是：一是加强全社会宣传。统筹乡镇街道、社区网格、小区物管、党员志愿者等力量，持续推进"扫楼扫街"活动，通过面对面宣讲，签订反诈承诺书，安装国家反诈中心

App，让群众了解电诈的常见手段、最新套路。借助"敲门行动"，对企业、沿街商户等重点地区进行上门走访，发放反诈宣传册，不断增强反诈意识。联合教育、卫健、银行、税务等部门，持续做好系统内部以及管理服务对象的宣传。大力推进反诈街区、公园、长廊、体验馆等阵地建设。二是持续精准宣防。定期分析发案形势，精准掌握高发类案情况、易被骗群体情况，紧盯七类易受骗人群，精准投放反诈宣传产品、靶向传播反诈宣传内容。对在校学生，开展好"开学反诈第一课"活动；对财会人员，针对性开展冒充领导、老板诈骗案例宣传，落实好双 U 盾措施；对老年人，利用反诈宣传大篷车，以评弹、小品等形式，深入社区巡回宣讲；对外来务工人员，上好"警情公开课""岗前第一课""饭点反诈课"。三是深化预警劝阻。组建 24 支预警劝阻宣传队伍，加强、做实反诈中心、派出所、乡镇街道三级预警劝阻队伍，专人分析研判，分级分类开展预警劝阻，最快时间、最大限度、最大效果地劝阻潜在受害人。经由上述举措至 2024 年 7 月止，该县共记录了 142 起案件，相较于 2023 年同期减少了 42.74%；经济损失总额 748.83 万元，同比降低了 59.40%。未来的工作方向，将继续以维护民众的财产安全作为反欺诈行动的首要目标，将反欺诈工作列为党政机构的重点任务，压实压紧反诈工作责任，确保措施落实落细。加强宣传引导，坚持"大水漫灌"与"精准滴灌"相结合，持续开展"五进"活动、"无诈创建"，对本辖区高发案件类型、高发区域、易受骗群体开展精准宣传，营造全民反诈氛围。完善预警模型，建强预警劝阻队伍，提升劝阻技能，最大限度地拦截受害人转账汇款。加大诈骗团伙和黑灰产的打击力度，切断诈骗团伙与受害人的沟通渠道，截断涉诈资金流出，尽全力为受害人挽回损失。

三 "跨省协作平安防线"做法的产生背景

近年来，常山县深入学习贯彻习近平法治思想和习近平总书记考察浙江重要讲话精神，全面落实中央、省市委相关会议部署要求，实现县域治理整体智治，把"四治融合"、安全发展贯穿经济社会发展全过程，全力打造最平安城市。以探索省际协同治理服务建设为载体，通过资源共享、优势互补，推动两地省际协同治理在矛盾调处、警务协作、综合执法、应急救援、司法诉讼、公共服务等方面一体化建设，推动常山—玉山省际边界地区党建联建、营商联促、治理联动、经济联飞、服务联办，积极探索多元融合、多方共治、多跨协同的省际边界治理新路径，符合常山县社会治理的实际。

（一）加快平安建设助推共同富裕的需要

党中央赋予浙江省高质量发展建设共同富裕示范区的重要任务，常山县位于四省边际，属山区县，加速实现跨越式发展乃是当前首要任务。通过对常山县过去三年的相关数据统计分析，平均每年排查的矛盾纠纷总量达3000余起，其中75%以上发生在农村，已成为影响经济社会发展的拦路虎、绊脚石，亟须一套更为有力、更加精准的治理体系，为高质量发展营造平稳有序的社会治安环境。

（二）贯彻落实省、市战略的需要

构建省际协同治理服务网格驿站，旨在深入贯彻浙江省委"一号改革工程"及省域治理现代化要求，推进市委关于四省交界中心城市的战略在常山县的重要延伸和拓展，紧密围绕衢州市委打造四省边际社会治理桥头堡的工作目标。推动白石镇纳入省141体系重点实践乡镇和市域社会治理现代化村级试点重要实践，也是积极探索跨省域基层治理机制创新重要创举。

（三）人民群众对平安更高预期的需要

人民群众对平安的要求和预期越来越高。一方面，大量隐而未发的矛盾纠纷、高发的侵财类特别是电信网络诈骗案件等，都是群众高度关心的社会安全问题；另一方面，城乡之间的社会治理效果存在较大差异。常山城镇化率不高，大部分人口在农村，外来人口少。农村群众文化程度偏低、安防设施落后、普法教育不到位，群众对平安建设的获得感明显弱于城区市民。

（四）边际地区基层治理能力提升的需要

跨省治理难度较大，边际毗邻地区治安状况复杂、社会治理薄弱、矛盾纠纷突出，这些都需要不断提升社会治理现代化水平，促进浙赣两省合作共赢。

四 "跨省协作平安防线"主要内容

近年来，常山县作为省际毗邻区域之一，坚持统筹推进省际边界治理创新，形成了"跨省多方协作"的新时代"枫桥经验"省际边界治理新模式，为探索具有浙江特色的共建共治共享社会治理新格局提供了常山样本，取得了一定实效。

（一）熔铸跨省网格"金钥匙"，打造基层治理"桥头堡"

以创新建设跨省网格阵地为切入点，在12个边际村共同设立"跨省网格"，通过党建引领、民生共享、产业互助，加速变区位发展"洼地"为治理"高地"。截至2023年4月，常山县跨省网格累计排查处置各类风险隐患229项，化解各类矛盾纠纷164件，开展跨省区域交流活动39次，服务惠及群众2317人次。

图5.1 跨省区域协作党建启动仪式

1. 聚焦党建引领，红色联盟激活治理"传动轴"

一是构建跨省红色联盟。加强与邻省玉山县协作，依托"党建＋网格"治理模式，建立"浙赣"跨省区域协作党建联建工作机制，试点设立跨省网格党小组——"红色联盟"，发挥"两委联格+党员联户"作用，制定党群服务项目清单，推进跨省党建项目建设，定期召开专题交流会，协商讨论联盟区域治理发展，通过跨省党建联建，探索省际边界治理新模式。2022年以来，跨省网格党小组设立党群服务项目30项，发动党员志愿服务1570人次。二是创新区域平台载体。开发"跨省网格智慧治理系统"，分层级构建跨省人口、村社网格组织、事件等基础数据共享机制。推进"诚信智治"和"平安U指数"两大特色数字化应用迭代升级，并向"跨省网格"推广使用，打破省际事件流转壁垒，实现一键布控两域双查。截至目前，该平台已整合"跨省网格"区域面积5.84平方千米，涉及跨省插花地87.65亩，掌握频繁流动人口213人。三是优化队伍力量建设。搭建跨省网格管理领导小组架构体系，由边界乡镇党委书记担任组长，跨省村组团联村成员担任小组联络员，跨省网格党小组组长兼任网格长，村两委干部担任专职网格员。强化"重实效、强实干、抓落实"的工作导向和用人导向，进一步优化乡村干部四维考评和网格绩效考评办法，打通干部考评与网格考评壁垒，促进"两支队伍"协作发力，严格落实事项考评打分机制，实现考评与绩效奖励挂钩，激发跨省网格治理活力。

2. 聚力民生共享，区域联办唱响治理"和谐音"

一是破解矛盾化解难题。跨省共建由乡镇综治干部、派出所民警、毗邻村干部组成联合调解队伍，共同分析研判两域警情、案情、诉情等治理动向，查找重点人员、行业、场所等管控中的薄弱环节，开展联排联调行动，实现跨省整治一体化。依托"共享法庭"服务站，加强两地法庭信息沟通共享，促进

图 5.2　跨省网格"共富果园"签约

浙赣边际平安法治联建，开展法律文书跨省送达等司法协作，打通跨省矛调"绿色通道"，为两地群众提供"家门口"司法服务。2022 年以来，跨省联合化解各类涉边矛盾纠纷 70 余起，协同侦破 9 起民生案件，联合抓获犯罪嫌疑人 25 人，双方法庭联合处置涉诉纠纷 182 件。二是升级跨省服务品质。建设边际联动服务中心，开设跨省无差别受理服务窗口，增派入驻骨干工作人员，增设政务服务自助终端机，有效为群众开展跨省通办、服务代办。定期对跨省网格员提供两省对应系统及政策的培训，开启"群众点单、网格接单"模式，由网格员主动上门代办服务，迭代升级"最多跑一次"到"一次也不用跑"，为两地群众提供更切实有效的精准服务。截至 2023 年 4 月，边际联动服务中心受理办结便民服务事项 36 件，网格主动代办服务 55 人次，群众满意率达 95.7%。三是搭建民生共享平台。

以共建共享未来乡村为目标，统筹建设村社云上治理平台，囊括党建统领、共同富裕、平安共治和跨省服务四大服务应用场景，将省际地区插花地图斑、"常山阿姨"档案库、共富果园物联网信息等治理信息通过实时全景指挥系统的形式融合汇总，搭建微信小程序、全景地图指挥系统、云端管理后台形成"三位一体"互联互通的治理网络，让村民、网格员享受"数字红利"，为"乡村智治"提质增效。

3. 聚能产业发展，资源联动跑出治理"加速度"

一是发挥龙头产业辐射带动优势。依托跨省交流共促、通力合作，持续做强常山双柚汁"柚香谷"、白石镇辣椒"草坪红"等产业，充分发挥好龙头产业引领和示范带动作用，辐射带动省际区域产业集群发展，扩大两地香柚、辣椒等农产品种植范围，加快乡村特色产业发展壮大，形成鲜明地域优势特色。跨省网格建立后，常山、玉山两地边际合作频率大幅提升，省际毗邻区域香柚种植面积增加200亩，辣椒种植面积增加185亩，带动2个村集体经济增长20万元，增加群众收入25万元。二是建设跨省产业资源库互惠共享。以常山"草坪红""金牌阿姨""柚香谷"3家共富工坊为试点，利用跨省网格治理平台，归集跨省土地、人口、设施、经济等资源要素，集成打造产业资源库，统筹用地、用工、订单等调度，定期协商研究工坊运行情况，实现资源共享、优势互补、"抱团"发展。其中，2022年白石镇"草坪红"工坊通过跨省网格合作，从玉山县太平村流转土地100余亩，有效破解土地资源不足难题。三是促进跨省产业人才共育互补。发挥"常山胡柚""常山阿姨"等品牌吸引力优势，建设产业人才培训基地，定期召开共富果园、"常山阿姨"等培训会，吸纳常山、玉山两地群众参与培训，提升劳动技能，促进两地人员就业。截至目前，常山辣椒产业共富培训累计培训 174 人次；"常山阿姨"草坪村基地累计培训 461 人次，其中江西妇女已参加培训 151 人次，成功推荐就业 198 人。

（二）开展跨省共治警务增值化改革，赋能打造浙西平安门户

聚焦省际边界人员高频流动、社会治理薄弱、执法标准不一等治理难题，创新开展跨省共治警务增值化改革。通过整合跨认知、跨区域、跨领域治理资源，为浙赣两省边界及辐射地区企业群众提供更加精准主动的公安服务供给。截至 2023 年 5 月，共办成交通违章异地处理等跨省增值化服务事项 400 余件，常山与玉山省际边界治安刑事警情同比下降 19.7%，纠纷类警情同比下降 27.83%。

1. 治理共抓，推进省际警务深度合作

一是平安指数知隐患。迭代"村社平安指数"评价体系，全面承接省级平安指数应用，将村情、民情、警情等要素纳入指数评估范畴，实现过程可跟踪、结果可评价。将平安指数评价结果与村集体项目发展、政策扶持等相挂钩，倒逼村社干部积极主动参与边界平安建设。2024 年 1—5 月，涉警信访总量较前三年同期平均数下降 31.5%。二是警务网格强融治。在省际四镇十二村推行"跨省警务网格"机制，吸纳边界村社、网格力量组建"赣在浙江""小蜜蜂"等跨省联调队伍。打造"一村一警一法律顾问"工作格局，联动处置两地矛盾纠纷、信访维稳等突出问题，实现跨域问题分头劝和、共同化解。警务网格力量联合化解各类矛盾纠纷 80 余起，边界四镇十二村同一事件重复报警率下降 37.8%。三是跨省通办增服务。高标准建成衢饶示范区跨省融治中心，整合常山、玉山两地公安、综治、市监、应急等 6 部门 23 项职能。签订"常玉通办"跨省政务通办合作协议，开设"跨省通办"线下专窗，实现项目审批、出入境等项目跨省一站式联办，推动跨省政务事项平均办结时间缩短至 3 日以内。创新"边际车管所"服务，提供过境车辆违章处理、信息变更、证件补领等个性化增值服务。共办理跨省车管业务 164 件。

2. 违法共打，突出跨越执法实战实效

一是重大警情联动快处。出台《跨省警务协作工作机制意见》，明确侦查、取证、破案、追逃等环节加强协作配合，打通跨省警务协作通道，实现刑事类重大警情指挥同步、情报共享。如针对流动赌场、未成年人盗窃等高发多发刑事案件，联动玉山、弋阳等地多次开展联合行动。2024 年 1—5 月，累计查处各类跨省案件 7 起，刑事打击 11 人，9 名外省籍盗窃未成年人被送入专门学校教育学习。二是执法标准统一互认。针对跨区域倾倒工业固废案件取证难、鉴定难、修复难等痛点，争取省公安厅支持，统一衢州、上饶两地工业固废污染物鉴定、生态修复赔偿等执法标准，积极探索环境污染类案件量刑标准统一互认，明确案件证据移送标准。常山、玉山两地公安机关已联合侦办倾倒工业固废、非法采矿等环保类案件 3 起。三是高频事项精准处置。两地联合开发智能 AI 算法应用，精准识别治危拆违、市容秩序等 11 大类，水体污染、烟雾火源等 79 小类基层治理高频巡查事项，利用无人机自动巡查、智能感知设备抓取等手段，实现无人值守、远程调度、智能预警等功能。通过实施"跨省生态警务联勤联动"机制，精准预警打击非法狩猎等违法犯罪行为 19 起，铲除罂粟科植物 1200 余株。

图 5.3　"平安边界　智慧安防"平台大屏

3. 风险防联控

一是数据集成互通。自主研发"平安边界·智慧安防"平台，加强省级安全联台应用，联通常山、玉山两地政法、信访、司法等 17 个系统、23.4 亿条数据，集成接入省公安厅"情指行"一体化平台。搭载警务超级地图、多维大数据等数字化应用，实现重点人员全要素布控、时空轨迹全维度掌握。建立两地联合布控预警中心，开展警情案情串并检测、人员轨迹分析预警等工作，确保一有异动、立即响应。二是风险全域感知。围绕 18 千米长度交界线，全面梳理 12 个路口 56 个点位需求，架设人脸抓拍、视频监控等前端感知设备和 140 个电子围栏采集点，实现边界通道 100% 全覆盖。和玉山公安达成数据共享战略协议，接收玉山 2000 余路监控前端，安防圈层向江西境内延伸 15 千米，实现两地人、车、物等重点要素"一地布控、两域双查"。三是预警实时在线。完善"平时＋战时"

预警查控运行机制，在G60高速常山服务区、白石省际卡点、球川镇等地设置2个固定式公安检查站和5个可通车入浙通道查控点。通过人工建模、BIM模型等可视化技术，构建触网预警、联动指挥、拦截回溯等应用场景，日均支撑安检车辆3600余辆次，实现检查无接触、过程免等待、流程全自动。机制运行以来已预警查处非法入境外国人3人，抓获部级上网逃犯4人。

（三）建立跨省联调机制，构建跨省共治新格局

跨省经济交流、人员往来频繁，跨省插花地、环境污染等纠纷时有发生。聚焦省际边界群众需求多元、调解制度不一、调解合力不足等难题，常山县坚持和发展新时代"枫桥经验"，健全"联防、联调、联治、联通、联谊、联创"六联长效机制，成立常玉边界矛盾纠纷调解委员会。2024年以来，省际邻镇排查各类问题隐患412件，处置时间提速2倍以上，涉边积案全部化解清零，90%以上的问题纠纷在村（社）、网格得到了有效化解。

图5.4 衢饶示范区跨省融治中心

1. 搭建"一个平台",为跨省调解赋能聚力

与玉山县司法局共同成立浙赣边际合作（衢饶）示范区联合人民调解委员会,建立定期会商研判、协同处置、预警排查、重大风险隐患通报四项制度,打通两地矛盾纠纷联调通道,弥补省际边界纠纷化解短板。2024 年以来,共化解省际纠纷 50 余起,调解成功率 100%,有效实现省际纠纷"零上交、不出村"。

2. 组建"一支队伍",为跨省调解引才聚智

统筹"县—乡—村"三级调解力量及派出所、法庭、执法队力量,组建跨省联调队伍,联动处置跨省矛盾纠纷。同时,将联合调解委员会及调解员纳入两地调解名册管理,信息同步归集到"浙里调解"及江西省人民调解综合信息管理系统,实现两地共管。目前,浙赣边际纠纷联调队伍共有成员 50 名。

3. 统一"一套标准",为跨省调解联动聚能

建立信息通报、资源共享和协同处置等机制,通过召开联席会议,交流工作经验,共同研究解决调解工作中遇到的新情况、新问题。规范跨省调解工作队伍、调解流程,统一公章、印制调解台账、调委会通讯录等,实现信息互通、资源共享,提升调解质效。将跨省调解员调解的案件纳入"以奖代补"范围,统一奖励标准,提高调解员的积极性和主动性。

五　成效和启示

近年来,常山县充分认识到做好基层治理工作的重大意义,紧紧围绕如何开展县域社会治理现代化建设工作,提升社会治理效能,坚持强化党的领导,坚持做好基层基础工作,不

断运用数字化手段，统筹协调、多方配合、合力推进，探索出了一套更加精准有效的治理体系，走出了省际协同治理新路子。

（一）坚持政治领航：确保工作正确方向

牢记政法姓党这一根本属性，时刻绷紧平安稳定这根弦，始终立足大势大局，旗帜鲜明讲政治。常山政法战线以高度的思想自觉、政治自觉、行动自觉，坚持不懈地用习近平新时代中国特色社会主义思想凝心铸魂，持续巩固拓展深化主题教育成果，源源不断地从中汲取坚定理想信念、永葆绝对忠诚的不竭力量。保持敢于斗争、善于斗争的政治本色，扎实做好防风险、保安全、护稳定、促发展各项工作，在重大考验面前旗帜鲜明、挺身而出，在急难险重任务面前豁得出来、顶得上来。2023年，全年三级以上等级响应时长201天，特别是全国"两会"、杭州亚（残）运会等重大活动期间，等级响应连续5个月，实现了进京信访零登记、"六个零发生"底线和"六个明显下降"目标，确保了全县社会面持续平安稳定。

（二）坚持固本强基：全面提升基层治理水平

坚持和发展新时代"枫桥经验"，努力构建具有时代特征、山区特色、常山特点的社会治理模式，全面提升基层社会治理现代化水平。风险闭环管控大平安体系持续升级，2023年，平安浙江指数保持省市前列，社会治安安全感满意率全市第一，全县矛盾纠纷类警情同比下降50%，因矛盾纠纷引发的案件数全市最低，"民转刑"命案连续33个月"零发生"，连续5年未发生严重精神障碍患者肇事肇祸行为属全市唯一。创成45

家"枫桥式"退役军人服务站、1家"枫桥式"公安派出所、1家"枫桥式"司法所。"村社平安指数评价体系"入选浙江省新时代"枫桥经验"和省级第三批共同富裕最佳实践案例。全县14个乡镇、195个村社实现公共法律服务站全覆盖。数字法治系统3个应用入围浙江省数字法治系统"一本账4S",成功争取7个省级试点项目。"平安边界智慧安防"应用入围浙江省政法工作现代化创新项目。

(三) 坚持指数指引：以评价推动社会大局持续稳定

从常山县的实践来看，只有村村平安、事事平安，才能实现全域平安。村社作为有完整组织架构和基层治理力量的最小层级，这一单元的平安建设，关乎社会平稳、发展大局，是基层治理的"最后一厘米"，也是县城平安建设的最后一张拼图。要紧紧抓住村社平安要素的动态变化，以平安指数评估为抓手，提升指数风险监测预警效能，真正起到社会治理和平安建设风向标、晴雨表的作用。同时，将评价结果、村社平安与村级发展、项目谋划挂钩，与共同富裕统筹推进，以最小单元的"小稳定"，实现县域、市域乃至省域的"大平安"。2023年，高分夺得平安建设十九连冠，也是现阶段浙江省平安建设领域的最高荣誉。

(四) 坚持数智赋能：以图表推动治理精准

突出平安建设和基层治理整体大局，以"1466"平安指数评价体系建设撬动党委、政府持续加强组织领导和统筹协调，及时研究解决重大问题，确保层层抓落实的工作格局。研发村社平安指数评价应用模块,将平安要素、案事件处置过程、指数结果分析在社会治理智慧平台上汇集、一屏展示,入围浙江省数字化改革重大应用一本账,形成镇、村社、网格三级的平安热力图。以热力图为牵引,持续精细基础、精准巡防、精确打击,提升社会面巡防、违法犯罪打击、重点人员稳控和实有人口管理等领域的效能。如针对研判出的年初黄赌警情高发趋势开展高强度打击,打处赌博窝点8处,涉黄场所2处,行政处罚212人,行政拘留35人,采取刑事强制措施19人,有效整治县域黄赌不正之风,2023年第一季度黄赌打击绩效排名全市第一。

(五)坚持多元共治:以平安推动共同富裕

通过精准刻画每个村的"平安画像",并针对问题短板对症下药、精密施策,实现村村平安推动县域平安,切实提升平安管控力。通过村警下沉、落实村干部平安指数职责,村级矛盾纠纷实现了从原来无人管到人人抢着管,并通过村社治安环境的持续好转,推动县域整体经济社会的高质量发展。如球川镇沙安村在平安指数前期试点过程中,实现了从矛盾重点村转变为安全维稳的标兵村和平安推动共富的示范村,相关经验被推荐申报浙江省高质量发展建设共同富裕示范区试点项目。

(六)坚持跨省协作:以网格促进浙赣边际双提升

通过跨省网格平台,省际两地实现了基层治理能力的双向学习共同提升。如党员联户机制、微事快办工作机制被江西省太平村学习后得到了江西相邻市县主要领导和组织部门的高度肯定,将其作为浙江省的先进经验研究学习。草坪村荣获第九批全国民主法治示范村和浙江省善治示范村。省际边际共同富裕的模式探索取得成效，辣椒产业带动两省群众增收，2023年草坪村和江西省太平村村集体经营性收入分别达到100万元和50万元。

六、典型案例

（一）案例：打造跨省网格"瞭望哨"

常山县白石镇未来驿站项目地处浙赣两省交界处，位于浙赣边际合作衢饶示范区核心区域。项目实施过程中，涉及江西省玉山县岩瑞镇太平桥村几户村民的祖坟需要迁移，当地村民表现出抵触情绪，拒不迁移。

时任白石镇草坪村专职网格员应某，同时也是草坪村与太平桥村组建的"跨省网格"专职网格员，了解情况后立即和太平桥村网格员一起，上门做村民的思想工作，动之以情、晓之以理，多角度解读相关政策。两天内，最后3户村民的祖坟顺利完成迁移。

草坪村地处浙赣二省交界处，与江西的太平桥村毗邻。为进一步夯实"平安边界"，早在2021年，两个村就设立了"跨省网格"机制。常山县与玉山县组织跨省邻镇共同制定社会协同治理实施方案，聚焦"理论共学、机制共商、产业共育、平安共治"，在相邻的4个镇12个边际村共同设立"跨省网格"，并纳入全科网格管理，共同构建浙赣交界地区信息互通、监管互联、执法互动的基层治理格局。截至目前，常山县与玉山县通过"跨省网格"开展跨省区域交流活动63次，服务惠及群众24360人次；"跨省网格"累计排查处置各类风险隐患问题

736 件，处置时间提速 3.5 倍以上，涉边矛盾纠纷积案全部化解清零，省际边界治理能力得到极大提升。

图 5.5　浙赣边界巡逻

（二）案例：创新融治理"主阵地"

2023 年 8 月的一天，常山县球川镇杨家村的陈某愁眉苦脸地来到村里的跨省警务融治工作站。原来，陈某的妻子王某是江西省玉山县双明镇梨园村嫁过来的，因夫妻感情破裂，在商讨离婚时，两人因彩礼返还比例争执不下，王某一气之下回了娘家，一待就是 3 个月，并且拒绝见陈某。

抱着"试一试"的想法，陈某来到工作站求助。由于当事人分属两省，驻站民警严程阳在"平安边界·警务融治"微信工作群中与玉山县双明派出所对接沟通，召集两地派出所、司法所、法庭工作人员以及村干部到站内开展了联合调解，最终促使当事双方达成了协议。

2023年以来，常山县充分发挥数字赋能，迭代跨省"诚信家园"共同体，将边界村社网格工作人员列入"U点通""浙政钉"等应用，实现事件跨省交办、闭环管理；同时，将边界村村民同步纳入"四维积分"考核范围，享受诚信积分兑换超市、诚信福利库等多元红利，努力构建"四治融合"的省际协同治理格局。截至目前，该模式已覆盖12个边际村，270余项上级交办及涉边治理事项实现高效流转，边界四镇治安刑事警情同比下降12.8%，球川镇连续30个月保持县级以上信访积案"零发生"。

图5.6 浙赣联合打击流动赌场

（三）案例：构建智慧安防"神经元"

2024年年初，江西省玉山县公安局双明派出所辖区发生一起汽车电瓶被盗案件，民警调取周边监控视频发现，2名涉案嫌疑人驾驶白色轿车作案后，向常山县境内逃窜。双明派出所迅速通过"平安边界·智慧安防"平台向常山县公安局球川派出所发出协查请求。

"需要协查的白色轿车已被我们截获，2名嫌疑人也已被抓获，请速来确认。"接到通报15分钟后，球川派出所就成功"完成任务"。这得益于浙赣两省建立的案件协作办理机制。在常山与玉山两地案件办理过程中，两地公安加强对接协商，互为对方提供办案帮助和技术支持，依托"平安边界·智慧安防"系统，实现一地布控、两域双查，通过省际边界封控拦截机制，对跨边界逃窜人员、车辆开展联合处置。

（四）案例：跨越司法协作　小法庭有大作为

"多亏了兄弟法院的帮助，我们才能这么快了解到被告的相关情况……"2023年10月13日，在被告户籍地完成一次线下调查后，红旗岗法庭法官李自强感叹道。

被告户籍地位于江西省玉山县北部某村，途中需经过蜿蜒的盘山公路。为解决地方难找、语言不通等问题，玉山县人民法院双明人民法庭副庭长张华陪着李自强来到该村，从村干部处了解到了被告现状，为推进案件后续进展打下了基础。

2019年年初，浙江省衢州市与江西省上饶市合作开启衢饶示范区建设，两地法院以此为契机，不断加强司法协作，出台

《关于在浙赣边际合作（衢饶）示范区建设中加强司法服务和保障的意见》，形成服务保障示范区建设的司法合力。

图 5.7　浙赣边际司法协作框架协议签约仪式

2022 年 7 月 22 日，常山县法院、玉山县法院与浙江省江山市人民法院进一步深化协作，签署《浙赣边际合作（衢饶）示范区全方位司法协作框架协议》，建立健全跨域矛盾纠纷多元化解机制、执行联动协作机制、交流会商工作机制等多项常态化合作机制。2022 年 9 月，某置业公司替余某向银行支付了购房贷款本息，后起诉至常山市法院，要求向余某追偿，而余某因为其他犯罪正在上饶市某监狱服刑。

借助此前签署的司法协作框架协议，承办法官直接通过玉山法院与当地司法局对接，并很快得到回馈。20 天内，文书送达、开庭等流程一步步推进，案件顺利办结，法院判决余某归还欠款。

重庆江津指标分析和"三会"解"三事"

基层民主是全过程人民民主的重要体现。习近平总书记提出，要发展基层民主，坚持和完善基层群众自治制度，健全基层党组织领导的基层群众自治机制，加强基层组织建设，完善基层直接民主制度体系和工作体系，提升城乡社区群众自我管理、自我服务、自我教育、自我监督的实效；强调要按照协商于民、协商为民的要求，大力发展基层协商民主，在基层群众中开展协商。重庆市江津区深学笃用习近平总书记关于基层治理一系列的重要指示精神，坚持党建为统领、网格为依托、民主协商自治，创新探索以"三会"解决"三事"的新时代"枫桥式"工作法。2023年12月11日，重庆市坚持和发展新时代"枫桥经验"推进基层社会治理现代化现场会在江津区召开。

一 江津区基本情况

江津区位于重庆市西南，是万里长江入渝第一区，自古是

图 6.1　重庆市坚持和发展新时代"枫桥经验"
推进基层社会治理现代化现场会

渝西川南水陆交通枢纽和商贸中心，素有"大江要津、长寿之乡"美誉。全区面积 3218 平方千米，辖 5 街 25 镇，有 301 个村（社区），户籍人口 145 万，常住人口 133 万。2023 年实现地区生产总值 1401.59 亿元，人均地区生产总值达 104274 元，全年一般公共预算收入 67.96 亿元，全体居民人均可支配收入 41243 元。

历史悠久、区位优越。自 221 年始，已有 1800 多年建县史，1992 年撤县设市，2006 年撤市设区；是聂荣臻元帅故乡、陈独秀先生晚年寓居地，培育过中国科学院原院长周光召、"两弹"元勋邓稼先、原国防科工委主任丁衡高、"中国计算机之母"夏培肃、著名中医学家任应秋等现代英杰，是重庆首个市级历史文化名城、中国武术之乡、楹联之乡、中华诗词之城。紧邻重庆主城，南接贵州省习水县，西接永川区、四川省合江县，是重庆辐射川南黔北的重要门户；长江流经北部横贯东西，拥有长江黄金水道127千米；区内形成高速公路环线，镇镇通高速，渝贵铁路、成渝铁路、渝昆高铁（在建）等8条铁路穿境而过。

开放包容、产业兴盛。拥有规划面积50平方千米的重庆枢纽港产业园和2个主要开发开放平台、5个国家级深水良港，是西部陆海新通道重庆主枢纽。农业产值连续多年居全市第一，是农业大区。90.2%的土壤富硒，是中国富硒美食之乡、中国生态硒城，全国著名的长寿之乡。拥有国家新型工业化产业示范基地（装备制造、食品、粮油加工、工业互联网），三个国家级产业基地，工业年产值达2200亿元。八大专业市场年商贸流通额超800亿元，双福国际农贸城农产品日均交易量达1.3万吨，是商贸旺区。拥有国家A级景区11个，是中国优秀旅游城市。四面山、望乡台瀑布、爱情天梯吸引了无数中外游客。

务实创新、共治善治。聚焦群众安全感满意度上升、信访走访总量和法院诉讼总量下降"一升两降"目标，坚持党建引领，划小网格单元，强化协商共治、注重调解为先，以镇街、村居、网格为主阵地丰富拓展"党建为统领、网格为依托、基层民主协商自治"基层治理实践，创新"三会解三事""微网格自治""乡村院落制"等治理品牌，广泛发动和组织群众共建共治共享，获评全国市域社会治理现代化试点合格城市，高标准承办全市坚持和发展新时代"枫桥经验"推进基层社会治理现代化现场会。特别是创新"三会"解决"三事"机制，推动基层民主协商自治规范化、常态化，经验做法获重庆市委书记袁家军批示:"江津的以'三会'解决'三事'做法很好,应总结提炼推广";获评重庆市2023年基层改革典型案例,新华社《国内动态清样》《人民日报》等媒体聚焦报道;北京、江苏、四川等地和中国社会科学院等单位100余批3000余人次来江津学习考察。

二 若干指标数据分析

为直观呈现江津区有关工作成效,对照2024年全国新时代"枫桥经验"指数指标体系,以群众参与为重点,从党建引领、矛盾化解等维度进行数据考察,对部分指标情况作简要分析。

(一)市级以上优秀党员数量

该项指标从绝对数量上体现某一区域在相应周期内对党员队伍中的先进典型选树情况,是评价基层党组织领导作用、党员先锋模范作用的重要指标。江津区2022年、2023年连续两年获评市级以上优秀党员数量均为4人。重视发挥党员干部在基层治理中的示范引领作用,强化在职党员"双报到"和无职党员设岗定责工作,特别是明确在职党员均需到本人居所所在的社区(小区、村)报到并认领岗位、承诺践诺,明确在城市主要是协助防范化解物业矛盾纠纷,在农村主要是引领脱贫攻坚和乡村振兴有效衔接,明确赋予基层党组织纪实评价权,对在职党员报到履职情况进行记录,年度评先评优、提拔晋升等均征求"双报到"所在基层党组织的意见。2023年评选表扬在职党员"双报到"先进个人24名,并隆重颁奖授牌,对鼓舞党员干部下沉参与基层治理、引领协商共治作用明显。

（二）人大选举参与率

该项指标直观体现人民群众参与选举的情况，是人民代表大会制度末端落实、有序运行的重要指征。该区2022年人大选举参与率为88.36%，2023年上升至89.68%，增幅为1.32个百分点。从人口数据看，2023年年末户籍人口145.37万人，其中，城镇人口70.24万人，乡村人口75.14万人；常住人口133.45万人，其中城镇常住人口83.99万人，常住人口城镇化率为62.94%。总体上呈现人口净流出趋势，区内人口由乡村向城市、城镇集中的趋势明显。在这一背景下，近年来该区人大选举参与率能够始终保持在88%以上并稳步攀升，一方面说明区、镇两级人大组织工作更加严密，效能明显提升；另一方面反映出随着社会主要矛盾转化，人民群众对平安稳定、公平正义等社会公共事务更加关心，履行自身权利义务更加主动，对基层治理的参与热情也越来越高。

（三）社会组织万人比

社会组织是党和政府完善公共服务体系、提高社会管理水平一个非常重要的载体，2022年全区社会组织万人比为22.37，2023年增至23.49，增幅1.12；相比2012年每万人拥有8个社会组织，过去10年间江津区社会组织万人比增长近3倍。社会组织大发展，一方面源于群众参与决策、参与治理的积极性提升，促成"红白理事会""村民议事会"等社区社会组织逐渐成熟、有序运行；另一方面与该区实施加强和创新基层治理"六项行动",推进"社会组织大协同"密切相关。2019年该区成立区级社会组织孵化基地,在区民政局党组架构下组建社会组织综合党委;2021年年底出台《江津区社会组织大协同行动方案》,从进一步加强社会组织党建工作、加大社会组织培育扶持力度、提升社会组织能力建设、完善社会组织保障制度等方面明确16项具体任务,推动各类社会组织与社区、社会工作者、社区志愿者、社会慈善资源"五社联动",积极参与基层治理和乡村振兴。截至2023年年底,社会组织大协同行动明确的社会组织党建工作全覆盖,平均每个城市社区有11个以上、农村社区有6个以上社区社会组织,培育1个以上5A级社会组织等目标全面实现。特别是在一些城市社区,广场舞队、合唱团、志愿巡逻队等群众自发形成的社区社会组织,在自我管理、自我服务等方面发挥积极作用,并与街道、社区和网格形成良性互动。

(四)"枫桥式"基层政法单位创建情况

"枫桥式"基层政法单位是指被省(自治区、直辖市)级政法单位评选认定的"枫桥式"基层法庭、司法所和公安派出所。江津区2022年有"枫桥式"基层政法单位2个,2023年上升至4个。这些基层政法单位的一个共同特点,就是坚持将非诉讼解纷机制挺在前面,主动靠前做好矛盾纠纷排查化解工作。特别是高度重视警调、访调、诉调对接,引导人民群众将调解作为化解矛盾纠纷的首选。2022—2023年,江津区为30个镇街派出所均配备不少于1名专职调解员,强化驻所调解;为区法院选配20名专职调解员,分布在立案庭和基层法庭,专职推动诉前调解。各基层政法单位充分发挥主观能动性，推动调解工作出实招见实效。如双福法庭根据当地商事纠纷案件多发实际，依靠商会行业自律机制成立"福商"调解室，创新法庭+商会"以商解商"诉调联动工作法，入选最高法和全国工商联典型案例。

（五）专兼职网格员配备率

网格化服务管理发端于2007—2008年浙江省舟山市的"网格化管理、组团式创新"社会治理创新实践，并随着"平安浙江"经验向全国推广，在上海、北京等地拓展出"街乡吹哨、部门报到"等新的形态。网格化服务管理之所以能取得长足发展，成为破解城乡社区基层社会治理难题的一把"金钥匙"，关键在于它适应了人口大流动的发展趋势，符合治理效能与治理幅度成反比的客观规律，回应了基本公共服务均等化的现实需要，发挥了数智赋能的治理优势。而网格化服务管理有序运行，核心在于一支专业职业、精业敬业的专兼职网格员队伍。江津区从2022年起，专兼职网格员配备率率先实现并保持100%，经历了两个发展阶段。

第一阶段是2021年年底启动加强和创新基层治理"六项行动"之"网格治理大整合"行动，整合部门资金2200余万元保障网格运行，组织30个镇街全面划定专兼职网格和专属网格，明确网格员指标定额，细化明确网格体系管理和网格员职业发展前景，初步实现专职化。

第二阶段是2022年年底至2023年年初，重庆市委六届二次全会、全市平安建设大会后，明确构建完善党建统领"141"

基层智治体系,鲜明提出进一步加强党建统领网格治理,探索打造全科型、服务型、共治型、数智型的新型网格,加快构建党建统领、数智赋能、平战一体、集成协同的现代化网格治理体系,并对合理设置网格、建强网格党组织、配齐配强"1+3+N"网格力量、完善网格运行机制等作出一系列制度化安排,进一步明确了网格员要当好政策宣传员、信息采集员、纠纷调解员、风险排查员、群众服务员、疫情防控员、应急协处员和任务执行员"八大员"的职责任务。

江津区严格对标落实市委安排部署,全面筑牢网格、织密网眼,夯实党建统领基层治理的网格底座。截至2024年4月,全区划定网格2756个,专职网格员1348人、兼职网格员2780人,区、镇(街道)两级干部下沉网格1.08万人。

(六) 矛盾纠纷就地化解率

该项指标由区、镇(街道)、村(社区)、网格(院落)的矛盾纠纷就地化解情况统计得出。江津区2022年矛盾纠纷就地化解率为98%,2023年为99%,同比上升1个百分点。就地化解率高,得益于江津区横向到边、纵向到底的矛盾纠纷大调解体系。横向上,推动建立交通、医疗、住建等16个行业调委会,在区综治中心内成立大调解中心,负责统筹协调;纵向上,健全区、镇、村三级调解机制、阵地和人手,开展镇(街道)村(社区)人民调解委员会规范化建设提升行动,在人口密集的城区街道试点建设矛盾纠纷调解中心,打造"矛调超市",提供"集成式"调解服务。如几江街道整合辖区平安办、派出所、司法所调解力量和街道干部中有资质的心理咨询师，依托街道基层治理指挥中心设立矛盾纠纷调处中心，提供咨询、调解、仲裁、诉讼等多种解纷方式一站式服务，实现各类矛盾纠纷"一站式接收、一揽子调处、全链条解决"。2024年1—6月，该中心共调解矛盾纠纷343件，调解成功率100%。

（七）道路交通万车事故死亡率

该指标是某一周期内（通常为1年）辖区交通事故亡人数与机动车保有量（万车）之比。江津区2022年万车事故死亡率为1.4854，2023年为1.2072，同比下降0.2782，折算成人数，即交通事故亡人数同比减少6人。此前5年，全区道路交通事故亡人数分别为2018年126人、2019年118人、2020年103人、2021年78人、2022年60人，呈现逐年下降趋势；同期，机动车保有量从30.7万台上升至44.5万台。江津区在机动车保有量逐年增加的情况下实现交通事故亡人数线性下降，主要有三个方面因素。

一是道路交通条件改善，按照先重点后一般原则，对临水临崖、急弯陡坡隐患路段安装波形防护栏和防撞桶、砌条石、堆沙袋、设立警示标志等，有效整改隐患或降低危险等级。如2022年，全区共排查各类道路重点隐患2212处，整改率超99.41%。

二是交通监管质效提升，从源头管控、准入制度、路面执法、联合惩戒、汽维市场整顿、货运企业责任落实等维度开展专项整治，实现从2021年10月起，连续34个月较大以上事故"零发生"；加强对电动两轮、三轮车的备案管理，开发电动两轮、三轮车管理"一件事"应用，极大地填补了监管空白盲区。

三是驾驶人素质不断提高。以酒驾为例，近五年酒驾的峰值出现在2019年，为1628起，但到了2022年，该项数值为781起，降幅超过52%。驾驶人安全意识和法治素养提升，对避免危险驾驶、"三超一疲劳"等起到积极作用。

三 "三会"解"三事"工作法产生背景

问题是时代的声音。习近平总书记指出："每个时代总有属于它自己的问题，只要科学地认识、准确地把握、正确地解决这些问题，就能够把我们的社会不断推向前进。"江津区探索以"三会"解决"三事"基层民主协商，发展"党建为统领、网格为依托，有事好商量、'津'事就地了"的新时代"枫桥经验"江津实践，源于"解决两个问题、实现三个推动"的需要。

（一）解决基层群众自治弱化虚化问题的需要

宪法规定，基层群众自治制度是我国的三项基本政治制度之一。《村民委员会组织法》和《城市居民委员会组织法》明确，城市居民委员会和农村村民委员会是基层群众性自治组织，不是一级政权、不是政府机关，其首要任务是实行基层群众自治，发展基层直接民主，保障人民依法直接行使民主权利。但从基层实际看，基层民主协商自治弱化虚化问题普遍存在。

一是自治文化缺乏。新中国成立以前，我国传统社会只有官治没有现代意义上的自治。这直接导致了社会缺乏自治文化涵养，村社区干部对群众自治组织认识模糊，习惯于听从上级命令、对下发号施令的"领导决策、群众执行"管理控制模式。

二是自治功能弱化。村居民委员会行政化问题突出，职能缺位、错位，特别是一些镇街把村居民委员会当成政府的派出机构，将自身职能职责范围内的工作交给村社区去办理，一些部门也通过镇街向村居民委员会交办任务，基层干部疲于应付，腾不出手来组织群众自治。个别地方还存在基层党组织领导群众自治行为越界，"能人治村"变质为"能人专治"等问题。

三是自治环节虚化。民主选举基层政府和群众都很重视，普遍做得实，但后续环节没有跟上。比如，民主决策，一些与群众直接相关的决策事项，事前、事中没有广泛的民主参与，群众因为没有参与感而产生怨气。再如，民主监督中存在不公开、假公开等问题，增加了群众的不信任感。

四是治理幅度过大。基层群众自治的强度和效果，与其对应的时空幅度是成反比的。基层群众自治，离不开群众对社区的认同感、归属感；离不开自治成员互相紧密联系的政治生活、社会生活、经济生活和文化生活。这在客观上决定了治理单元不宜划得过大，也不宜频繁变化。但最近几十年，随着城镇化加速发展，人口大范围流动，各地相继撤乡并镇、合并村居，城市地区超级社区、乡村超级村屡见不鲜，群众与社区的关联性日益下降，进一步限制了基层协商自治的效能。

(二) 解决民主协商议事不规范问题的需要

以"三会"解决"三事",解决的是长期以来政府、社会和群众之间权责不清、沟通不畅而导致社会矛盾层层上升、风险隐患外溢上行的问题。调研发现,大量矛盾纠纷越过社区、街道直接上行到区到市,根本在于基层民主协商议事弱化不规范。

一是内容宽泛不分流。基层矛盾纠纷、群众诉求千千万万、千奇百怪,但基层民主议事比较宽泛、笼统,没有具体到哪一类型的事情该怎样协商、由谁来协商,存在"眉毛胡子一把抓"问题。2020年以来,全区5个街道的各类矛盾纠纷总量从4200余件一路攀升,其中既有征地拆迁上访等涉及众多群众利益的"大事",也有邻里间噪声扰民、装修占绿等"小事"。

二是主体单一不给力。各级法律法规对民主议事虽有要求及规定,但缺乏具体细则,未落实主体责任,更没有分级分类明确协商议事的主体和平台载体。通常是由行业主管部门主导,极少数公众参与,议事决策利益相关的群众和党员干部、"两代表一委员"、律师、新乡贤等参与较少,党组织对民主议事的统领作用不够。

三是程序杂乱不规范。镇(街道)村(社区)包括网格层级协商议事的程序不明,对议题提出、找谁议事、哪里议事、议事成果运用等,缺乏规范性、程序化的制度,且地域差异较大。加之实际工作中许多具体问题和矛盾往往集中在社区、小区,部门的指导和支持触角延伸不到位,很多共性问题的解决方法不能复制推广。

四是缺乏监督不闭环。镇街村居权责利不匹配,解决问题质效不高,各级民主议事存在走过场、做样子现象,没有做到"一竿子到底",对办理结果缺乏跟踪、监督、反馈,无法有效形成工作闭环,议而不决、决而不行、行而无果的情况不同程度存在。

(三)推动走深走实党的群众路线的需要

习近平总书记指出,"江山就是人民、人民就是江山,打江山、守江山,守的是人民的心"。我们党从诞生之日起,就深刻认识到蕴含在基层群众中的深厚伟力,非常注重发动和组织基层群众,为广大劳苦大众谋利益。这一基本经验,后来系统总结为党的群众路线。习近平总书记强调这是"我们党的生命线和根本工作路线"。回顾百年党史,什么时候坚持群众路线,重视和加强基层治理,党的事业就兴旺发展;什么时候脱离群众路线,忽视和弱化基层治理,党的事业就遭遇挫折、转入低谷。新时代新征程,人流物流信息流爆炸式增长,利益格局深刻调整,内外部环境形势更加复杂,必须紧紧聚焦做好"人"的工作,发挥党领导一切的政治优势,充分动员组织发动群众,遇事多商量、有事好商量,通过广泛深入的协商来协调解决利益冲突,增加和谐稳定因素,增强社会发展活力,在发展中保持和谐、在和谐中推进发展,实现经济发展与社会发展协调并进,促进社会发展与人的发展相统一。

（四）推动党建统领基层治理新实践的需要

重庆市委六届二次全会后，2023年平安重庆建设暨基层治理大会对加强基层治理体系和治理能力现代化建设做出全面部署，致力于充分发挥直辖市扁平化管理优势，构建"一中心四板块一网格"基层智治体系，完善权责清晰、运行顺畅、充满活力的基层工作体系，提升自治、法治、德治、智治相结合的基层治理水平。

一是坚持党建统领。将党建统领基层治理定位为现代化新重庆建设的基础工程，着力放大党建统领"协调各方政治优势，强化力量资源整合"的优势，把党组织的服务管理触角拓展到基层治理每个末梢，以党的建设贯穿基层治理、保障基层治理、引领基层治理。坚持把党支部建在网格上，全覆盖组建网格党组织，把党组织拓展到最小治理单元。健全"网格吹哨、部门报到"问题闭环解决机制，推动在职党员、机关企事业单位等人员下沉社区网格开展服务。

二是深化改革驱动。坚持市级抓统筹、区县负主责、镇街提能力、网格强基础，全面推进"141"基层智治体系建设，即每个镇街均建立1个基层治理指挥中心，作为镇街运行的"中枢"；聚焦镇街主要职能，设置党的建设、经济发展、民生服务、平安法治4个板块；同时建好1张配备"1+3+N"（网格长+专职网格员、兼职网格员、网格指导员+其他各类力量）力量的村（社区）网格，进一步完善条抓块统、扁平高效的基层治理组织体系。

三是强化数字赋能。运用数字化的理念思路方法手段，提高城市基层精细化治理、精准化服务水平。探索建立市、区县、乡镇三级数字化运行和治理中心、突出三级贯通、多跨协同、一体运行，完善感知预警、决策处置、监督评价、复盘改进的闭环工作体系，加快提升数字化城市运行和治理中心实战能力。将基层党建和基层治理有机融合，以数字化治理为支撑，围绕体系梳理核心业务，打造信息汇聚"高地"，加强各信息平台的深度运用，整合信息资源，加强情报信息采集，广泛收集基层社会治理数据，高效化解各类矛盾纠纷，真正用大数据服务支撑维护安全稳定。

图6.2　双福街道基层治理指挥中心统筹调度"141"基层智治体系有序运行

四是加强矛盾调处。深化新时代"枫桥经验"重庆实践，打响社会矛盾纠纷化解处置3年攻坚战，深入推进信访法治化，开发运行"法治·矛盾纠纷多元化解"应用，出台《关于加强诉源治理推动矛盾纠纷源头化解的意见》《加强诉源治理推动矛盾纠纷源头化解的具体措施》等系列文件，推动构建三级联动调解网络体系，全力推进矛盾纠纷实质性化解。

图 6.3　几江街道武城社区人民调解委员会正在调解矛盾纠纷

（五）推动江津高质量发展的客观需要

作为全市的人口大区、经济大区、工业强区，江津区一直保持着稳中求进、稳中向好的发展态势。进入新时代，长江经济带、成渝地区双城经济圈、西部陆海新通道和国家战略腹地建设等重大战略相继落地，为江津高质量发展带来重大机遇、注入强劲动能。但江津同时集大城市、大园区，大农村、大山区于一体，高质量发展所面临的风险挑战很多，基层治理的压力较大。

一是社会治安管控难。全区流动人口49万余人，其中少数民族接近1.4万人，社区矫正人员、严重精神障碍患者等治安重点人员2万余人，重点人群全时段、全覆盖管控难度较大，影响社会治安的不确定性因素突出；立体化智能化社会治安防控体系建设进度滞后，导致部分群众对社会治安的需求不能及时得到满足，在一定程度上影响群众安全感。

二是维护稳定任务重。房地产领域，恒大、"类恒大"在津项目占全市该类项目的21%，保交楼、保稳定压力较大；非法集资历史遗留问题较多，有些属于陈案难案，有些则是经济下行期新暴露出来的案件，考验化解稳控水平；此外，婚姻家庭、邻里纠纷、征地拆迁等领域矛盾纠纷数量占比大，导致全区信访、诉讼总量高位运行。

三是公共安全风险多。全区机动车尤其是货车、运输车辆保有量位居全市前列，道路交通事故多发频发；辖区内山高林密、江河纵横、伏旱水患、森林山火、地质灾害易发多发，亟待群防群治；重点企业点多面广，共有工贸企业470家，其中危化品企业107家（含加油站）、非煤矿山25家，安全生产监管责任重大。这些严峻形势迫切需要我们加强和创新基层治理，确保社会大局稳定，为高质量发展夯实基础。

综上所述，按照宪法法律规定和国家治理体系，应当以村社区为基础加强基层治理，发展民主协商自治；另外，由于人口流动、城市化加速，基层群众自治又面临虚化弱化等问题，不利于维护改革发展稳定大局。因此，要按照习近平总书记"大家的事由大家商量着办"的指示要求，转变政府包办一切的思维方式，推进党建引领下的基层民主协商自治，积极鼓励和支持各社会主体参与社会治理，实现民事"民议、民定、民管、民享"，让社会治理从"为民做主"向"让民做主"转变，从"单一管"向"多方治"转变，实现共驻共建、共治共享。

四 "三会"解"三事"工作法做法的主要内容

为推动基层群众自治制度落地落实，促进基层民主协商自治提质增效，江津区既注重全区"一盘棋"，统筹完善有关制度机制和工作保障；又鼓励基层改革突破，依托镇街、村社和网格开展不同层级的实践探索。

（一）"党建为统领、网格为依托、有事好商量，'津'事就地了"新时代"枫桥经验"江津实践

1. 坚持党建为统领，做到基层治理组织引导、群众参与

充分发挥党组织在基层治理中的领导核心作用，积极调动各方力量有序参与基层社会治理，着力构建党委重视、党员带头、群众参与的基层治理格局。

一是优化治理组织体系。坚持基层党建贯穿基层治理全过程，实施江津区加强和创新基层社会治理六项行动，设立党建统领基层治理工作联席会议机制，由区委主要领导担任召集人，建立起党委统揽、专门机构牵头、职能部门配合、各级党组织联动、群众和社会共同参与的党建统领、多跨协同基层治理新体制。创新设置城市小区特色支部、网格支部、微网格（楼栋）党小组，把党的组织体系与网格、单元建立相应匹配，横向链接住宅小区、业主委员会、物业服务企业多方党组织网络，构建起上下贯通、左右联动、网状覆盖的组织体系。

二是汇聚治理工作力量。充分发挥党员先锋示范作用，扎实开展在职党员"双报到"和无职党员设岗定责，引导党员主

动到社区亮身份、领岗位，推动干部下沉网格、小区参与基层治理，全区1.1万余名在职党员回社区报到，认领纠纷调解等基层治理志愿服务岗位1.2万余个，帮助群众解决实际问题1.5万余件。坚持党建带群建，构建"街道—社区—网格"三级群团站点，建立"职工法律之家""津新驿站""妇女儿童维权站"等议事协商场所，推动机关事业单位党群服务资源、团员青年力量、青年志愿者等群体深度参与基层治理。

三是搭建治理参与平台。走深走实新时代党的群众路线，积极拓宽基层各类群体有序参与基层治理渠道，建立完善"积分制""院落制"等群众参与形式，创新搭建乡情茶话、村民说事点、协商议事堂、讲理坝等议事平台，着力打造群众广泛参与的社会治理共同体，切实让群众在基层治理中"唱好主角"。

2. 坚持以网格化为依托，做到矛盾问题快速感知、快速处置

全力推动网格治理实体化、实效化、实战化，推动实现"网中有格、人在格上、事在格了"。

一是划小网格单元。着眼解决协商半径过大的问题，坚持"就近、灵活、有效"的原则，探索构建"最小单元"作战体系，按照50—80户为标准，整合民政、城管等各类基层网格，建立楼栋、院落、楼层邻里、"十户联防"等微网格2825个，形成"村社区—小区网格—楼层楼栋微网格"治理体系。同时，推动党支部书记、党小组长兼任网格长、单元长，实现"双向进入、交叉任职"，有效提升网格队伍的领导力、组织力、执行力。

二是新建专属网格。以创新网格化服务管理为着力点，在城区按照行业属性划分商铺、机关企事业、教育培训、医疗卫生四类专属网格，专属网格根据自身行业特点分类明确其职能职责，实现居民网格、专业网格"两网"无缝对接、全面覆盖。数据显示，在划定专属网格的区域，刑事案件、纠纷类治安案件同比分别下降34.5%、9.43%，信访总量下降近60%。

三是赋能网格治理。强化信息化支撑，打造"指挥中心+大数据+网格化"治理模式，线下整合机关干部、社区民警、小区在职党员、社会工作者、志愿者等力量，精准摸排网格人、地、物、事、情，动态采集"一标三实"信息，及时感知矛盾纠纷；线上由网格员将数据情况接入基层治理平台，指挥中心对矛盾纠纷、群众诉求等事件进行限时回应，实现一站式接收、科学分类、闭环处置，目前已形成1分钟接收、2分钟分拨、5分钟到达现场、10分钟初处置能力，有效将矛盾纠纷化解在早、化解在小。

3. 坚持以民主协商为关键，做到矛盾纠纷提前预防、及时化解

健全完善社会治理群众参与机制，引导群众通过民主协商表达诉求、解决问题，构建起"遇事好商量、有事好商量"的群众参与社会治理新格局。

一是构建"三会"解决"三事"机制。搭建镇街联席会、村社评议会、网格邻里会"三级议事平台"，由党组织牵头，召集涉事人员和单位，常态化、规范化召开民主协商会议，通过共同协商"出主意"、多方联动"协同办"、张榜

公示"大家评"、"三步议事法",着力解决"公事""共事""家事",实现问题"发现—分析—解决—评价—反馈"全过程精准闭环解决。

二是构建大调解机制。健全区、镇街、村社三级调解机制、阵地和人手,做实区大调解中心、16个行业调委会,规范运行30个镇街调解室和301个村居调委会,配备派出所专职调解员、镇街专职调解员、道路交通领域专职调解员140人。完善诉调、警调、访调、复调、检调、行调"六调联动"和"一庭两所"对接机制,规范"321"闭环调解和司法确认程序,让调解逐渐成为群众解决矛盾纠纷的首选,近三年调解总量翻了一番。建立"受理登记、引导分流、移交调处、跟踪回访"调解全过程闭环机制,创新网上全程调解新模式,实现线上线下"双网式"调解,实现"信访总量明显下降,民事诉讼案件明显下降,群众满意度上升"。

三是构建院坝协商机制。将"群众有事找政府"转变为"政府主动来办'事'",全力推动党员干部下沉到一线,广泛开展下访接访,积极征集群众意见建议,开展宣讲,解读上级文件政策、会议精神,现场解决群众反映的问题、反馈群众反映问题的办理情况、组织群众集思广益互帮互助,提升企业、群众、基层的幸福感、获得感。

(二)以"三会"解决"三事",厘清权责边界提升治理效能

1. 三事分流细化议事内容

一是界定责任类别。将政府管理、公共服务、基础设施8

项界定为"公事",主要包括:①政府管理事项和基本公共服务事项;②社会经济发展规划和区域产业调整;③重大基础设施建设和重大民生实事;④重大安全隐患和重大矛盾纠纷调处;⑤重大公共创建和重大公益活动事务;⑥重大公共卫生安全和生态环境保护;⑦抗洪抢险自然灾害和突发事件应对;⑧辖区内社会面涉及较大的其他事项,由街道党工委、办事处牵头推进落实、负责解决。将居民之间的共同事务、业委会、物业企业依法履职行为规范、集体资金资产资源"三资"管理8项涉及社区居民共同事务界定为"共事",主要包括:①社区治理单元内居民之间的共同事务;②辖区内经济社会发展规划和年度计划;③业委会、物业企业依法履职行为规范;④社会矛盾、公共卫生、安全信访稳定;⑤市容市貌、创建活动、社区环境保护;⑥社区协办的社会福利事业和公益事业;⑦集体资金、资产、资源"三资"管理;⑧涉及本社区基层民主自治的其他事项,由社区党委主导,社区自治组织、社会组织和社区单位共同协商解决。将个人事务、法定义务8项与居民自身相关的事项界定为"家事",主要包括:①社区网格单元内涉事居民及相关业主的个人事务;②业主不履行"按时交纳物业服务费"等法定义务;③小区绿化、供排管网、文体设施等公共资源管理;④小区内消防通道堵塞、飞线充电、乱停乱放行为;⑤乱搭乱建、乱贴乱画、乱倾乱倒、乱踩乱挂行为;⑥高空抛物、宠物散养、损坏公物、破坏小区环境;⑦红白喜事、邻里纠纷、噪声扰民、违反管理规约;⑧业主与业委会、物业服务企业之间矛盾纠纷事项,由网格邻里协商,引导群众自行解决或寻求市场服务。

二是商议责任清单。遵循"上下互动、民主协商、依法界定"的原则,组织部门牵头,街道结合实际拟定"三事分流责任清单"指导目录。后由社区党组织牵头,以网格为单位,对本社区或居民小区公事、共事、家事的具体类别或事项进行梳理,形成社区公事、共事、家事分类细则24条,并在全区范围内推广实施。

三是强化责任意识。利用院坝会以及融媒体平台,向群众广泛宣传"三事分流"的主要内容、意义等,引导群众知晓公事、共事、家事范畴,强化参与协商意识。各镇街、村社通过积分兑换、张榜公示、组织群众性兴趣活动等途径完善公共利益驱动和协调机制,增进群众间缺乏情感认同、日常生活联系和共同利益追求,把群众凝聚到以街道、村社党组织为核心的基层组织中来,增强了基层党组织的领导力组织力。

2. 三级会议明确议事主体

一是街道联席会实现"公事共办"。街道党工委牵头,由共建单位、社区党组织等组成,成立街道党建统领基层治理工作联席会,原则上一季度召开一次联席会,必要时临时召开,协商解决政府管理事项和基本公共服务等"公事",对街道不能协调解决的,由区党建统领基层治理工作联席会议协调解决。

二是社区评议会助推"共事快办"。社区党组织牵头,由"两代表一委员"、网格长、金牌调解员、物业企业、民情信息员、民主监督员、群众代表等组成社区评议会,原则上一个月召开一次,也可据实临时召开,协商解决本社区居民之间的共同事务等"共事"。

三是网格邻里会引导"家事自办"。网格党组织牵头，成立由网格长、网格指导员、专（兼）职网格员、民情信息员、调解员，以及网格党员、热心居民、志愿者等组成的网格邻里会，由网格长主持或根据实际由相关人员主持，首先按照"三事分流"原则研判议题事项，属于"共事"及以上范畴的，报社区评议会办理；属于"家事"范畴的，在本网格民主协商解决。对经议定属于"家事"的群众诉求，鼓励群众自力更生或通过市场途径解决，并尽力帮扶困难家庭和个人。

3. 三步闭环规范议事程序

一是共同协商"出主意"。会前，公示议事议题和时间，广泛吸引群众参与协商议事；会上，参会人员先围绕议题充分发表意见，形成初步解决方案，再进行讨论表决，以少数服从多数及时达成协商实施方案。

二是多方联动"协同办"。协商实施方案生效后，由召集主体负责协调相关单位、组织实施办理，主要由物业、小区党支部和社区、街道以及相关区级部门共同办理，并在规定期限内向协商主体、利益相关方面和居民反馈落实情况。

三是张榜公示"大家评"。实施方案办理结束之后，将办理结果在街道、社区和网格进行张榜公示，接受居民监督评价。选聘区人大代表和居民代表为民主监督员，建立"家事"由当事人评价、"共事"由居务监督委员会和民主监督员评价、"公事"由街道人大工委和民主监督员等多个维度的评价监督机制，对议事结果进行追踪问效，实现问题"发现—分析—解决—评价—反馈"的全过程精准闭环。

图 6.4　2023 年 12 月 4 日，以"三会"解决"三事"专题研讨会在江津召开

五　成效和启示

（一）改革成效

随着"党建为统领、网格为依托、有事好商量，'津'事就地了"新时代"枫桥经验"江津实践不断深入，特别是以"三会"解决"三事"基层民主协商自治的充分发展，江津区党建统领基层治理持续加强，各类风险得到有效防控，人民群众安全感满意度不断攀升。

1. 治理理念不断深化强化

牢固树立和贯彻创新发展理念，持续深化实践探索，对社会治理思路理念的认识进一步深化，民主协商充分发展。坚持以党建为统领，以网格化为依托，做实基层民主协商自治，1.1 万余名在职党员干部回社区报到，组织广大群众共建共治共享，最大限度地发展基层直接民主，保障人民依法直接行使民主权利，"有事多商量、遇事好商量"成为全社会共识。矛盾调解提档升级。坚持将调解作为防范化解社会矛盾的第一道防线，有效解决组织散、力量弱、工作虚等突出问题，健全落实区、镇、村三级调解机制、阵地和人手，近三年调解总量翻了一番，"调解出手、群众握手"从预期变为现实。基层基础持续夯实。坚持以镇街、村社为主阵地，加强基层站所硬件建设，配齐社区民警、网格员、村社法律顾问等基干力量，常态加强政治轮训和业务培训，平安江津基层基础更加扎实。

2. 治理体系不断健全完善

紧扣"一升两降"目标，不断完善党委领导、政府负责、民主协商、群团助推、社会协同的社会治理体制。党委领导贯穿始终。书记、区长亲自担任区委平安建设领导小组组长、副组长，研究出台《江津区社会治理"十四五"规划》等纲领性文件，为试点工作把脉定向。政府负责主动作为，着力优化基本公共服务，持续推进简政放权，民生投入累计投入近20亿元，政务服务"一窗综办"业务效率提高近五倍，营商环境述职评议满意率达99.6%。群团助推成色更足，工会、共青团、妇联、法学会等群团组织积极向社会化、服务型转变，在疫情防控、矛盾调解、未成年人保护和心理健康服务等社会事务中发挥重要作用。社会组织作用突出，全区登记社会组织561个、社区社会组织2542个、社工机构16家，新时代文明志愿者超13.5万人。各类社会组织在化解矛盾、维护稳定等方面的活力进一步释放。群众参与越来越广，"邻里会""讲理坝""积分制""院落制"等群众参与形式更加丰富；决策评估、融媒问政、第三方民调等群众参与渠道更加畅通，群众真正成为社会治理的最广参与者、最大受益者、最终评判者。

3. 治理方式不断创新发展

坚持政治、法治、德治、自治、智治"五治"结合，系统治理、依法治理、综合治理、源头治理一体推进，社会治理"工具箱"更加完备。网格治理精细化，年均投入2200万元，城乡社区和行政村配备4100余名专兼职网格员，配齐配强"1+3+N"网格治理团队，做细做实网格服务管理，社会治理更具颗粒度。矛盾调解体系化，成立区大调解中心，建立各级各类调委会，完善多调对接机制，形成"6+N"工作格局和"321"分级联调模式，矛盾纠纷大调解体系初步形成。治理阵地规范化，坚持"条抓块统"，投入500余万元规范化建设三级综治中心，推动平安建设、应急、信访、调解、法律服务、心理咨询等多条线要素整合，为迭代升级"141"体系打下坚实基础。科技支撑实战化，自主研发二维码门楼牌基础信息采集应用，建强"一标三实"数字城市基座，整合居民共享"平安江津·雪亮乡村"视频监控终端4.7万余路，提升了社会治理前端感知能力。典型示范多样化。因地制宜探索"新三会"和"六小工作法"等微治理场景，升级城市"津管家""办不成事反映窗口""车载法庭+在线司法确认"等行业治理特色品牌。鼎山街道以"三会"解决"三事"做法获市委书记袁家军批示肯定，"五员共治"微治理做法被中央政法委专刊刊发。

4. 各类风险不断化解稳控

坚持减存量、控增量、防变量，有序化解一般风险，有力稳控较大风险，群众安全感连年走高。政治安全持续巩固。坚决把政治安全放在首位，深化"四大工程"和系列专项行动，防范抵御敌对势力渗透破坏，严打暴恐分裂活动，有力铲除邪教和非法宗教滋生土壤，未发生有影响的政治安全事件。社会矛盾化解有效。运用法治思维和法治方式，疏导稳控恒大、"类恒大"利益群体，稳妥处置化解非法集资案件，攻坚化解仿冒出租车诉求群体，有力应对双福国际农贸城三轮车收费、中山古镇火灾等突发事件，重大涉稳风险平稳可控。社会治安稳中向好，深入开展电信网络诈骗、打击农村地区赌博、侵财犯罪、命案防控、预防未成年人违法犯罪专项治理，实施重点地区挂牌整治，常态化扫黑除恶综合排名全市靠前，1.8万余名特殊重点人员在管在控。公共安全更加稳固，深入落实领导干部安全生产责任制，推进安全生产专项整治三年行动集中攻坚，常态开展自然灾害等公共安全风险动态监测，健全突发快响工作机制，实时预警处置能力有了新提升。网络安全态势平稳，更加重视净网护网工作，健全完善依法办理、舆论引导、社会面管控"三同步"工作机制，落实重大突发和热点舆情快速响应与协同处置工作机制，妥善处置各类敏感热点舆情，未发生重大负面舆情。

（二）经验启示

1. 党建统领要通过具体人具体事可感可触

习近平总书记强调，要坚持和发展新时代"枫桥经验"，推进以党建引领基层治理，充分发挥基层党组织战斗堡垒作用和党员先锋模范作用，推进基层治理体系和治理能力现代化。江津区注重将基层党组织建到网格上，建立1029个网格党支部、8817个网格（小区、院落、楼栋）党小组，让基层党组织网格全覆盖。同时抓住广大党员这个关键,细化优化"双报到"机制,让在职党员下沉到小区和网格、微网格,平时聚焦群众急难愁盼问题,组织引领群众开展协商共治,防范化解矛盾纠纷;疫情防控、抢险救灾等突发紧急情况下则按照报到地编组使用,服从所在镇街、村社和网格党组织的统一调度指挥。正是通过组织发动每名党员沉下去、一起做,在每一处治理场景、每一起矛盾纠纷、每一次急难险重任务中亮身份、勇担当、善作为,才使一件件人民群众的揪心事、烦心事、闹心事变成"顺心事",也才让群众对基层党组织和党员干部的信任信赖更加深厚,从而让党建统领的政治优势、制度优势和组织优势全面转化为治理效能。

2. 网格治理重在做实微网格、细化颗粒度

习近平总书记强调,要坚持和完善新时代"枫桥经验",加强城乡社区建设,强化网格化管理和服务;要构建网格化管理、精细化服务、信息化支撑、开放共享的基层治理平台。江津区把网格治理作为基层治理的基础工作,实施网格治理大整合行动,逐步调整优化网格设置,缩小网格治理半径,形成"社区(村)—网格(小区、院落)—微网格"体系,并通过"1+3+N"的力量配置,推动党政机关干部职工下沉网格开展服务,让网格幅度与服务能力更匹配、更契合。针对城市小区邻里不熟的问题,在小区高层建筑按楼层、花园洋房按单元划分微网格,分别建立微信群沟通交流,实行线上线下"双网格"运行,切实将自治单元细化到楼栋、单元和楼层,实现刑事治安警情、物业纠纷、生活纠纷、装修纠纷等矛盾纠纷大幅下降。正是通过主动回应城市化背景下人口流动、邻里陌生等

基层实际，注重充实网格治理力量，从微观治理单元细化颗粒度，从基本公共服务、小区（网格）公益事业等维度链接和影响每一个个体，才使群众意愿和内生动力最大限度地得到释放，也让协商共治有了坚实基础。

3. 共商共治必须突出制度化、程序化

习近平总书记强调，要完善社会矛盾纠纷多元预防调处化解综合机制，把群众矛盾纠纷调处化解工作规范起来，让老百姓遇到问题能有地方"找个说法"，切实把矛盾解决在萌芽状态、化解在基层。江津区把建立完善群众参与机制作为化解矛盾纠纷的重中之重，一方面倡议和号召群众积极主动、理性平和参与社会公共事务的协商共治；另一方面探索出"三事分类""三会分级""三步议事"的协商方法，让公民有序参与民主协商，确保了协商的有效性、持续性。正是通过持续完善基层治理领域的治理群众参与机制，引导群众通过民主协商表达诉求、解决问题，才进一步激发了蕴藏在群众中的无穷智慧和伟力，为一些遗留多年、曾经"无解"的重难点问题找到了解决方案，从而营造出"遇事多商量、有事好商量"的良好氛围，让基层社会逐渐从"单一管"向"多方治"转变。

4. 化解矛盾必须发动群众，更要依靠群众

习近平总书记指出，要坚持好、发展好新时代"枫桥经验"，坚持党的群众路线，正确处理人民内部矛盾，紧紧依靠人民群众，把问题解决在基层、化解在萌芽状态。江津区坚持以人民为中心，充分发动群众参与协商议事，选聘区人大代表和居民代表为民主监督员，建立"家事"由当事人评价、"共事"由居务监督委员会和民主监督员评价、"公事"由人大街

道工委和民主监督员评价等多个维度的评价监督机制，对议事结果进行追踪问效，实现问题"发现—分析—解决—评价—反馈"的全过程精准闭环，让群众关心的每一个问题都能得到解决、得到及时回应。正是因为始终把人民群众高不高兴、满不满意作为评价协商议事质效的终极标准，才使广大人民群众的参与权、监督权、评价权更有保障，让群众真正成为基层民主协商自治的主要参与者、最大受益者和最终评判者，也才让基层民主协商议事具有了可持续发展、可复制推广的强大生命力。

六　典型案例

（一）案例：网格邻里会引导"家事自办"

2023年8月，江津区圣泉街道阳光城小区10栋业主通过网格邻里会协商，成功化解10栋1层"好又好"食品经营部占用公共空间的矛盾纠纷。

圣泉街道阳光城小区位于江津区滨江新城，共有房屋3100余套，实际入住仅1130户、2430人，周边商业也还没有形成气候，业主日常所需的油盐酱醋等生活物资，往往需要驱车到1—2千米外的超市去采购。

任大姐从国企退休后，买了10栋一楼的房子，是最早入住的那批业主。看到大家买东西不方便，索性将自家的客厅打开，摆上货架，开起了"好又好"食品经营部，成为小区内唯一的便民超市。

随着入住业主越来越多，任大姐在经营日常用品基础上，还在小卖部门口的过道、绿地上摆放置物架，将其拓展为小区的快递存放点、线上买菜提货点，便利了小区居民，得到大部分居民的认可。但是，"好又好"食品经营部实质上是在占用公共空间、占用绿地的情况下经营快递存放等业务，再加上随着业务越来越广，环境卫生也难以保持，快递、货物等杂乱堆积、阻塞过道，造成居民通行不便，引发 10 栋部分住户不满，针对任大姐的投诉也越来越多。

对照"三事"划分，"好又好"食品经营部与邻里间的矛盾属于"家事"。小区党支部书记、专职网格员张平组织投诉的住户和任大姐碰头召开网格邻里会，商量解决办法。会上赞成和反对小超市继续存在的业主数量不相上下，反而是任大姐觉得很委屈："本来开这个小卖部就是为了方便大家少跑路，如今还被投诉。我又不缺那几个钱，不如直接关店算了。"

"一关了之"固然省事，但并不解决问题，反而加深业主间的对立情绪。纠结之际，业主王律师建议根据《民法典》相关规定投票表决。《民法典》第 28 条规定，业主共同决定改变共有部分的用途或者利用共有部分从事经营活动，应当经参与表决专有部分面积四分之三以上的业主且参与表决人数四分之三以上的业主同意。因此，网格邻里会商定得出解决方案，任大姐提出改变共有部分用途的书面申请，由微网格长线上、线下征求 10 栋 230 户业主的意见，159 户同意，超过《民法典》规定双"四分之三"的要求。

最后，社区党支部、业主代表、物业联席会根据表决结果商定：一是同意"好又好"食品经营部维持现状，保留存放快递、货物的置物架；二是对"好又好"食品经营部占地占绿区域划线拍照存档，业主任大姐不得擅自变更区域；三是由物业加强管理，业主若要在小区内开设小卖部，需遵守《民法典》规定要求，不得擅自经营。

这个解决方案于法有据又合情合理，原先持反对意见的住户也大多缓和了态度，表示认可并不再投诉。在得到大家的理解和支持后，任大姐主动承担了一楼公共区域的卫生保洁工作，并为10栋的邻居提供物品寄存、代买、送货上门等服务。如今，"好又好"食品经营部秩序规范、卫生整洁、生意好、人气旺，业主日常生活依然便利，小超市还成了邻里闲聊的公共空间。

（二）案例：社区评议会助推"共事快办"

鼎山街道长风社区是20世纪60年代国企建厂安置职工所修建，原国营长风机器厂曾经在此建厂生产60年，在厂区周边形成了以长风厂产业工人及其家属为主要居民的长风社区。长风家属区是典型的老旧小区，无物业管理，最先由国有企业长风厂管理，2003年长风厂整体搬迁后被移交给长风社区托管。经历了长期的"企业办社会"，长风家属区居民养成了凡事"公家兜底"的习惯，在家属区移交给社区后，矛盾纠纷日益凸显：由于企业不再负责路灯、道路、管网等一系列公共设施的维修维护，公共设施年久失修、房屋建设老化等问题日益严重，而且大量外来车辆的进入导致停车秩序也越发混乱，许多家属区居民下班后无处停车，陆续有居民反映楼院出口被小车占据，严重影响居民出行且堵塞消防通道。社区无力解决该问题，导致居民投诉不断，社区干部无助、无法、无奈。

从个体层面来看，停车难是居民的"家事"，但随着事情的动态发展，停车难逐渐影响到社区管理——因为居民私自设卡禁止外来车辆进入导致频频产生冲突。停车难成为社区的"共事"。

如何解决这个"老大难"问题？长风社区按照"三会"解决"三事"流程，通过基层民主协商机制来解决。一是召开网格邻里会，倾听居民的意见建议。二是召开社区评议会，由居民商议提出解决方案，社区党组织牵头评议方案是否可行。

2021年12月至2022年4月，长风家属区共组织召开网格邻里会15场，通过网格邻里会对停车管理征求居民意见，但数据出人意料，仅有20%的居民同意停车治理。占车位的不想交费、业主要比租户少交费、长风家属区老职工不该收费或者该有减免优惠等意见不一。经过网格员多次上门走访，大家坐下来慢慢谈，说问题、摆事实、谈长远，协助网格员制定出《长风家属区公共车位停车与收费管理制度》。于3月开始至4月以书面征求意见形式上门征求意见，最终以1473票同意，社区评议会认定方案可行，通过《长风家属区公共车位停车与收费管理制度》。

自长风家属区正式启动停车收费管理后，共计产生公共收益16万元，均用于前期道闸系统建设、公共路灯电费缴纳、污水管网疏浚等民生事务上，集中解决了居民提出的"共事"15件，长风家属区停车管理效果明显，居民纷纷点赞。

"三会"解"三事"制度，通过根据利益相关范围合理划分群众事务及矛盾纠纷，搭建三级平台分级分类协商处置群众事务，实现群众共事共商有组织、有阵地、有机制、有成效。

图6.5　长凤社区就停车收费问题召开社区评议会

（三）案例：街道联席会实现"公事共办"

往返636步台阶，垂直高度50米……鼎山街道维多利亚小区依山傍水，鸟瞰长江，环境优美，但小区人行步道梯坎沿山势而建，50余米高的爬坡道，一共修了318步梯坎，出行极为不便，该小区的居民对那条通往滨江路的梯步心有余悸，"下不来也上不去"，"望山却步"成了小区居民的老大难问题。

"每出行一次来回600多步，每次爬上爬下都要歇五六次，到滨江路散步、买菜，都是一种奢望。"维多利亚小区业主委员会副主任李厚群介绍，由于小区地形特殊，出行成为困扰大家的最大难题，一级又一级的阶梯仿佛是幸福生活的"拦路石"。

近年来，维多利亚小区业主陆续入驻，网格员在维多利亚小区开展入户走访的时候，了解到小区居民在步梯处加装电梯的强烈愿望，将此事反馈至社区。随后，社区工作人员和驻社区街道干部等一行又到小区进行实地调研，收集各户居民对加装电梯的意见建议，现场听取小区业委会有关小区加装电梯事宜的情况介绍，了解到加装电梯面临规划、市政、安监等部门如何协调，资金如何筹措、后期如何维护管理等一系列难题。

鼎山街道快速响应，经研判，将维多利亚小区加装电梯一事判定为"公事"，明确由街道统筹区级相关部门，以社区为主体进行办理。街道邀请区规划自然资源局、区住房城乡建委、区城市管理局、区应急管理局等部门指派专人参与此项工作，共同商讨电梯加装的政策、技术支撑、安全环保等问题。在区级各部门、街道、社区、物业协同配合下，共召开街道联席会8场，会上各部门、业委会、政协委员、群众代表等对项目审批、规范施工、安全监管、维护管理等进行深入探讨，最终形成电梯加装建设工作方案。

电梯安装费用不是小数，由谁出？面对资金问题，桃园社区党委和维多利亚小区业委会充分调动业主积极性，召开网格邻里会13场，动员居民自发捐款，同时发动小区在职党员、退休干部、企业家等进行筹资，从200元、500元到10万元、20万元……仅仅半个月时间，筹集资金160万元。2024年元旦，经过半年的修建，维多利亚小区出行电梯成功投用，业主们出行爬坡上坎的烦心事得到彻底解决。

维多利亚小区"天梯"变电梯，是一次以"三会"解决"三事"的生动实践，小区加装电梯本是公事公办，但过程中小区居民主动参与、自发筹款，体现了"反应式管理"到"参与式治理"的转变。"三会"解决"三事"通过制度设计，厘清了政府、社区和群众在基层治理中的责任界限,让各类基层治理事务实现"政府的归政府、社区的归社区、群众的归群众",开辟了更加多样、契合基层实际的参与渠道,推动群众成为基层治理的主要参与者、最大受益者和最终评判者,扭转以往"政府大包大揽、社区眉毛胡子一把抓"的现象,推动了"为民做主"向"由民做主"转变。

重庆江北指标分析和"老马带小马"

近年来，重庆市江北区深入学习贯彻习近平总书记关于坚持和发展新时代"枫桥经验"的重要指示精神，高站位统筹谋划，高起点整体布局，将《深化新时代"枫桥经验"江北新实践，提升社会矛盾纠纷预防化解能力重点举措》细化完善为121项重点举措和16项创新项目，扎实推进，工作体系更加健全，源头预防、排查预警、多元化解等机制不断完善，基层基础持续夯实。"老马带小马"带出新高度，"'老马带小马'发展解纷队伍工作法"入选全国"枫桥经验"先进典型，并获全市改革发展最佳实践案例提名奖，"老马"马善祥获得习近平总书记亲切接见。市域社会治理现代化试点完美收官，试点经验获评全国65佳优秀创新经验。迭代升级西部金融法律服务中心，获评全市政法领域改革"十佳实践"，有关经验做法被中央政法委《政法调研报告》刊发。新华社内参《高管信息》两次深度报道江北政法工作。新华社、《人民日报》、央视新闻、央视法治频道、《法治日报》、《重庆日报》、《民主与法制时报》等重点央媒、市媒报道相关工作185次。

一　江北区基本情况

重庆市江北区地处中心城区腹心，是全市经济活动最频繁、开放资源最富集、营商环境最优越的发展引擎之一，荣膺"全国文明城区""国家食品安全示范城市"，蝉联平安中国建设最高奖"长安杯"，有塔山牛皮席、五宝窖酒等特产。江北区由1955年重庆市第二区更名而来并沿用至今，地处长江、嘉陵江两江之北，自西向东呈长条形带状分布，长江岸线49.5千米、嘉陵江岸线19.6千米，面积220.8平方千米，辖9街3镇，常住人口94.74万人，城镇化率99.45%。

文化底蕴深厚。盘溪无铭阙、测候亭等古迹遗存丰富，巴渝文化、抗战文化、兵工文化交融相汇，保定门、三洞桥、寸滩老街等串成"文化珍珠链"，不夜九街、北仓等文创项目丰富多元，重庆大剧院、重庆科技馆等文化设施星罗棋布，拥有不可移动文物保护单位55处，国家级、市级非遗项目9项。大夏政权创建者明玉珍的皇帝墓现存江北嘴，是重庆历史上唯一一座帝陵。现代中国画大师徐悲鸿曾在盘溪石家花园居住并筹建中国美术学院，在此创作《巴人汲水》《巴人贫妇》《群奔六骏》。蜀都中学由周恩来、董必武等中共中央南方局领导于1944年创办，是当时江北地区发展党员较多、开展党的活动较活跃的主要集中地。

经贸繁荣发展。建设西部金融中心核心承载区和国际消费中心城市首选区蹄疾步稳，金融业支撑有力，聚集金融机构超500家，金融资产规模约3.5万亿元，境内外上市企业15家；

商贸业加速转型，中环万象城等重点项目在建，进出口总额占全市超 10%，观音桥商圈日均人流量 50 万人次、节假日突破 100 万人次。先进制造业提质发展，汇集长安、赛力斯、深蓝、阿维塔等五大整车企业，新能源汽车产量占全市超 50%，以重头海尔为代表的家电产业规模占全市超 30%。数字经济发展方兴未艾，数字重庆应用开发中心投入运营，规模以上信息服务业规模、电子商务交易额居全市前列。

城市风光秀美。长江与嘉陵江两江环抱，铜锣山与明月山黛青水秀，主城绿肺铁山坪入选"重庆十大新名片"，鸿恩寺森林公园成为主城观景台，五宝镇蕴含生态绿色之美，镶嵌出一幅天然的"两江（长江、嘉陵江）三山（铜锣山、明月山、鸿恩寺城市山体）四景（街景、江景、绿景、夜景）五河（栋梁河、御临河、双溪河、朝阳河、盘溪河）"风景图。标志性项目加快推进，北滨路东延伸段建设拉开大幕，城市地标江北嘴金融中心加快推进。城市更新品质彰显，不夜九街成为"夜经济"地标，北仓、九街等特色街区游人如织，6 千米江滩公园蝶变为"最美迎宾湾"。

民生持续改善。重点民生实事全面兑现。城镇新增就业人数超额完成市级考核任务。鲁能巴蜀中学、宏帆八中等优质教育资源覆盖面稳步扩展。区人民医院、中医院在一年内成功晋升三级甲等医院。老年助餐服务试点经验获全国示范推广。

社会和谐安定。超大城市核心区治理探索创新，区级数字化城市运行和治理中心实体运行，"一中心四板块一网格"基层智治体系建设落地，"老马带小马"进社区、党建引领化解物业矛盾进小区、党建统领网格治理"三个全覆盖"走深走实，成功创建"全国市域社会治理现代化试点合格城市"。

对外开放活跃。中新互联互通项目、重庆自由贸易试验区等平台叠加，拥有全国第一个内陆保税港寸滩保税港、全国最大内河"水铁公"联运枢纽港果园港，新建成西部金融法律服务中心、西部金融培训中心，每年举办江北嘴新金融峰会等全国性重大活动。最高人民法院第五巡回法庭、西部唯一商标审查协作中心、全市首家民营小微企业首贷续贷中心落户扎根，南洋商业银行、中国中铁西南区域总部、京东集团战略合作项目、炬玺旗华等大商好商相继落地，市场主体总量达到12.8万户。

2023年，完成地区生产总值1744亿元、同比增长6.7%，全体居民人均可支配收入达5.5万元、同比增长4.3%，一般公共预算收入80.33亿元、同比增长19.6%，固定资产投资310.3亿元。2024年第一季度，完成地区生产总值446亿元、同比增长7.5%，全体居民人均可支配收入16630元、同比增长4.6%，一般公共预算收入20.2亿元、同比增长11.4%，固定资产投资58.3亿元。

二 若干指标数据分析

为直观呈现江北区有关工作成效，对照2024年全国新时代"枫桥经验"指数指标体系，对部分指标情况作简要分析。

（一）"一网通办率"

"一网通办"是指依托重庆市一体化政务服务平台"渝快办"，统一事项标准、统一系统对接、统一数据共享、统一服务体验、统一效能监管，实现企业群众办事线上"一点登录、全网通办"，线下"一窗受理、综合服务、最多跑一次"。"一网通办率"计算公式：已实现"一网通办"办理的事项/政务服务事项总数。

重庆市政务服务事项实施要素全市统一，2023年，按照数字重庆建设部署要求，市政府办公厅牵头推进全市政务服务"一网通办"改革，全面开展政务服务事项标准化颗粒化梳理、数据归集共享和业务系统对接工作，江北区"一网通办率"由2022年的77.57%提升至2023年的83.18%。

优化建议：全面落实全市政务服务"一网通办"工作部署，加强"渝快办"平台应用和推广，依托平台"一网通办"服务能力，进一步推进部门服务窗口的整合，全面建立"一窗综办"的服务模式。结合窗口日常办件以及"我陪群众走流程"等活动，发现事项办理中存在的堵点、难点问题，提出优化意见建议并报市级有关部门，推动各事项最大限度减环节、减材料、减时限、减跑动。

（二）全国民主法治示范村

区司法局、民政局共同推荐申报创建全国民主法治示范村，并每年进行复核。五宝镇干坝村被命名为全国民主法治示范村。目前，江北区现有乡村数量少，社区数量多。2024年拟申报铁山坪街道唐桂社区创建全国民主法治示范社区。铁山坪街道唐桂社区阵地建设效果明显，建有集百姓议事厅、社区治理工作展示长廊、唐家沱历史文化长廊、社区科普环保体验馆、社区微型少年宫、社区儿童之家于一体的市民活动中心。

2022年司法部、民政部命名五宝镇干坝村为全国民主法治示范村，两年周期满后2024年正在再次申报创建。

优化建议：区司法局、民政局负责考察符合创建条件的村（社区），镇街加强指导，根据实际挖掘法治特色亮点，加强党建引领，强化自治、法治、德治和日常监督，保障法治文化阵地建设。

（三）律师万人比

辖区内现有律师事务所169家（约占全市16.5%），律师3903名（约占全市22%），2023年创收18.14亿元，律所数量、律师人数和2023年度营业收入额均为全市第一，法律服务资源聚集度高。

2022年和2023年江北区常住人口均按照94.5万人计算，截至2022年12月底，江北区有律师3148人，律师万人比为33.85；截至2023年12月底，江北区有律师3788人，律师万人比为40.08。律师万人比数据的提升，得益于江北区"营商环境最优区"的金字招牌和法律服务行业健康持续发展的积极态势，越来越多的律师和律所将江北确定为执业首选地。

优化建议：一是继续做好推广宣传，积极招商引资，促成合作，引进全国排名前列的律所入驻江北，吸引更多优秀的律师来江北执业；二是做好律师和律所的服务工作，结合"百千万"日常走访，及时解决律师和律所在执业过程中遇到的困难；三是加强执业监管，督促律师规范执业，保障行业持续健康发展。

（四）枫桥式司法所数量

"枫桥式"司法所，是"党建引领、业务过硬、设施优良、管理规范、群众满意"的一流司法所,是全面过硬的基层战斗堡垒、基层依法治理的实践平台、公共法律服务的综合平台、维护社会稳定的实战平台、经济社会发展的助推平台,具有鲜明时代特征和区域特色的司法所品牌。2023年全区成功创建1所。

江北区高度重视,立足实际,坚持一所一特色,成功打造五里店司法所为"枫桥式"司法所,全国政协副主席周强、司法部部长贺荣先后视察该所。

优化建议:结合整体工作安排以及街道人力、物力、财力等实际情况,继续打造1—2个"枫桥式"司法所。

(五)行政复议化解率

2022年,该区收到行政复议112件,其中案前调解52件,受理30件,不属于本区域管辖向其他有权受理机关转送申请27件,不予受理3件。受理案件中复议维持22件,确认违法或确认违法并责令重作5件,撤销或撤销并责令重作3件。

2023年,共收到行政复议申请169件,其中案前调解15件,受理84件,不属于本区域管辖向其他有权受理机关转送申请62件,不予受理8件。受理案件中复议维持43件,经协调和解后当事人自愿撤回复议申请25件,确认违法或确认违法并责令重作12件,撤销或撤销并责令重作4件。

行政复议化解率2022年为80%,2023年为72%,总体来看,化解率都较高。2022年之所以化解率更高主要是因为案前调解件数较多,其中有一宗集体案件(40人)调解成功,所以显得2023年行政复议化解率略有下降。

优化建议：一是大力发展"行政复议江北模式"助力打造最优营商环境。搭好企业维权"快车道"。对涉企行政复议案件，受理环节实行"即收即受"。做好涉企纠纷"灭火队"，推动复议调解成为审理涉企行政争议的必经程序，争取将行政争议化解于萌芽。建好优化营商环境"普法站"，行政复议决定作出后，采取面谈或者电子通信等方式，向当事企业详细说明行政复议决定的法律依据及事实依据，并向其普及相关法律知识，帮助企业避免出现类似的行政争议。

二是推进行政复议进基层，打通为民服务"最后一公里"。今年行政复议便民利企联系点已入驻区矛盾纠纷多元调处中心和12个镇街司法所。向群众详细介绍宣传行政复议受案范围等信息，接待现场申请，及时进行调解，极大地方便了基层群众了解和申请行政复议，打通了服务群众的"最后一公里"。

三是严格行政复议工作制度，增加透明度。根据新《行政复议法》相关要求，严格落实《江北区行政复议案件办理程序规定》《江北区行政复议听证程序暂行规定》《江北区行政复议决定书网上公开制度》《江北区行政复议案件集体讨论制度》等规定，增加听证等行政复议调查手段，加强行政复议规范化建设，进一步提高办案质量和效率。

（六）认罪认罚从宽制度适用

为进一步推动认罪认罚从宽制度常态化、高质效运行，江北区先后印发《重庆市江北区人民检察院值班检察官管理办法》《进一步加大工作力度，确保认罪认罚从宽制度高质、高效适用的意见》，建立了检察官定点联系公安机关派出所（支队）制度，与区司法局会签了《认罪认罚案件法律援助值班律师工作会议纪要》，还多次与区法院举办"推进认罪认罚从宽制度量刑建议精准化、规范化"主题研讨会，确保认罪认罚从宽制度得到高质、高效适用。2024年1—7月，区检察院在审查起诉阶段适用认罪认罚从宽制度审结1000人，认罪认罚适用率为89.61%，相比2023年同期的93.69%，下降约4%。一是共同犯罪案件较多。在未适用认罪认罚从宽制度的116人中，属于共同犯罪51人，占比43.97%；二是往年遗漏案件较多，一般来说，办案期限的长短和案件的难易程度存在正相关关系，受收案时间特点和办案节奏等影响，区检察院承办人往往在岁末年初之时着手处理前期遗漏的疑难复杂案件，经统计，这类案件有95人，占比高达81.9%；三是考核指标发生变化。2024年，最高检再次修订《检察机关案件质量主要评价指标》，确定认罪认罚适用率的通报值为80%，以此进一步引导各级检察机关树立正确的政绩观，坚持严格依法、实事求是，让办案人员不为数据所困，不为考核所累。

优化建议：一是转变观念，确保认罪认罚制度高质效运行。在确保认罪认罚从宽制度适用率稳中有升的前提下，按照2020年制定的"三提高、一降低"目标，即提高案件适用率、提高确定量刑建议适用率、提高量刑建议采纳率、降低被告人上诉率，推动量刑建议精准化、智能化、规范化。狠抓规范适用，对于符合该制度适用条件的，一律适用该办理，确保适用率保持在90%以上。对于未适用该制度的，在审查报告中说明理由；对于一案多人，且部分犯罪嫌疑人认罪、部分犯罪嫌疑人不认罪的案件，可以按是否认罪认罚为标准进行分案处理；

将认罪认罚从宽制度适用率纳入检察官业绩考核指标，安排专人负责该专项工作。二是把好"四关"，持续强化检察机关主导责任。把好"侦查关"，充分发挥检察机关适时介入、引导侦查的职能作用，确保在侦查阶段开展好认罪教育工作，夯实案件质量基础。把好"量刑关"，在协商基础上，提出精准的量刑建议，将各种量刑情节及加重或从宽制度都在认罪认罚过程中予以展现。把好"见证关"，推动实现审查起诉阶段值班律师全覆盖，保障律师会见、阅卷、调查取证权利，增强律师辩护、法律帮助的有效性。把好"起诉关"，对达到起诉条件的案件，依法移送法院审理；对无起诉必要的案件，依法做出不起诉决定，对于拟作不起诉的案件，通过采用公开听证的方式，主动接受各方监督，有效保障当事人的合法权益，提高司法公信力。

三 "老马带小马"工作法产生背景

重庆市江北区观音桥街道在过去30余年时间里，从一个城乡接合部的小市集和农贸物流集散地，快速发展成为现代化的商贸、商住、文化中心和交通枢纽。"老马"马善祥在观音桥街道从事基层群众工作的36年，正是观音桥地区快速发展和发生强烈社会变迁的36年，城市建设、企业转型、社会政策的不断完善、农转城、外来人口剧增以及新的城市生活带来的变化，都让观音桥的群众面临很多新问题。如何引导群众正确认识和处理这些问题和矛盾，营造城市发展的稳定环境，保证群众共享发展成果，这些严峻的挑战和任务考验着像马善祥一样的基层干部。

能帮助群众解决好这些问题的干部,就是基层群众所需要的人。36年来,马善祥立志并且成为一个群众需要的人,就是因为他始终坚持在为群众解决实际问题过程中,用国家大义、社会大义、做人的大义引领社会风尚,引导群众按社会主义核心价值观基本要求认识和分析社会问题、利益问题、生活问题,既做到了把解决思想问题与解决实际问题相结合,又以解决实际问题为契机推动了干部群众思想认识问题的根本解决。

图7.1 "老马"马善祥

在长期实践和钻研中,马善祥写下了260多本、900余万字的工作笔记,并与"老马工作室"的同事一道,总结形成了一套行之有效的"老马工作法"。这套包括"民为本、义致和"六字理念、"情理法事"十三要则、"3441"保障制度和

"老马三十六策"四个层面的基层思想政治工作方法，为促进人际和善、家庭和美、邻里和睦、社会和谐以及党群合心做出了突出贡献。

图 7.2 "老马工作法"核心"老马三十六策"

（一）"群众需要好党员，我就要成为一名党的好战士，始终保持对党忠诚不含糊的坚强党性"

马善祥认为，做好群众思想工作，第一管用的方法就是练就自身的坚强党性。他对自己党性的要求最直接地体现在相信党毫不含糊、爱护党毫不含糊的具体行动上。

他常说，有党的领导就没有解决不了的问题，这种方法解决不了的那种方法在；个人解决不了的组织在；下级解决不了的上级在；地方解决不了的党中央在。正是满怀着这份对党的信任、信心和信念，增添了解决问题的信心和勇气，所以在长期处理信访上访、征地矛盾、安全生产、医患纠纷、意外事件、邻里纠纷、家庭矛盾的过程中，尤其是在处理群体性矛盾时，马善祥总能充满信心，从容应对。

对于维护党的形象，马善祥是绝不打半点马虎眼的。只要听到群众称赞党，他都由衷地高兴；只要见到群众对党有误会，他都要耐心地做工作做解释；只要遇到有人说党的坏话，他都要站出来义正词严地驳斥。他说："党的形象好了，我们基层干部在群众面前才脸上有光。但是要更好地把群众团结在党的周围，又要看我们这些基层干部怎么干了。"有一次，一位群众因为相关手续不齐全没能办到低保，就在观音桥街道办公楼大厅数落共产党这不好那不好。马善祥听到后，赶紧把他请到自己办公室了解情况，为他协调解决问题。事情解决后，马善祥问："同志，刚才听到你骂共产党，作为一名党员，我很惭愧。但是，现在我想请教你，到底是共产党不好，还是你对个别干部有意见呢？"这位群众说："老马，我晓得你的意思，我以后不这么发牢骚了，有问题我就来找你这名共产党员好好说、好好办。"这就是马善祥的党性体现，要当共产党员，对党是不是有深厚感情体现在敢于担当，敢不敢为党"出头"。

（二）"群众需要贴心人，我就要成为一个群众的贴心人，始终保持为民办事不掺假的公仆情怀"

马善祥认为，党员干部一定要把以情动人作为一种基本素质来培养，而不能仅是一种工作方法的权宜之计。面对群众是职业性的笑脸，还是发自内心的笑容；是虚情假意，还是真心实意，群众一眼就看出来了。马善祥在工作中面对最多的就是"钉子户"、困难户、信访上访户，而他们基本都是穷人和所谓的"恶人"，能否对这些人付出真情，是对基层干部的最大考验。

"我们当干部的对不起谁，都不能对不起穷人。"这是老马的口头禅，也表明了他鲜明的群众立场。给穷人办事，就更得让他们有尊严地表达诉求。为了让困难群众能体会到这一点，马善祥想了很多办法。比如，他的办公室永远放着几件御寒的衣服、帽子、围巾，这都是为来访的困难群众准备的。在接待困难群众时，他养成了"起立迎接、请坐倒水、倾听记录、交流引导、解决问题、出门相送"的固定习惯，每次接待来访群众总是关注地认真倾听，听群众讲道理，而不是一来就讲大道理。对于为群众办实事，马善祥认为，在基层当干部绝不能离开群众眼前的困难给群众画饼充饥，解决好困难群众的小事、急事、眼前事，就是办好了最大的实事。遇到农民工工资被拖欠，他总是第一时间走访调查，抓住问题不放，直至达成协议，兑现工资。遇到丢了钱包的学生，他就自掏腰包资助路费，他说，这种问题没有哪条政策说由政府补贴路费，但党员应担负起道义责任，否则一次偶遇小偷就会让这个青年学生产生社会冷漠、小偷横行等以点带面的社会认知错觉，甚至进一步对党、对政府心生不满。

马善祥认为，群众都是最可爱的，群众中没有真正的"恶人"，只有身陷困境、不知所措、一时丧失理智的人。基层干部就是要帮助他们点燃生活的希望，走出困境。遇到群众的误解、发泄、纠缠、羞辱，马善祥总能常怀宽容之心。一些老上访户、刑释人员、吸毒人员、恶习较多人员，往往稍不如意就堵在马善祥办公室，有的躺在椅子上不走，有的睡在地上不走，有的不拿钱不满足要求不走。马善祥总是看到这些群众"无理取闹"背后确实存在的实际困难，竭尽全力帮助他们，在帮助的过程中再适时引导他们恢复理性。他说："如果不是遇到天大的难处，群众也轻易不来找我们。不让群众出几口气，情绪就缓和不下来，干部不受几口气，群众就不会信任你，所以我心甘情愿当'出气筒'。"在城市快速发展过程中，难免有服务和政策不到位的地方，一旦有群众上访，马善祥就以此为契机协调相关部门解决存在的问题。这不但得到了上访群众交口称赞，还得到了职能部门认可。现在，很多职能部门遇到这样的情况，都邀请马善祥给群众做解释疏导工作，也帮助自己梳理问题，分轻重缓急予以解决，争取群众的理解和包容。

图 7.3　老马参与群众服务

(三)"群众需要好干部,我就要成为一名基层好干部,始终保持扎根基层不懈怠的责任担当"

马善祥特别热爱基层思想政治工作,爱和群众打交道,永远保持一股昂扬向上的工作热情。对于一些人避之不及的矛盾调解工作,他却乐此不疲,一头扎进去就是36年。

马善祥17岁当知青,耕田种菜一干就是4年。21岁穿上军装,还参加了1979年对越自卫反击战,从一名士兵成长为政治干事、正连职干事、副营职干事。1988年转业到地方后,马善祥先后在江北区司法局、政法委、综治办工作,1994年—2012年任街道办事处副主任,长期从事综合治理和调解工作。

2012年,56岁的马善祥改任调研员,街道党工委决定发挥他的长处,以他为核心组建"老马工作室",专门从事群众矛盾纠纷调解工作。马善祥以高度的工作热情,带领同事深入社区排查问题、调解纠纷、做思想工作,悉心研究基层调解工作和群众工作方法,总结形成了"民为本、义致和"六字理念、遵循"情、理、法、事"十三要则、依托"3441"保障制度、"老马三十六策"等一整套基层群众工作方法在全国推广,培养出4000多名"小马",办理信访2000余件,调解成功率达98%以上,先后成功化解了渝州无线电厂改制、辖区物业纠纷、建筑施工工地突发群体性事件等40余件重大矛盾纠纷,妥善处置数十起意外死亡事件,有力地促进了观音桥街道辖区和谐稳定。

（四）"群众需要干部善解人意，我就要成为创新基层思想政治工作的排头兵，始终保持攻坚克难不言退的钻研精神"

马善祥认为调解工作的本质是思想政治工作。如果调解局限于矛盾双方的讨价还价，就解决不了根本上的问题。所以，他把做好群众思想政治工作作为事业和爱好，越是难题，越要去解决，越是风口浪尖，越要去拼搏。

马善祥对做好群众思想工作总是充满信心。他说，只要具备基本的客观条件，任何问题都是可以通过调解和思想疏导解决的。他说了，也做到了。这种信心，来自马善祥36年如一日地刻苦钻研，他记了260多本工作笔记，里面既有对自身修养的感悟，也有对工作的思考，还有对解决各种具体矛盾纠纷的总结。遇到婆媳闹矛盾，他就专题研究婆媳关系，总结出了"坚持尊老爱幼、保持适当距离"的处理原则；遇到医患纠纷突出，他就专题研究医患关系，总结出了"倾听患者痛苦、理智判断真相、着眼今后生活"的处理原则；对于利益纠纷的调解，他总结出了"不满意、能接受"的处置原则。

（五）"群众需要干部带头做好人，我就要带头践行社会主义核心价值观，始终保持修身律己不媚俗的人格追求"

马善祥将雷锋作为学习的榜样，形成了自己特立独行的修身之道。他认为生活上降低一个标准就永远生活在幸福之中，工作上提高一个标准就永远具有前进动力。

由于工作往往涉及一些单位和个人的利益，马善祥采取了刻意与社会保持适当距离的办法,他认为作为党员干部,宁愿为难自己多一点,绝不放纵自己多一点。他把自己当作有可能犯错误的人进行自我约束、自我管理,给自己定下了慎交友、不喝酒、不抽烟、不打麻将的规矩,尽可能避免社会不良习气对自己的负面影响,保持内心的纯洁平静。马善祥爱学习,每天都至少学习三个小时,从2014年开始给自己定下每年写100篇文章的目标。迄今为止,已撰写学习习近平新时代中国特色社会主义思想、学习党的二十大精神等心得体会600余篇,还多次到中央党校、上海浦东干部学院、延安党校等处授课,宣传党的思想、推广群众工作经验,近三年平均每年外出授课60场次,听众上万人,深受广大群众喜爱。马善祥追求简单生活,工作之余不管多累都要做家务,洗碗、拖地和熨衣服是他的"承包地"。马善祥爱唱歌,时不时还要哼唱几曲,《小白杨》《梦驼铃》是他的拿手曲目。锻炼身体是马善祥的一大爱好,他每天都和妻子一道去公园慢走、跑步、倒立、做引体向上。他还经常向同事传授"减压经",发动大家参加文体活动,保持身体健康。

马善祥用实践证明了基层群众工作的价值意义和前景,激励了无数基层干部热爱群众工作,扎根基层建功立业。马善祥的先进事迹先后被央视、人民网等国家级、省市级各大新闻媒体广泛报道70余次,在全国获得广泛的社会影响,先后被评为全国时代楷模、全国先进工作者、全国敬业奉献模范、全国优秀共产党员、改革先锋。2018年3月,马善祥作为全国人大代表出席第十三届全国人民代表大会时,被习近平总书记点赞:"基层需要千千万万个像老马这样的优秀骨干,结合实际情况落实好各项工作。"

近年来,江北区深入贯彻落实习近平总书记重要指示精神,在区委坚强领导下,经全区各级各单位大力支持、共同努力,实现128个社区小马工作站规范化建设全覆盖,发展培育各类小马4000余名,化解矛盾纠纷2.2万余件。"有事找小马、有矛盾到小马工作站"逐渐成为群众共识,"老马带小马"发展解纷队伍工作法被评为全国"枫桥式工作法",相关经验做法先后被《人民日报》、七一网、《民主与法制时报》、央广网、《中国之声》、新华社、《高管信息》及中央电视台"社会与法频道"推介。

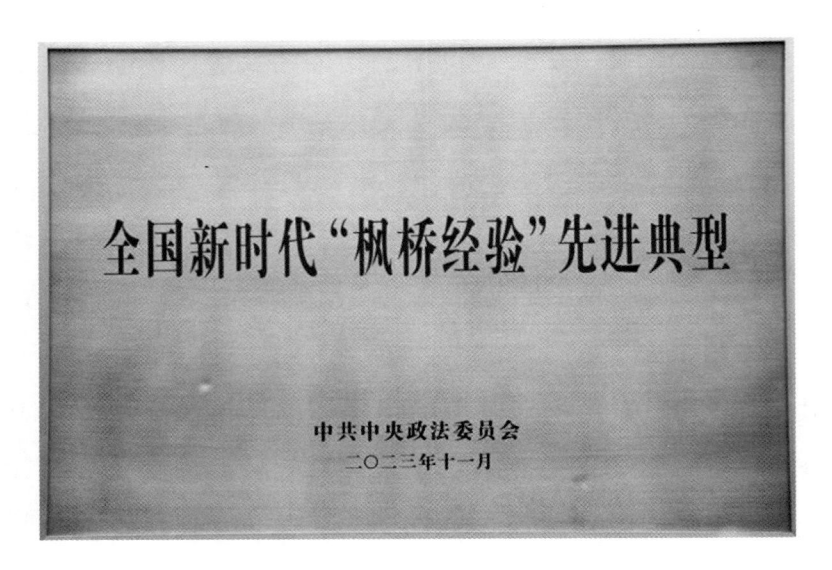

图7.4 "老马带小马"发展解纷队伍工作法
被评为全国"枫桥式工作法"

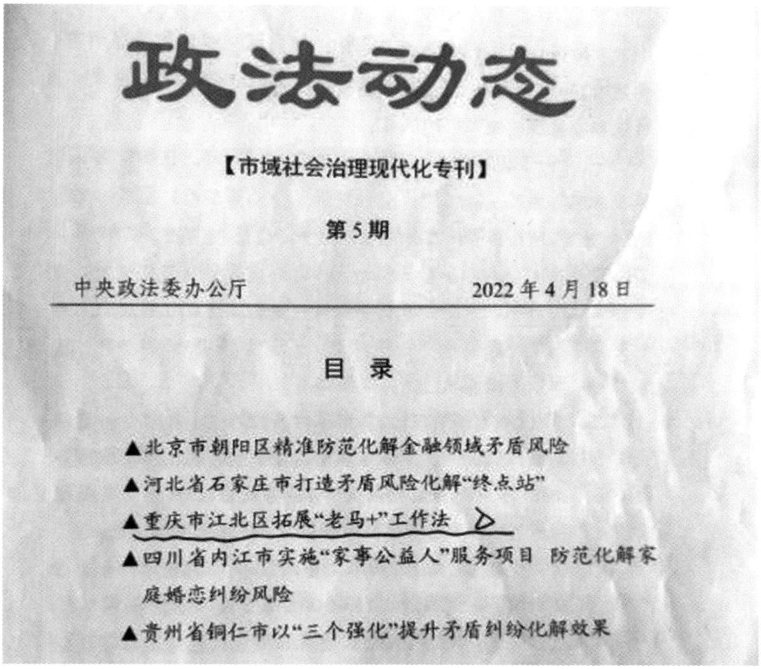

政法动态

【市域社会治理现代化专刊】

第5期

中央政法委办公厅　2022年4月18日

目　录

▲北京市朝阳区精准防范化解金融领域矛盾风险
▲河北省石家庄市打造矛盾风险化解“终点站”
▲重庆市江北区拓展“老马+”工作法
▲四川省内江市实施“家事公益人”服务项目 防范化解家庭婚恋纠纷风险
▲贵州省铜仁市以“三个强化”提升矛盾纠纷化解效果

图7.5　经验做法被被宣传推广

四　“老马带小马”工作法主要内容

“老马工作法”是江北区基层干部马善祥同志及其团队扎根基层30余年来，持之以恒访民情、聚民心，成功化解基层群众矛盾纠纷的经验总结，极具重庆辨识度和全国影响力。江北区始终牢记习近平总书记殷殷嘱托，持续深化和拓展新时代“枫桥经验”，不断迭代“老马工作法”内涵，影响、带动和培育了一批又一批爱国爱渝、扎根基层的“小马”，积极投身服务基层群众、建设新重庆的火热实践，形成了基层矛盾纠纷多元化解工作“一马当先、万马奔腾”的生动局面。“老马带小马”发展解纷队伍工作法获评2023年全国“枫桥式工作法”，

"'老马带小马'提升解纷工作实效"获评2023年重庆市最佳实践提名案例。

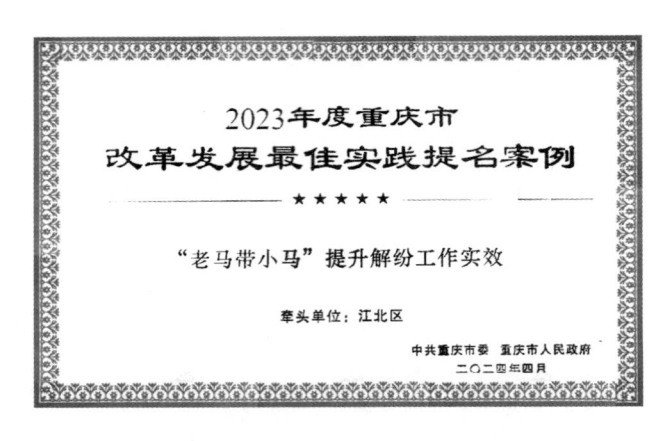

图7.6 获评2023年重庆市最佳实践提名案例

（一）"立体式"培育"小马"，锻造"精准施策促和谐"调解队伍

1. 参照"老马"选"小马"

发展"志愿小马"，成立"老马宣讲队"，拍摄以"老马"为原型电影《幸福马上来》，广泛掀起学"老马"、做"小马"热潮，积极动员具有群众情怀、善做群众工作、愿意扎根基层的3000余名干部群众成为"志愿小马"，累计调解一般性矛盾纠纷2.1万件次。培育"社会小马"，联动区总工会、团区委、区妇联、区残联等群团组织成立5个区级调解专家库，培育"暖洋洋""爱心社工"等调处类社会组织3个、专业社工50余名。运用政府购买服务方式，鼓励其他社会组织和社会力量加入"小马工作站"，参与调解观音桥街道新城绿洲小区发电机维修纠纷等较大矛盾纠纷630件次。组建"专业小马"，在"三官一律"（法官、检察官、警官、律师）、"三退"（退休法

官、退休检察官、退休警官）、"五老"（老干部、老战士、老专家、老教师、老模范）和人民调解、行政调解、行业性专业性调解委员会中，遴选1200余名专业人员，为重大或专业性矛盾化解提供咨询调处服务2700余人次。

分类组建队伍

专业"小马"队伍
建立5个专业类专家调解库，遴选1200余名专业力量，组成"专业小马"队伍，为重大或专业性矛盾纠纷化解提供咨询调处服务。

社会"小马"队伍
引入暖洋洋、爱心社工等调处类社会组织，形成"社会小马"队伍，参与较大性社会矛盾纠纷调解工作。

志愿"小马"队伍
积极动员社区干部、网格员、楼栋长、热心党员及群众等4000余名，建成"志愿小马"队伍负责一般性矛盾纠纷调解。

图7.7 建强小马队伍

2. 立足"老马"育"小马"

开展专题培训，采取"地方＋党校＋高校"模式，与西南政法大学、律师事务所等合作开办"老马工作法"培训课堂、"人民调解员集中培训"、"党课开讲啦"等专题培训班，邀请马善祥同志授课300余场次，受众达61.4万人。建立工作交流机制，常态化开展"老马送方法"活动，选取典型矛盾、特殊案例，通过视频直播现场调解，让"小马"们在线观摩学习"老马"工作方法。实行跟班轮训，按照"小马接单化解、老马支招解惑"传帮带模式，建立跟班轮训机制，坚持每周选派两名精干"小马"到"老马"身边跟班学习，由老马"亲授式"带教，全面提高调解队伍受理和化解疑难纠纷的综合能力。共带教3000余人，培育出李武经、朱冠霖、"邹二哥"、

"和大姐"等92名基层调解能手。加强交流互促，梳理总结马善祥在调解工作中提炼的"情·理·法·事"十三要则、"3441"保障制度（"3"指健全街道、社区、网格三级责任体系，"4"指社区治理要注重党建统领、系统治理、闭环管理、惠民有感，"4"指化解矛盾要落实来访必接、矛盾必调、调处必督、结果必查四个要求，"1"指一支"老马"带"小马"的工作队伍）和"老马三十六策"，发行《老马工作法》《小马读本》4万余本。开展"老马送方法到基层"活动28场，对31个真实案例进行现场调解观摩，增强解纷实操性。

每周组织跟班轮训　　　　每月开展专题培训

每季进行复盘点评　　　　每年召开座谈会

图7.8　丰富培训形式

3. 迭代"老马"晒"小马"

健全评价体系，围绕矛盾纠纷受理调处质效、工作流程机制运行、指导培训管理和"日常表现＋正向评价＋负面清单"、"纠纷调处率＋调处化解率"等量化指标，对"小马"进行综合考核评星，28名五星"小马"获评区级"金牌小马"。依托全市社会矛盾纠纷化解应用，对网格—村社区—镇街层级调处化解的矛盾纠纷，通过群众评价码等方式，引入群众对矛盾纠纷的调处结果进行评价反馈。做靓特色品牌，举办"小马"微宣讲、微视频、微征文等活动30余场。各镇街充分运用微信、抖音小视频等新媒体，建立"小马说""小马热线"等线上平台，加强与群众沟通互动。推动社区小马工作站设立"小马服务日"，开展"小马帮万家"系列服务活动，针对日常收集的群众需求诉求，开展就业培训、亲子活动、心理咨询等特色集中服务300余场（次），提升辖区居民的知晓度、认同度和参与度。强化宣传引导，组建"老马宣讲队"，针对传统宣讲"单向式"灌输的不足，创新推出"订单服务"，根据不同群体、不同需求，在不同平台侧重不同宣讲主题，摒弃传统宣讲"满堂灌"的做法，把"讲理论"和"讲故事""讲问题""演文艺"结合起来，切实让理论宣讲"深"下去、"动"起来、"活"起来。依托微信公众号"江北政法连线"开设"老马带小马"专栏，发布《走近优秀"小马"，凝聚基层平安力量》《"小马"奔腾，新时代"枫桥经验"江北实践》等推文100余篇，浏览量近百万；创刊《小马奔腾》经验交流杂志18期、刊印6300余册，全面展现"小马"亮丽风采和工作成果。

图 7.9　严格实绩比评

（二）"闭环式"推进解纷，提升"精细治理见真章"解纷实效

1. 事前重预防，抓细拉网式摸排

联动线上线下，坚持抓早、抓小、抓苗头，依托"志愿小马"人熟地熟事熟优势，组织"志愿小马"线下采取走、看、听、问、记、办"六步排查法"进家入户，线上"进圈入群"，常态化深入小区、网格、楼栋，收集本区域易引发矛盾纠纷的苗头性、倾向性、预警性信息线索，每日向社区（村）报备，盯好盯牢矛盾纠纷动态和重点人员动态方向，及时捕捉发现身边纠纷苗头 1.9 万余件。推进包片排查，矛盾纠纷重点部门班子成员和科室按镇街划片，各镇街班子成员和科室按村社划片，结合领导干部下访接访等机制，深入一线群众收集矛盾问题，按月听取"小马"收集情况汇报和意见建议，转化形成矛盾纠纷预防调处有效举措 17 条。实施精准预警，建立排查预警"四色"机制，从紧急程度、群体数量等 7 个维度开展分析研判，按特别重大、重大、较大、一般 4 个等级，分别赋红色、

橙色、黄色、蓝色，由村社向镇街、镇街向属事单位第一时间推送预警，实现矛盾纠纷早发现、早上报，预警率达100%。

图7.10　事前拉网式排查

2. 事中强协同，抓实联动式调处

基层常态调处，完善"小马"队伍线上线下联动协作机制，全面推广起身迎接、请坐倒水、倾听记录、交流引导、解决问题、出门相送"六步接待法"。对一般性矛盾纠纷，综合运用"以法律人、以情动人、以理服人、以德润人、以利安人"方法，由社区（村）和网格"小马"及时就地化解。2024年，基层网格排查矛盾纠纷9034件，化解成功率98.99%。部门配合调处，建立"社区吹哨、镇街报到、部门提效"常态机制，推动区级职能部门下沉社区（村），破解社区（村）资源不足、权限不够等短板，对社区（村）和网格无法解决的较大矛盾纠纷，由镇街和部门组建专班，联动公安派出所、司法所和专业"小马"，通过"一案一策"方式，成功化解鱼嘴镇兴隆3社部分群众反映集体林地资产分配问题等群体性矛盾30余起。多方参与调处，依托区矛盾纠纷多元调处中心，整合人民调解、行政调解、司法调解、市场化调解资源，针对涉及群体多、处理难度大、时间跨度长、基层"小马"化解难的重大矛盾纠纷，实行"区领导＋老马等金牌导师＋部门小马"专班包案、攻坚化解。2024年1月至6月，共化解矛盾纠纷2.2万余件，化解成功率99.1%，群众回访满意度达98.8%。

图7.11　事中联动调处

3. 事后固成效，抓好清单式回访

建立回访机制，对已化解的矛盾纠纷设置半年观察期，细化高风险、中风险、低风险、常态跟踪4类规定，明确高风险1周内回访、中风险1月内回访、低风险和常态跟踪随机回访等机制，细化程序方法、结果运用等具体举措22条。强化跟踪问效，及时了解矛盾双方当事人对矛盾调处的满意度和调解协议履行情况，排查可能存在的深层次矛盾纠纷风险点，2024年已排查出存在反弹风险的矛盾纠纷241件，通过及时分析研判、制定工作措施、妥善化解处置等方式，已成功化解237

件，化解率达 98.3%。坚持导控结合，对回访发现有扬言铤而走险、报复社会等过激言行的，"小马"及时报告属事属地单位，加强法治教育和心理疏导。多途径、多形式地开展人文关怀、政策救助、经济帮扶和法律援助，切实帮助解决实际困难，信访事项件次、人次同比分别下降 3.6%、16.8%，实现民转命案（事）件"零发生"。

图 7.12　事后清单式回访

（三）"链条式"改善服务，夯实"精心服务润民心"治理根基

1. 坚持资源化整合，打造四级阵地

区级层面，整合公共法律服务中心、法律援助中心、诉调速裁中心，打造矛盾纠纷多元调处中心和"老马实训基地"，发挥对全区"老马工作室""小马工作站"的指导作用。镇街层面，整合综治、党群、司法、行业调解等阵地和队伍，按照"三有"（有专门调解场所、有必要办公设施设备、有专职调解员）和"五统一"（门牌、标识、公示栏、工作台账、登记表册

统一）原则，全覆盖 12 个街镇，全面建设标准化"老马工作室"，履行接待分流和矛盾联调等职责。村社层面，出台《江北区老马带小马工作室进社区全覆盖建设实施方案》，将各社区原有法律服务中心、调解室、综治工作站、信访代理室、心理咨询室等相关阵地充分整合，升级打造为基层社会治理"一站式"服务平台，在全区 128 个村社全面建成"小马工作站"，统一张贴内涵丰富、辨识度高的标牌 LOGO，负责联系群众和调处纠纷。网格层面，进一步前移关口，在院落、楼栋建立"小区联系点""社会单位共建点""小马驿站"等末梢点位 300 余个，把排查调处触角进一步延伸到基层治理末梢，进一步织密基层社会治理工作网。

图 7.13　打造四级阵地

2. 坚持数字化变革，推动智慧赋能

创新"智慧老马"，探索"互联网+社会治理"模式，加强网格化服务管理体系建设，充分整合利用"老马工作室"微信公众号、巴渝和事佬、智慧城管 App 等平台载体，畅通群众反映事项、投诉建议线上渠道。以视联网为载体，开设"老马

直播间","老马"及"优秀小马"线上开展针对性培训、咨询、指导、调解300余场次，提升矛盾纠纷就地化解能力。打造线上展厅，建设数字化"老马实训基地"实地展览空间，利用三维建模、虚拟现实（VR）和增强现实（AR）等技术，通过模拟真实场景和物体，数字化呈现"老马工作法"核心内涵。搭建资源平台，建设数字化法律法规资源库，打造诉调、检调、警调、访调4类调解案例库和"小马"成长日记，探索运用大数据分析社会矛盾风险形势和趋势，挖掘潜在风险点18个，形成对策建议11条。

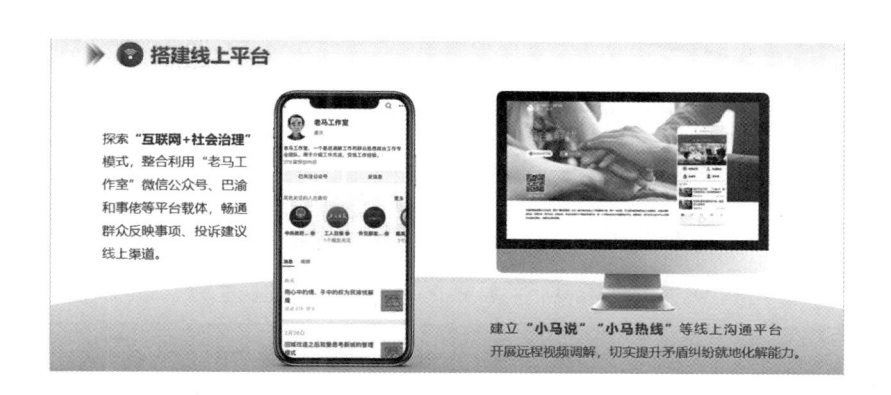

图7.14 搭建线上平台

3. 坚持系统化复盘，实现举一反三

典型案件"一案一复盘"，通过听取情况汇报、查阅台账资料、开展询问谈话、现场实地走访等方式，组织"专业小马"参与正反两个方面典型案例复盘回溯，制发13篇复盘工作报告，"三湾金季安置房遗留问题处置"正面典型案例成功进入"八张问题清单"市级总示范榜，有效实现触类旁通、工作提质。突出问题"一类一治理"，针对矛盾纠纷多发频发行

业领域和"小马"排查调处发现的顽疾，查找漏洞、深挖症结，组织开展矛盾纠纷大排查大起底大化解、防范发生恶性刑事案件专项行动 12 次，有效整治 6 个方面 21 个突出问题，完善 14 项制度机制，坚决避免"同一类事"再次发生、异地发生。纠纷形势"一季一研判"，依托矛盾纠纷多元化解应用和平安稳定问题清单、群众信访问题清单全量数据，每季度通过"除险固安"研判机制开展"回头看"，同时听取 3—5 名"小马"意见建议，总结提炼推广"以业委会选举为切入口化解物业矛盾""'家之语'加油站助力化解家庭纠纷"等经验做法，推动全区物业纠纷、婚恋家庭纠纷化解率均达 99% 以上。

（四）"贴近式"理论宣讲，推动"创新理论指引实践"走新入心

1. 由"老马"带"小马"，"独角戏"变"大合唱"

"老马宣讲队"采取"1+N"的方式组建，"1"即"老马"马善祥，"N"即由"老马"发展带动的若干个"小马"。一是发动"机关小马"。积极发动机关干部、社区支部书记等 20 余名党员干部加入"老马宣讲队"。重要会议一结束，"老马宣讲队"就召集"机关小马"召开备课会，根据每个"小马"的工作岗位和职责确定讲题。二是吸纳"先进小马"。"老马宣讲队"吸纳了"中国好人"陆鹏、"重庆好人"李娅、重庆"红岩连线志愿者服务队"队长胡帮兰等"先进小马"，采取自己的事迹自己讲的方式，充分发挥身边先进典型的示范引领作用，有效引导群众颂党恩、听党话、跟党走。三是广邀"群众小马"。"老马宣讲队"自成立以来，广泛发动群众参与理论宣讲，发掘和培养了"藏在民间"的30余位"百姓名嘴"和"辖区能人"充实到队伍中，用群众的语言走进群众、用群众的语言说服群众，用群众的语言引导群众，切实推动党的创新理论深入基层、深入人心。

2. 以"平台"定"主题"，"灌输式"变"订单式"

"老马宣讲队"针对传统宣讲"单向式"灌输的问题，创新推出"订单服务"，根据不同群体、不同需求，在不同平台侧重不同宣讲主题。一是以"新时代讲习所"为平台，重点讲理论。依托社区"新时代讲习所"平台，以党的创新理论为主线，针对不同群体开展"与己有关"的宣讲。如面对机关干部，策划了"全面从严治党""社会主义核心价值观"等主题宣讲；面对企业园区，策划了"创新驱动发展战略""供给侧结构性改革"等经济热点宣讲。二是以"百姓论坛"为平台，重点讲民生。"百姓论坛"是江北区创新打造的一个宣讲平台，以巴渝特色"摆龙门阵"的方式，把话筒交给群众，让群众当宣讲主角。通过问卷调查、入户走访、院坝随访的方式，收集群众需求九大类，问题200余件，策划"民生实事大家谈""邻里守望、行善立德""聊聊咱家的家风家训"等话题20余个，利用"百姓论坛"平台，邀请职能部门共同参与，听取群众意见、做好现场引导、及时采取措施，让群众在民生问题得到有效解决的基础上，从心底接受党的创新理论。三是以"榜样面对面"为平台，重点讲事例。吸纳全国首批优秀五星级志愿者曾美华、党的十九大代表张永忠等榜样人物，通过全市统一打造的"榜样面对面"平台，由榜样与群众面对面畅谈交流，使榜样一个个生动、鲜活、直抵人心的事例，以强烈的代入感引导群众信任组织、充满希望。

3. 用"形式"活"内容"，"要我听"变"我要听"

为让群众愿意听、听得进，"老马宣讲队"抛弃传统宣讲"满堂灌"的做法，把"讲理论"和"讲故事""讲问题""演文艺"结合起来，切实让理论宣讲"深"下去、"动"起来、"活"起来。一是"故事性"宣讲深下去。把"高大上"的理论政策用一个个生动形象的故事讲述，着力增强宣讲感染力。如队员付金强在宣讲中生动讲述了自己对社区修路从强烈反对到逐步了解国家政策，最后主动参与的故事，不仅让社区工作获得更多理解支持，也让群众更好地认识到习近平总书记以人民为中心的发展思想。二是"互动式"宣讲动起来。在议程设置上积极引导群众主动上台讲问题、讲感受，彻底拆除台上、台下之间的"篱笆"和"隔阂"。如桃源社区居民唐大妈在宣讲提问环节反映自己的家庭矛盾问题，在"老马"的现场调解后，既解开了心结，又得到儿媳的理解。三是"文艺式"宣讲活起来。把文艺节目植入宣讲环节，让理论宣讲富于艺术性，增强吸引力。小苑社区的李红曾因拆迁纠纷长期越级上访。"老马宣讲队"既给她讲理论政策，又为她调解矛盾，还根据她的音乐特长提供表演平台。此后，李红加入了"老马宣讲队"，她所编的两首歌曲《党旗》《新时代·跟党走》深受辖区居民喜欢，成为宣讲队中的文艺骨干。

图 7.15 "老马宣讲队"宣讲党的二十大精神

五 成效和启示

(一) 上级更认可

2023年2月，六届市委常委会第43次会议决定在全市推广"老马工作法"。11月，"老马带小马"发展解纷队伍工作法获评全国"枫桥式工作法"，在全国推广。2024年4月，"老马带小马"提升解纷工作实效获重庆市改革发展最佳实践案例提名奖。相关经验做法先后被中央政法委《政法动态》、《长安》杂志、《人民日报》、新华社《高管信息》刊载推介。

(二) 感知更灵敏

通过"老马带小马"，培育各类"小马"4000余名，"老马"变"群马"，形成"一名榜样标杆、十名金牌导师、百名基层能手、千名中坚分子、N名志愿力量"的"万马奔腾"局面，全区未发生因无人过问而导致矛盾激化事件。

（三）化解更高效

"有事找小马、有矛盾到小马工作站"逐渐成为基层群众共识，基层群众遇到问题有处可去、有人可找，99.1%的矛盾纠纷在镇街以下层面得到及时有效化解，越级反映诉求现象大幅减少，群众回访满意度达98.8%。

（四）社会更平安

截至2024年6月，"老马带小马"解纷队伍累计化解矛盾纠纷2.2万余件，扒窃、盗窃机动车、电信网络诈骗、"六类"涉恶、未成年人犯罪案件分别同比下降36%、81%、50.3%、74.2%、76.9%。

（五）影响更广泛

《江北政法连线》开设专栏刊发专题宣传16期，《光明日报》、人民网、新华网、《重庆日报》等持续跟踪报道30余次，小马工作站影响力和知名度不断扩大，"老马工作法"这块金字招牌越擦越亮。

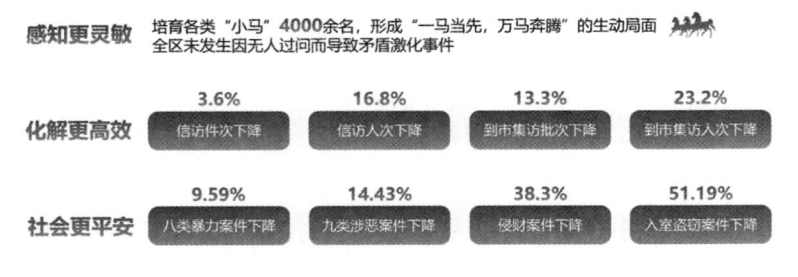

感知更灵敏	培育各类"小马"4000余名，形成"一马当先，万马奔腾"的生动局面 全区未发生因无人过问而导致矛盾激化事件			
化解更高效	3.6% 信访件次下降	16.8% 信访人次下降	13.3% 到市集访批次下降	23.2% 到市集访人次下降
社会更平安	9.59% 八类暴力案件下降	14.43% 九类涉恶案件下降	38.3% 侵财案件下降	51.19% 入室盗窃案件下降

图7.16 基层矛盾纠纷化解成效明显

六　典型案例

（一）案例："老马带小马"调处家庭矛盾

观音桥街道干部李东蜀曾任鲤鱼池社区党委书记，是学"老马"的热心"小马"，经常把"老马"的方法带到群众工作中去，离开社区七八年了还有居民找她办事。2023年8月初，居民艾利君来找她说："李书记，我家三兄妹把我告到法院去了，说我想独占爸爸去世后领的24万元抚恤金，请李书记到庭给我做个证，证明我对爸爸晚年照顾好不好。"李东蜀交流中了解到除知道抚恤金分配，还涉及其父亲一套房子的继承，表示两个问题可以一并调解。

被告工作做通了，原告是三个人，李东蜀一一做工作，做了大哥的工作做大姐的工作，然后做兄弟的工作，他们的意思是：既然都告到法院了，就等法院判，不调了，不仅要让老三把钱拿出来，还要让她因私心太重而受到良心惩罚。李东蜀一直向三兄妹传递有矛盾先和解，和解不了找调解的理念，她反复打了七八次电话，才说服三兄妹愿意调解。

调解中，"老马"担当了下半场的主力，涉及诉讼的24万元抚恤金，四人平均继承没意见，但"壳"卡在了诉讼费2800元上，原告三兄妹要求平摊，老三坚决不摊，"老马"轮番劝都无效。

"老马"就说："这个问题先放一放，我们现在来谈谈房产继承问题。"老大说不谈房子，这次诉讼到法院只涉及24万元的处理。而"老马"借助第二个问题去跨越第一个问题的障

图 7.17 "老马"调解家庭矛盾

碍，认为调解可以增加诉讼以外的内容，三兄妹也就同意了。三人父亲这套房在远郊县，价值不大，老大老二说幺兄弟独身，腰有伤，无正式工作，现住廉租房，愿把自己的继承权让给老幺，老三不让，表示自己依法继承份额，其余几人马上面带怒色，"老马"赶紧插话："继承遗产，既要讲道义亲情，也的确有权利利益的问题。"暗示了老三的合理性，才把双方对立缓和下来。"老马"和"小马"李东蜀单独做老三的工作，她说父亲在世时也说过房子给老幺，但没留遗嘱，怕影响兄妹团结，但现在看亲情伤到这个份上，她也不想让了。"老马"发现老三在看重个人利益与体谅弟弟困难之间徘徊，便引导她看到为弟弟让利的价值：一是保留 1/4 的份额无现实意义，因为房子现在由弟弟管理着。二是没有大大方方照顾困难的弟弟，良心上有点过不去。三是让利不全利，"老马"做弟弟的工作，给老三一笔钱。老三接受"老马"的看法，"老马"回过头做三兄妹的工作，他们同意给老三一万九千元，父亲房子由幺兄弟一人继承。此时"老马"再回去做老三的工作，但"老马"留了一手，就是要老三在诉讼费上平摊一份，"老马"说弟弟他们同意给你一万五千元，老三否认，"老马"显得很无奈，装出一副回天乏力的样子，其实"老马"还留有余地，就耐心和她沟通，最后形成的意见是：老三让出父亲房子的继承权，弟弟支付一万九千元，老三同意平摊诉讼费。

协议签订后，双方的感情恢复还保留了较大希望，至少调解消除了重新修复亲情的明显障碍。参加这次调解的有江北区法院的法官，有司法局调解干部，有街道、社区同志，他们问"老马"这个矛盾的调解成功有什么启发意义，"老马"回答了三点：一是有时一个小矛盾解决不了，是因为这个小矛盾背后有更大的矛盾。二是有时只有一个难点，并不好平衡，而有两个以上难点反而容易平衡。三是只有保证主要方面形成共识，才能保证次要方面做出让步。

（二）案例："老马带小马"运用辩证思维解决复杂物业矛盾

一次，万汇建筑工地放炮被相邻的罗曼蒂大楼业主围堵，业主认为放炮损坏了大楼。大楼修建20多年，22层，200多户人势不可当，尽管区政府组织对大楼安全检测认定主体结构安全，业主还是不依不饶。"老马"团队正准备打一仗群众工作硬仗，却突然柳暗花明，业主代表与开发商达成协议：双方合作、自行拆除、原拆原还，建设期间拿过渡费，这事反映到政府，作为新生事物，利于旧城改造和矛盾化解，政府也不反对，但有条要求：必须100%的业主同意才能拆除。

半月之内就有70%业主签了协议，四个月后，还有32户不签，建设方发出通牒，再不签完，楼拆不了，协议就终止。业主代表立即组织业主大会，反对者也参加了。180多户人签字同意自己拆除自己的房子，法律责任自负。然后利用建设方背后支持，拆了楼梯、拆了电梯，拆坏自己的房，顺带也把没签协议的业主的房损坏了，32户业主认为他们仗势欺人、严重违法，便到公安机关报案要求以非法入侵住宅罪追究刑事责任，现场情况紧张和混乱。

"老马"团队负责调解此事，两个月内大楼全部拆完，三个月后32户业主全部签订安置协议，一切问题圆满解决。怎么解决的呢？靠的就是辩证思维的指引。

对与错是解决问题的基础，不是解决问题的全部。85%的业主把15%的业主住房和环境损坏了，是错误的一方，应该保护15%业主的利益，这是原则，但纠错的方式不止一种，保护利益的方式也不止一种，如对15%的业主，保护的方式就不必然选择修复，也可以用换新房的方式代替。

解决矛盾既要考虑对错，也要考虑人数多少。是改变85%的人容易，还是改变15%的人容易？除了严重违法，一般都要把工作对象或者对立面搞得越少越好，在这个问题上，重点是要顺应绝大多数，说服少数，因为基本上失去了重新全面恢复大楼居住的条件。

要支持或默认谁的行为，就要给这一方一点理由，没有理由也要创造出一个理由，调解时"老马"问15%的业主："公民自己拆除自己的房子违不违法"？因为法律并没有绝对的限制，"老马"想把这个行为的性质稍微模糊化，这个提问是精心设计的，是有利于85%业主的，以方便15%业主不那么仇恨，更容易妥协。

区别问题的性质，予以正确引导。15%业主问"老马"，他们把我们的房子砸了还不违法吗？"老马"说违法，但这事违的是什么法呢？"老马"和公安商量后统一回答是：这个问题总体上属于民事法规调节的范围，公民在处理自己的问题时造成他人的损失，必须承担赔偿责任。之后，15%业主不再要求公安追究刑事责任，便静下心来配合"老马"团队的调解了，有的签了安置协议，个别的按市场价拿钱走了，当然，也有几个人多吃了一点"糖"。

解决复杂矛盾，都要坚持"两点论"和"重点论"原则。像处理这个问题，既要顺应绝大多数，也要保护少数，但同时要把绝大多数人的愿望作为解决问题的主要方向，不能抓住重点的方法都可能行不通。最后事实证明，15%业主并不是不想以旧换新，而是想"钉"在那里额外获利，这也是我们确立和实现调解目标的因素之一，是有效的辩证思维引导的基础。

辩证思维是具体问题具体处理的辩证思维，换了一个问题，同样的方法就不能简单套用，因为原因、对象、环境、条件变化了，但辩证思维在指导实践中的价值永远不变，增强了辩证思维的本领，新的问题来了又会有新的方法去解决问题。

图 7.18 "老马"现场调解物业矛盾

（三）案例："老马带小马"调处医患矛盾纠纷

2023年某日，区卫健委联系"老马"，需要"老马"协助一个边远的街道调解一起因救护车没有出车，病人死亡而引起的纠纷。因为那个地方比较偏远，一个年轻人在家里心脏病突发，心脏骤停昏倒在地，打120求助，救护车的司机没在岗位上，没有出车，这个人在送医院的途中去世。

这个事情看起来比较简单，但是也有不好说的地方。死亡的因果关系固然可以说明，但没出救护车也有难以推卸的被动和道义上的困境，为死者家属的愤怒和舆论的同情提供了条件。"老马"的调解曾一直被情绪化困扰，这是处理医患矛盾普遍的难点，"老马"的调解方法是先体谅人、贴近人，表现出一定的照顾困难的立场，再试着讲事实、分析原因，慢慢引导人。

"老马"团队去调解矛盾，最终是一个什么样的结果，看起来是由当事人决定的，但调解员应该首先要预见到这个矛盾最终结果是怎么样的。调解员应该善于运用自己的知识，把自己所遇到的矛盾和最后的结果大致地做一个预期，这个预期越准确，就越能够驾驭这个矛盾，这个矛盾的"牛鼻子"应该是被调解员牵着走的，尽管有非常曲折的过程。对这起死亡，"老马"团队的调解特点如下：

　　一是弄清全部事实。这个死亡的案例，因为病人是心脏病猝死，心脏病发病快，救治也很难。即使救护车能赶到，也未必能救治好，而且病人有先天性的心脏病，"老马"团队查到了他早年治疗心脏病的记录，他的死亡主要是由他自身的基础疾病导致严重的结果。解决矛盾要解决说服力的问题，调解的能力本质上就是调解的说服力。当然，说服的形式一定是委婉的、引导式的、启发式的，好道理离不开好方法这个载体。

　　二是参考相应的处理案例，调解要善于借鉴经验。救护车按法律的规定必须出车，在这个问题上医院是有过错的，无论这与死亡有没有关系，有多大的关系，医院肯定要承担责任。医院承担多少责任，病人说医院要承担90%，医院说承担10%，双方就会有分歧。像这类纠纷，可以参考法院的判决，救不救得过来是一回事，但是救护车应该随时待命，如果救护者正在救护途中也情有可原。救护车驾驶员不在，就违反了规定，耽误了救治时间。对于这种带有渎职性质的行为，一般是要承担相应的责任，可以参考类似的案例，做好双方的工作。没有参考就要自己精心调控，争取一个双方接受的平衡点。

　　三是抓住事物本质。死因的本质联系是死者本身有基础疾病，而现象与不出救护车有关。死者亲属避免确定性的因素，纠缠现象，而且遭遇失去亲人的重大不幸，情绪化会十分突出，"老马"团队以三条应对情绪化：一是有温情，体谅痛苦。二是有定力，僵持应对。三是有力量，掌控局面。正确的方法必然保证正确的过程。处理死亡问题的难度，总体要预期严重一点，准备充分一点，工作精细一点，这样下去，最终回归理性是必然的。

  四是守住法治底线。调解是群众工作方法，其效能也与执法部门的立场相关，二者也是相互影响，相互转化。"老马"团队的调解预期还要受执法部门执法态度的影响，法治强调严格一点，调解的条件就宽松一点，效果也就好一点。法治没有必要约束，或者妥协太多，调解妥协就更大。这一次群众工作和法治思维的结合比较理想，"老马"团队强调了医院内部整改问题与协商解决矛盾的区别，让死者亲属从渲染医院的过错转移到协商补偿上来，而且在保护群众合法权益的同时，也划出了保护医院正常的底线。最后，医院补偿了死者亲属 14 万元，纠纷圆满化解。

重庆武隆指标分析和"证·核·调"

重庆市武隆区深学笃用习近平总书记关于坚持和发展新时代"枫桥经验"的重要指示精神,坚持党建统领,充分发动群众、组织群众、依靠群众解决群众自己的事情,做到"小事不出村、大事不出镇、矛盾不上交",探索形成了"让一让调解工作法""睦邻坊""赶场龙门阵"等具有武隆辨识度的经验做法,沧沟乡乡村土地纠纷"证·核·调"解纷工作法入选全国104个"枫桥式工作法",被中央政法委表扬并授牌。

一 武隆区基本情况

武隆区地处重庆市东南部、长江上游最大干流乌江之畔,面积2901平方千米,辖4个街道、22个乡镇、184个行政村、30个社区。

历史人文底蕴深厚。始建于唐武德二年(619),距今有1400余年历史,寓"威武兴隆"之意。1949年12月5日,成立武隆县人民政府,隶川东区涪陵专区行政专员公署。1997年

12月，由重庆市直管。2017年1月，撤县设立武隆区。全区有土坎·商周遗址、江口·长孙无忌墓、庙垭·白云书院等地面不可移动文物1505处、数量居全市第二位，有《鸭平吹打》《后坪山歌》等市级非物质文化遗产26项，曾涌现出明代"骨鲠之臣"刘秋佩、受光绪帝亲赠"文魁"金匾的清代进士李铭熙、被誉为"断头将军"的抗日英雄王超奎等历史名人，有四川第二路红军政治部驻地旧址、后坪坝苏维埃政府遗址、白马山战役遗址等丰富的红色文化资源，汉族、苗族、土家族、仡佬族等13种民族文化在此汇集碰撞，乌江流域纤夫文化、盐运文化和饮食文化等源远流长。

生态资源本底厚实。被誉为"世界喀斯特生态博物馆"，荣获联合国"可持续发展城市范例奖"。森林覆盖率65.6%，空气优良天数常年保持在345天以上，仙女山国家森林公园空气负氧离子含量为3260个/立方厘米。有银杉、水杉、珙桐等珍稀树种，金钱豹、小熊猫、黑叶猴、大鲵等珍稀动物。全区大小河流192条，水能蕴藏量240万千瓦，风能蕴藏量70万千瓦，页岩气和天然气储量上万亿立方米，是重庆市重要的清洁能源基地。

绿色发展稳进提质。实施"生态优先、旅游引领、三产融合、强区富民"发展战略，强力推进以国际化为引领的武隆旅游"三次创业"，加快建设成为世界知名旅游目的地、绿色发展创新示范区。654处生态及文旅景观密布全境，已成功开发5A级景区仙女山国家森林公园、天生三桥、芙蓉洞，4A级景区龙水峡地缝、天尺情缘、芙蓉江景区、归原小镇，是全国少有的同时拥有"世界自然遗产""世界最佳旅游乡村""国家全域旅游示范区""国家级旅游度假区""国家5A级旅游景区""绿水青山就是金山银山实践创新基地""生态文明建设示范区"七块金字招牌的地区之一。全力打造研学、运动、艺术、康养、婚恋、服务六大产业链条，推动工业、农业、建筑业、现代服务业等第一、第二、第三产业"+旅游"深度融合发展，全力做靓"世界自然遗产·天地大美武隆"国际化品牌形象。对外开放水平稳步提升，基本形成以渝湘高铁、武道高速、乌江航道、仙女山机场等为载体的立体开放通道，与瑞士、匈牙利、新加坡等11个国家实现友好合作，缔结瑞士格林瓦德等3个"国际友城"，连续十八届举办"中国国际山地户外运动公开赛"，连续五届举办"中国·重庆（武隆）绿色发展实践论坛"，正全力打造全市旅游消费品工业基地，积极创建全国有机农产品基地示范区，努力成为全市建设国际消费中心城市、中西部国际交往中心的重要组成部分。

城乡区域和谐亮丽。聚焦"神奇山水·梦幻田园"价值定位，围绕"一江碧水、两岸青山"，精雕细琢标志性文旅街区和"城市客厅"，加快建设渝湘高铁武隆南站、喀斯特世界自然遗产博物馆等，即将投用喀斯特文旅休闲中心，加快打造国际精品旅游城市。成功创建"国家卫生区""国家园林县城""全国双拥模范城"，连续两年上榜"中国最美县域榜单"。精准落实"五个振兴"要求，突出"1+3+10"重点乡村示范带动，紧扣"宜居宜业和美乡村"大力实施乡村建设行动，串点成线推出乡村旅游精品线路5条，打造芙蓉街道"七彩堰塘"、后坪乡"天池苗寨"、沧沟乡"大田湿地人家"等国家级旅游重点村镇4个、中国美丽休闲乡村3个。统筹推进城乡医疗、教育、文化、养老等基本公共服务均衡化、优质化，城乡居民医疗保险、基本养老保险参保率95%以上，民生福祉稳步提升。

二 若干指标数据分析

（一）矛盾化解若干单项指标分析

1. 万人成讼率

"万人成讼率"是衡量特定地区或国家在一定时间内每万名居民中诉讼案件发生频率的指标，它通过将当年本地审结的民事、行政案件总数除以常住人口总数并乘以10000来计算，反映了该地区的法治环境、社会矛盾纠纷的普遍程度以及公民对司法系统依赖程度，是评估社会稳定性和司法效率的重要参考数据。"万人成讼率"不仅量化了法律纠纷的发生频率，而且作为一个综合性指标，它揭示了社会治理的深层次问题。一个较低的万人成讼率可能意味着社会矛盾得到了有效缓解和解决，或者民众更倾向于通过非正式途径解决争议，反映出较高的社会和谐度和较强的社会自治能力。相反，一个较高的万人成讼率可能暗示着社会存在较多未解决的矛盾，或者民众对法律途径有较高的信任和依赖，这可能与法律意识的普及、司法体系的可访问性和公正性有关。此外，该指标的高低还可能受到经济发展水平、文化传统、社会结构等多种因素的影响，因此，对万人成讼率的分析需要结合具体社会背景和相关数据进行综合考量。

武隆区测评数据显示，万人成讼率在2022年为99件/万人，在2023年上升到102件/万人。该比率的上升表明居民对通过法律途径解决问题的依赖度有所提高，反映出司法体系的可及性和公正性得到了积极的社会响应。随着律师公证、法律援助等法律服务的加强与普及，更多的居民选择通过司法途径维护自身合法权益，这体现了社会治理体系的完善和公民法律素养的提升。万人成讼率的小幅上升是对武隆区法治环境和社会治理能力的一种肯定，同时也提供了进一步优化司法资源配置和提升社会治理效能的契机。

2. 省级以上"枫桥式"司法所数量

"枫桥式"司法所创建是将是否坚持和发展新时代"枫桥经验"作为司法行政工作的标准，是推动司法行政机关的最基层单位依靠群众预防化解矛盾纠纷的一项活动。该模式以依靠群众、发动群众、预防纠纷、化解矛盾为特点。

"枫桥式"司法所作为基层社会治理的创新实践，其内涵在于强化群众自治，促进法治与德治相结合，通过预防和化解社会矛盾，维护社会稳定和谐。该模式通过深入村社、贴近群众，有效提升了基层治理的针对性和实效性，为构建和谐社会提供了有力支撑。随着社会的发展和人民群众法律需求的增长，"枫桥式"司法所在化解纠纷、提供法律服务、开展法治教育等方面的作用日益凸显，成为推动社会治理现代化、提升人民群众法治获得感的重要力量。

在本次武隆区测试中，我市基层社会治理体系和治理能力现代化建设迈出了坚实的步伐。这一突破不仅实现了从无到有的质的飞跃，更是对"枫桥经验"在新时代背景下的创新发展和实践应用。

3. 行政复议化解率

行政复议化解率是指在一定时间内，通过行政复议程序解决的行政争议案件占同期提起行政复议案件总数的比例。这一指标的背景是基于行政复议作为一项重要的法律救济途径,旨在保障公民、法人和其他组织的合法权益,监督和促进行政机关依法行政。行政复议化解率的作用在于它能够反映行政复议制度的效率和效果,是衡量行政争议解决机制运行状况的重要指标。一个较高的行政复议化解率通常表明行政复议机构能够有效地解决行政争议,减少了诉讼案件的数量,缓解了司法机关的压力,同时也体现了行政机关自我纠错和依法行政的能力。

根据武隆区的测评数据,行政复议化解率自2022年的61.76%上升至2023年的95.12%。此一跃升不仅彰显了行政复议机制在解决行政争议中的高效性与权威性,而且体现了行政机关依法行政能力和自我纠错机制的显著增强。行政复议化解率的大幅提升,反映了行政复议机构在处理案件时的专业性和公正性,以及对法律规范和程序正义的严格遵守,这有助于增强公众对行政复议制度的信任,促进了法律效果与社会效果的有机统一。

该比率的显著上升,也表明了行政复议在预防和减少行政诉讼、缓解司法压力方面发挥了重要作用。随着行政复议程序的优化和行政复议工作人员业务能力的提高,更多的行政争议能够在行政系统内部得到妥善解决,这不仅提高了行政争议解决的效率,也减少了社会成本,提升了政府的公信力和执行力。此外,行政复议化解率的提高还与法治宣传教育的加强、公民法治意识的提升以及行政机关对复议工作的重视程度提高有关。这一积极变化为推动法治政府建设、完善行政争议解决机制、构建和谐社会提供了有力支撑，是全面依法治国战略目标实现的重要体现。

4. 相关思考

武隆区在矛盾化解工作中取得的成效，是全面贯彻党的十九大、党的二十大精神，落实全面依法治国战略的具体体现。通过深化"枫桥经验"，创新社会治理模式，在基层治理中实现了从传统的"管理"向"服务"的转变，从单一的"刚性"治理向"刚柔并济"的治理方式的转变。行政复议化解率的显著提升，更是凸显了法治在维护社会公平正义、保障人民群众合法权益中的重要作用。

（1）积极落实"将矛盾化解在基层"的基本方略

在武隆区的测评数据中，万人成讼率的上升、省级以上"枫桥式"司法所的成功创建以及行政复议化解率的显著提升，共同体现了基层社会治理体系和治理能力现代化建设的积极进展。这些变化不仅彰显了"将矛盾化解在基层"的基本方略得到有效实施，也反映出法治意识的增强和群众对法律途径解决问题依赖度的提升。特别是"枫桥式"司法所的成功创建，通过深入社区、贴近群众，有效提升了基层治理的针对性和实效性，为构建和谐社会提供了有力支撑。

武隆区在行政复议化解率方面的显著提升，凸显了行政复议在实质性化解行政争议中的重要作用。各级行政复议机关通过自行纠错、调解、和解等机制的运用，实现了行政争议案结事了。如重庆市通过发放宣传手册、设立便民接件点、开通在线申请等措施，显著提升了行政复议的社会知晓率和案件办理的便捷性。这些举措不仅提高了基层治理的科学性和精准性，也为群众提供了更加便捷、高效的纠纷解决渠道,有效提升了群众的满意度和获得感。因此,继续积极落实"将矛盾化解在基层"的方略是建设法治示范区的基本要求。

(2)创新和完善矛盾纠纷多元化解机制

武隆区在矛盾纠纷化解工作中,积极推进机制创新,有效整合了人民调解、行政调解和司法调解等资源,构建了一套高效、便捷、群众基础深厚的多元化解体系。特别是"枫桥式"司法所的创建,不仅强化了基层治理能力,更通过贴近群众的服务,提升了矛盾纠纷化解的专业性和便捷性。这一体系的建立和完善,为群众提供了更加多元化、个性化的纠纷解决渠道,显著提升了群众的满意度和获得感。

在行政复议领域,武隆区通过优化流程、提高透明度、强化监督等措施,显著提升了行政复议的质量和效率。行政复议机关及时纠正执法问题,实质性地化解了争议,体现了行政复议在维护社会公平正义中的重要作用。这些实践证明,创新和完善矛盾纠纷多元化解机制,是提升基层社会治理能力、构建和谐社会的有效途径。

(3)强化法治保障,提升社会治理法治化水平

武隆区在推进社会治理现代化进程中,坚持法治思维和法治方式,不断强化法治在矛盾纠纷化解中的保障作用。通过优化行政复议流程、提升"枫桥式"司法所功能,武隆区有效提高了社会治理的法治化和规范化水平。这一系列措施不仅从源头上预防和减少了矛盾纠纷,而且为构建和谐社会奠定了坚实的法治基础,体现了法治在社会治理中的引领和规范作用。

在具体实施中,武隆区通过创新宣传方式、便民服务等手

段，如"行政复议宣传周"和"掌上复议"小程序，增强了行政复议的透明度和群众的参与度。这些举措不仅提升了案件办理的效率和质量，而且促进了行政机关的自我监督和自我纠错，行政复议机关及时纠正执法问题，实质性地化解了争议，展现了法治在维护社会公平正义中的重要作用。

综上，武隆区在强化法治保障、提升社会治理法治化水平方面取得了积极成效。未来应继续深化法治建设，加强法治宣传教育，提高全民法治意识，确保社会治理各方面工作都在法治轨道上稳步前行，为推动社会治理体系和治理能力现代化，实现社会稳定和谐提供更加坚实的法治保障。

（二）"四治融合"指标数据分析

1. 律师万人比

"律师万人比"是指一个区域内每一万人口中平均拥有的执业律师人数，它是衡量公众接受法律服务的便利程度和法治意识强弱的指标。律师"万人比"越高，表明地区法治文化越好，公众法治意识越强，公众接受法律服务越便利。

武隆区测评数据显示，律师万人比2023年为2.45，2022年为2.19，同比增长0.25。测评数据体现了该地区的法律需求或诉讼案件数量有所增加，同时律师数量的增加也意味着更多的人能够获得法律咨询和服务，推动了法律行业的发展和进步。

数据表明该项指标可能与人口增长、商业活动增加、矛盾纠纷增多等因素有一定的相关性。律师数量的增加也可能表明该地区的法律市场更加竞争激烈，律师事务所之间的竞争可能会增加，推动行业整体水平进一步提高，也反向促进了法律服务的普及，有更多律师意味着更多人能获得法律服务。

2. 法治文化公园数量

法治文化公园主要由法治广场、法治历史墙、法治林、法治树、青少年法治文化教育阵地、三毛说法纪、法治人物等十余处小品景观和篇章组成，采用与市民生活密切相关的法治格言、法治故事等元素点缀其间，结合平安与廉政文化宣传，使市民在公园休闲、游玩、健身的同时，可以随时随地感受到法治、平安、廉政文化的氛围，潜移默化地引导市民提高遵法、学法、守法、用法的素养和能力。

2023 年武隆区法治文化公园数量 5 个，2022 年 3 个，法治文化公园数量的增加，反映了社会对法治意识的提升和对法律教育的重视。这种现象说明政府或社会组织致力于推动法治教育和法律文化建设，以促进公民的法律意识和法治观念的提升。增加的法治文化公园数量也可能表示公众对参与法治活动和了解法律知识的需求增加，反映了社会对法治建设和法治精神的认可和支持。同时，这也有助于扩大法治宣传和法律教育的覆盖面，提升公众对法律的认知水平，促进社会的法治化进程。总的来说，法治文化公园数量的增加意味着社会对法治文化的重视程度增强，有助于加强法治观念的普及，推动社会的法治化进程。

3. 认罪认罚从宽适用率

认罪认罚从宽适用率是指在刑事诉讼中，犯罪嫌疑人、被告人自愿如实供述自己的罪行，承认被指控的犯罪事实，愿意接受处罚，依法获得从宽处理的案件所占的比例。这一制度是刑事司法领域的一项重要改革，旨在通过鼓励犯罪嫌疑人、被告人认罪认罚，提高诉讼效率，节约司法资源，同时实现惩罚与教育相结合的目的。根据最高人民检察院的数据，近年来，认罪认罚从宽适用率稳定保持在85%以上。

本次在武隆区的测评中，2023年为91.7%，2022年为92.02%，均超最高人民检察院数据显示的平均适用率，尽管2023年相较于2022年的数据比例略有下降，但91.7%的适用率仍保持在极高水平，显示出该制度在本地司法实践中得到了广泛而有效的应用。这一比率的变化，一方面，可能反映了检察机关在案件办理过程中，更加严格地遵循法律规定，确保认罪认罚的自愿性、真实性及合法性，避免了可能的滥用或不当从宽；另一方面，也可能与案件类型、复杂程度的变化有关，部分案件因涉及重大利益或社会影响，需经过更为审慎的审查起诉程序，从而影响了认罪认罚从宽制度的即时适用率。

4. 社区矫正对象再犯罪率

社区矫正再犯率是指在社区矫正期间或矫正结束后的一段时间内，经过社区矫正的矫正对象中再度参与违法犯罪活动的比例。这是一个衡量社区矫正工作成效的重要指标，能够反映矫正机构对于矫正对象的管理和教育工作是否有效，以及矫正对象的观念转化和社会适应能力是否得到提高。

武隆区社区矫正对象再犯罪率2022年为0.38%，2023年下降到0.35%，同比减少0.03%。再犯罪率的下降是多种因素共同作用的结果。其中包括矫正项目的个性化设计、矫正方法的科学创新、社区管理的精细化提升以及社会支持的加强等。这些因素共同为矫正对象提供了更好的改造环境和条件。该项指标尽管降幅不大,但其背后的意义却十分深远。它表明,社区矫正工作正在逐步走向精准化和高效化,能够在有限的资源下实现最大化的矫正效果。同时,再犯罪率的下降也进一步证明了社区矫正工作对于维护社会稳定、促进犯罪分子再社会化的重要作用。

5. 相关思考

武隆区的四治融合成效显著,是全面依法治国战略在基层的生动实践。律师万人比的增长、法治文化公园的增加、认罪认罚制度的适用以及社区矫正对象再犯罪率的降低,这些成果的取得是武隆区坚持法治引领、文化熏陶、社会参与和智慧治理相结合的结果。在未来的工作中,应继续深化四治融合,进一步创新社会治理模式,加强法治文化建设,提升司法公正性和效率,优化社区矫正工作,为构建和谐社会、实现长治久安提供更加坚实的支撑。

(1) 深化四治融合,推动社会治理体系和治理能力现代化

武隆区在社会治理创新中实现了四治融合的新进展,其中律师万人比的增长、法治文化公园的增设、认罪认罚制度的高效适用和社区矫正对象再犯罪率的下降,均为社会治理现代化贡献了积极力量。特别是律师万人比的增长,标志着法律服务的进一步普及和法治理念的深入人心,为社会治理提供了坚实的法治基础。

武隆区通过法治文化公园等创新平台加强法治教育,通过认罪认罚制度提高司法效率,通过社区矫正有效降低再犯罪率,这些措施共同促进了社会治理的和谐稳定。这些实践不仅体现了法治的引领作用,也彰显了德治、智治和自治在社会治

理中的融合效应。未来，武隆区应持续深化四治融合策略，进一步优化法律服务体系，加强法治文化建设，提升司法公正性和效率，为构建和谐社会、实现长治久安提供坚实支撑。

（2）法治文化建设为四治融合提供了坚实基础

武隆区通过增设法治文化公园等创新措施，加强了法治文化的传播，有效提升了公民法治意识，为四治融合打下了坚实的文化基础。法治文化公园作为教育平台，不仅普及了法律知识，更营造了遵法、学法、守法、用法的社会氛围。同时，认罪认罚从宽制度的广泛应用，展现了司法公正与效率的结合，增强了人民群众对法治的信心。

在实践层面，武隆区的法治文化公园成为法治教育的重要场所，通过法治长廊、雕塑等形式，使法治元素融入群众生活，提高了法治文化的吸引力和影响力。这些举措不仅提升了公民的法律素养，也为社会治理现代化提供了有力支撑。武隆区的法治文化建设成果，为四治融合的深入发展提供了重要的文化支撑和群众基础。

（3）社会治理创新实践推动四治融合发展

武隆区在社会治理创新实践中，通过降低社区矫正对象的再犯罪率，有效实现了德治、法治、智治与自治的融合。这一成果不仅体现了对社会特殊群体的关怀，也展示了社会治理体系的科学性和精准性。通过创新的社区矫正措施，武隆区促进了矫正对象的积极融入社会，减少了社会矛盾，增强了社会和谐，为"四治"融合在特殊群体管理中提供了成功案例。

在具体措施上，武隆区采取了建立社区矫正中心、心理辅导、职业培训和智慧监管等手段，帮助社区矫正对象提升自我，顺利回归社会。这些举措不仅提高了社区矫正工作的效率和质量，也为社区矫正对象提供了个性化帮扶，确保了矫正效果的最大化。这些创新实践，为社会治理现代化贡献了宝贵经验，也为"四治"融合发展提供了有力支撑。

未来，应继续加强特殊群体的关怀与支持，为构建和谐社会、实现长治久安提供更加坚实的支撑。

（三）平安和谐若干单项指标分析

1. 万人犯罪率

"万人犯罪率"是一个反映特定地区或国家在一定时间内每万名常住人口中犯罪案件发生频率的统计指标。它通过将一定时期内的犯罪案件总数除以相应的人口总数，再乘以10000得出，用以衡量该地区社会治安状况和犯罪问题的普遍程度。这个比率的高低直接关联到居民的安全感、社会稳定以及法治环境的健全性。一个较低的万人犯罪率通常表明该地区社会治安状况良好，居民的法律意识较强，而较高的比率则可能暗示存在较为突出的社会治安问题，需要相关政府部门采取有效措施进行干预和改善。此外，万人犯罪率也是评价和分析社会治理效果、制定公共安全政策的重要依据。

根据武隆区的测评数据，2023年"万人犯罪率"较2022年呈现上升趋势，从9.46增至10.26。该现象提示需对社会治安状况进行细致分析。一方面，犯罪率的上升可能与社会经济发展、人口结构变化、社会转型等因素相关，反映出社会治安面临的新挑战；另一方面，这也可能指向现有预防和打击犯罪措施需要进一步强化和完善。

首先，应认识到犯罪率的上升对社会治安管理和公民安全感受到的影响，这要求相关部门加强法治教育，提升公民的法律意识和自我保护能力。其次，需审视并优化治安管理策略，如加强重点区域的巡逻力度，利用科技手段提升治安防控的智能化水平。最后，应通过综合治理，动员社会各界力量参与，形成群防群治的良好局面。

武隆区"万人犯罪率"的上升是对社会治安管理工作的警示，也是推动社会治理创新的契机。相关部门需要采取有效措施，全面加强社会治安综合治理，确保人民群众的生命财产安全，为维护社会稳定和构建和谐社会提供坚实保障。

2. 省级以上"枫桥式"公安派出所数量

省级以上"枫桥式"公安派出所是"枫桥经验"传承与创新，以人民为中心，以预防和化解矛盾纠纷为核心任务，强调群众路线与社会治安综合治理相结合，致力于构建和谐警民关系，提升社会治安管理水平。以发动和依靠群众、预防纠纷、维护治安为特点，后被推广至全国，成为我国基层社会治安管理的重要模式之一。

随着"枫桥式"公安派出所模式的推广和深化，其在社会治安管理中的积极作用日益凸显。该模式通过强化警民合作，提升了公安机关对社会治安的掌控能力，有效预防和减少了犯罪行为，为维护社会稳定和公共安全提供了有力保障。同时，该模式还通过法治教育和德治引导，增强了公民的法治意识和社会责任感，促进了社会和谐稳定。在社会治安管理实践中，"枫桥式"公安派出所已成为推动社会治理现代化、构建和谐社会的重要力量。

在本次武隆区测试中，尽管省级以上"枫桥式"派出所的数量维持在 1 所，但该派出所的持续存在本身就是对"枫桥经验"在新时期公安工作中创新实践的重要体现。这一现象说明，即便在数量上未有增加，但"枫桥式"派出所在质量和效能上不断深化，其在社会治安综合治理中发挥的作用不容忽视。该派出所作为基层社会治理的标杆，通过强化警民联系、提升法治教育、优化矛盾纠纷调解机制等措施，有效提升了社会治安管理水平，增强了人民群众的安全感和满意度。

虽然"枫桥式"派出所在数量上未有扩张，但其在社会治安管理中的示范引领作用持续显现，成为推动社会治理现代化、构建和谐社会的重要力量。该派出所深入贯彻"枫桥经验"，通过创新警务模式，加强了与群众的联系，提高了对社会治安动态的敏感性和反应速度，有效预防和减少了犯罪行为的发生。同时，该派出所还通过法治教育和德治引导，提升了公民的法治意识和社会责任感，为维护社会稳定和公共安全提供了有力保障。

3. 空气质量优良率

"空气质量优良率"是指在一定时间内，空气质量指数（AQI）达到优良标准（通常指 AQI 在 50 以下，即质量级别为优或良）的天数占总监测天数的比例。这个指标是衡量一个地区空气质量总体状况的重要参数。优良的空气质量意味着对公众健康和生态环境的风险较低，是环境保护和城市管理工作成效的直接体现。提高空气质量优良率通常需要减少工业排放、优化能源结构、加强机动车尾气治理和提升绿地面积等多方面的努力。

根据武隆区的测评数据，2023年空气质量优良率较2022年有所下降，从97.5%降至94.2%。这一变化提示需对空气质量管理措施进行深入分析和积极反思。空气质量优良率的下降可能与多种因素相关，包括气象条件变化、工业排放增加、交通污染加剧等，这要求相关部门加强空气质量监测和污染源管控，采取有效措施减少污染物排放，改善空气质量。应认识到空气质量优良率的下降对公众健康和生态环境可能产生的影响，这要求我们加强环境保护意识，提升空气质量管理的科学性和精准性。同时，应加大环境法律法规的执行力度，促进产业结构调整和能源结构优化，推动绿色低碳发展。

空气质量优良率的下降是对环境管理工作的警示，也是推动环境治理创新的契机。相关部门需采取有效措施，全面加强空气质量管理，确保环境质量持续改善，为维护人民群众健康和促进生态文明建设提供坚实保障。

（四）平安和谐建设的相关思考

武隆区在平安和谐建设中取得了一定成效，但同时也面临新的挑战。万人犯罪率的上升提示需进一步加强社会治安管理，提升公共安全水平；省级以上"枫桥式"公安派出所数量的维持，提供了社会治安综合治理的有效模式；空气质量优良率的下降则警示必须加大环境治理力度。应对这些现象进行全面分析，既要肯定已有成绩，也要正视存在问题，更要积极探索解决方案。

1. 强化社区平安和谐建设的创新发展

武隆区在平安和谐社区建设中面临万人犯罪率上升和空气

质量优良率下降的挑战，亟须创新社区治理策略。"枫桥式"公安派出所的持续运作为治安管理提供了宝贵经验，其深化警民合作、推进法治教育的措施有效提升了社会治安管理水平，增强了居民的安全感和满意度。通过建立社区警务室、开展治安联防、运用信息化手段，强化社区治安综合治理。

针对空气质量优良率下降问题，需加强环境监管，推动污染减排，优化产业结构，提升环境治理水平。应积极应对挑战，探索社区治理新方法，通过强化治安管理和环境治理，营造更安全、健康、和谐的生活环境。

2. 深化社会治安综合治理，构建长效防控机制

武隆区针对万人犯罪率上升的问题，致力于深化社会治安综合治理，着力构建长效防控机制。"枫桥式"公安派出所的实践表明，强化警民合作是提升预防和打击犯罪能力的关键。通过深入社区，密切联系群众，公安派出所能够更快速地响应治安问题，更有效地预防和打击犯罪行为。同时，派出所在法治教育和社会道德建设方面的努力，有助于提高居民的法治意识和自我防范能力，从而在源头上减少犯罪发生的可能性。

通过"枫桥式"公安派出所的示范作用，不仅加强了警民之间的联系与合作，而且通过法治教育和社会道德建设，提升了居民的法律素养和自我保护意识。例如，通过开展"法律进社区"活动、建立社区警务微信群、定期举办安全防范讲座等措施，公安派出所有效地将法治教育和社会服务融入社区治理中，增强了社区治安管理的针对性和实效性。

3. 推动环境治理与生态建设，提升社区生活质量

针对空气质量优良率下降的问题，需采取切实措施，推动

环境治理与生态建设，以科学规划和严格执法为手段，减少污染源排放，改善空气质量。此举旨在提升社区居民的生活质量和健康水平，体现了以人民为中心的发展思想。通过加强环境监管，优化产业结构，推广清洁能源使用，在保护环境的同时，促进经济社会可持续发展。可通过实施空气质量提升计划，加大对重点污染源的管控力度，并通过生态修复工程，增强自然环境的自净能力。例如，通过推进工业废气治理、机动车尾气排放标准提升、绿色交通体系建设等措施，有效降低污染物排放，改善空气质量。此外，通过增加城市绿地面积、建设生态公园等生态工程，为居民提供更加宜居的生活环境。

武隆区在平安和谐建设中取得了积极进展，但万人犯罪率的上升、空气质量优良率的下降亦提示治理工作仍面临诸多挑战。"枫桥式"公安派出所的成功实践为社会治安综合治理提供了宝贵经验，而环境治理与生态建设的持续推进则为提升社区生活质量奠定了基础。因此，需进一步深化社会治安综合治理，加强环境监管和生态保护，不断提升治理体系和治理能力现代化水平，确保人民群众的获得感、幸福感、安全感更加充实、更有保障、更可持续，为构建和谐社会、实现长治久安贡献力量。

三 乡村土纠纷"证·核·调"工作法产生背景

（一）地理位置特殊，人地矛盾突出

武隆区位于重庆市东南部，地处乌江下游，武陵山和大娄山峡谷地带。辖区面积 2901 平方千米，辖 4 个街道、22 个乡

镇，2022年年末，武隆区户籍总人口404429人，常住人口35.76万人。有汉族、苗族、土家族、仡佬族等13个民族。

在农村地区，土地是村民的生存基础，也是村民最为看重的权利。在日常生活中，村民土地纠纷较多。随着乡村振兴基础建设和产业发展项目增多，土地纠纷更为突出，是最尖锐的矛盾。面对此类矛盾纠纷，常因证据缺乏而难以调解。

（二）案件数量增多，人案矛盾突出

随着社会利益格局的迅速变化和公民维权意识的增强，案件数量呈现增长态势，人少案多矛盾日益突出。武隆区测评数据显示，2022年万人犯罪率为9.46，而2023年万人犯罪率上升至10.26。测评数据能够体现公民守法意识及基层社会秩序是否稳定平安。案件的增多不仅加大了司法机关的工作量，也对司法资源配置和审判效率提出了挑战。对此，积极应对犯罪数量的增多是现实赋予我们的迫切需求，具体而言，需要不断加强矛盾纠纷预防化解或法治建设，通过优化司法资源配置，提高审判效率，确保案件处理的公正性和及时性，以缓解人案矛盾，保障人民群众的合法权益得到有效维护。

（三）法治意识提升，公众参与度不足

尽管公民的法治意识有了显著提升，但公众参与法治建设的程度仍有待加强。法治建设不仅需要完善的法律体系，更依赖于公民的积极参与和实践。公众参与程度的不足可能影响法律的实施效果和社会治理的实际效能。

（四）法治建设与社会治理创新需求

法治建设是实现社会治理现代化的必由之路，随着社会的发展和民众需求的多元化，传统的治理方式已难以满足当前社会治理的需求，亟须推进法治建设与社会治理创新相结合，通过科技手段和信息化建设，提高治理效能，实现治理体系和治理能力现代化。目前，武隆区在这方面已经取得一定的成效：例如区司法局牵头创建了4个"全国民主法治示范村"，与农业农村局合力推进"全国乡村治理示范村"建设，会同建设村级事务"阳光公开"监管平台等。此外，不断探索和完善多元化纠纷解决机制，充分发挥调解、仲裁等非诉讼方式在解决矛盾纠纷中的作用。

四 乡村土地纠纷"证·核·调"工作法主要内容

耕地、林地、宅基地纠纷曾经在沧沟乡矛盾纠纷中占比49.6%，是最主要、最尖锐、最难调的矛盾纠纷之一。沧沟乡从难以确证这个源头入手，探索出"事前证据储存、事中法治审核、事后综合调解"解纷工作法，建成乡村治理示范乡。2023年涉土地纠纷较2021年同期下降80.3%。主要做法如下。

（一）确权存证备在先

针对乡村土地纠纷证据缺失、裁断调解难等问题，探索建立"证据固证"机制。一是取证固证。为防止耕地、林地、宅基地因集中开发或流转发生纠纷，开发建设流转前，分类制定土地边界、面积取证固证办法，引入无人机、GPS 测量仪等设备，组建"当事人+村+乡+主管部门"的取证固证服务队，全过程音视频录制，提高证据真实性、公正性。二是妥善储证。证据分类储存，村委会、乡司法所分别建立乡、村两级房地林记忆所，分类保存纸质证据、音视频电子件；证据分级保管，经当事人、村委会、司法所签字确认后的证据文书，由当事人和乡、村房地林记忆所分别备案保存。三是规范用证。制定房地林证据提用办法和程序，村民可按规定向乡、村两级房地林记忆所申请线上线下证据提用。在某项目推进过程中，涉及项目流转用地农户 90 余户，申请证据提用 36 户，在项目建设中无一矛盾产生。

图 8.1　记忆所宣讲会

（二）法治审核避风险

针对土地流转经营主体欠租、"跑路"引发矛盾多等问题，在固证取证基础上，探索建立"法治审核"机制，从源头上规避风险。一是涉地决策"会审"。司法所、建环办等土地主管部门列席乡党委、党政府涉地会议，会同法律顾问对涉地议题和决策事项的主体、内容、形式、程序合法性逐项进行审查，2021年以来，研判和规避决策风险20余个。二是合同签订"精审"。签订前，组织法律顾问对涉地合同逐一专审，重点审查土地流转主体资格、土地用途、经营能力、风险担保等事项，有效防范了西瓜培育基地土地流转等5个项目中存在的合同履行不平等、不合法风险。三是合同履行"跟审"。对合同履行存在的租金递增、征地补偿标准等重要事项建立跟踪指导机制。2021年以来，为多起乡村土地纠纷提供法律服务，切实维护了当事人合法权益，2023年土地流转合同纠纷同比下降70%。

（三）调解止争不外溢

对建设占地、土地边界不清等引发的纠纷，以"三步法"定纷止争。第一步，看证据，确权存证"活起来"。一旦发生土地纠纷，首先调取确权存证资料，让证据说话，拿出解纷意见，邀请服务队伍参与调解，凭证说法说理，合理引导预期，帮助当事人分清利弊得失。第二步，解纠纷，法治规矩"立起来"。乡村社"三联调"＋专职调解员＋AI法律咨询＋公证、鉴定、法援、复议机制，通过"读语缓心、陈事调争、互谅求同、乡贤点赞、司法确认、回访问效"形成工作闭环，促进纠纷实质性化解。全乡通过证据储存工作法促进了3000亩土地、20多个建设项目平稳落地，无一矛盾激化。第三步，育群众，法治意识"树起来"。通过干部以案讲法、村民现身说法等形式,让"办事依法、遇事找法、解决问题用法、化解矛盾靠法"的理念不断成为普遍共识。2021年以来,沧沟乡涉地矛盾纠纷明显下降。

五 成效和启示

1. 改革品牌成效全国推广

2023年,武隆区沧沟乡"乡村土地纠纷'证·核·调'解纷工作法"被评为全国新时代"枫桥经验"先进典型;改革经验被纳入中央政法委典型案例在全国刊载推广,在全国"小事不出村 大事不出镇 矛盾不上交"第一期分片研讨班作经验交流;改革经验被央视《新闻联播》《人民日报》《重庆日报》等中央、市级媒体深度专题报道,被市委办公厅《每日要情》、市委改革办《改革要情》刊载推广。

2. 基层治理效能明显提升

解纷工作法实施以来,设立村调解室5个,法治大院、"四治"和院33个,打通纠纷化解源头"一公里";涉土纠纷调解周期由原平均3天/件缩短至0.5天/件;2023年涉土纠纷较2021年同比下降80.3%,涉土信访案(事)件下降67%,无一非访。2023年,沧沟乡被评为第三批市级乡村治理示范乡镇,沧沟村被评为市级乡村振兴示范村,大田村被评为市级宜居宜业和美乡村示范创建村。

3. 助推经济发展动力增强

助推建设高标准农田3000亩、流转土地3800余亩,集约化发展西瓜、茶叶、甜竹等产业,保障94个建设项目落地,完成总投资2.29亿元，带动群众家门口就业843人。有效助推乡村振兴，2023年全乡村集体经济收入增长312%，脱贫人口人均纯收入增长15%以上，群众满意度从2021年的83.04%提升至2023年的95.79%，沧沟乡在全市17个乡村振兴重点帮扶乡镇考核评估中由原第14位提升至第6位。

六　典型案例

（一）"证·核·调"解纷工作法：高效化解高标准农田土地整治工程纠纷

1. 基本情况和化解难点

2022年年初，沧沟乡沧沟村村委会为了防止水土流失，提高土地的利用率和使用价值，拟在新朝门开展高标准农田土地整治工程。经事前调研，群众对"整治前后土地边界和面积变化"心存顾虑，导致整治工程进度缓慢。对此，沧沟乡率先在沧沟村新朝门试点，通过"事前证据储存、事中法治审核、事后综合调解"的解纷工作法，推动高标准农田土地整治工程平稳落地，25户农户对11152平方米、16.72亩土地完成确认。

2. 调处化解过程

第一步，入户动员，树立证据意识。在整治工程前期，组建由第一书记带队，司法所工作人员、法律顾问、乡村干部等组成的法律政策宣讲队，通过大会动员、院坝微宣讲、入户答疑解惑等形式，讲解证据应用的重要性、实用性与合法性。引导群众共同参与证据收集、保存、使用等环节，树立"凡事讲证据、遇事讲法律"的法治观念。

图 8.2　土地林地"证据储存"工作法宣讲会

第二步，取证固证，做足事前准备。立足纠纷调解证据缺失、土地边界不清的实际情况，形成"当事人+村+乡+主管部门"的证据采集队伍，在整治工程推开前集中攻坚取证。在取证固证过程中，首先通过无人机航拍确定土地相对位置，GPS测亩仪精确测量土地面积，再邀请当事人、村委会和司法所代表共同参加签字确认仪式，签订《耕/林地确认书》《权利告知书》《分家协议》等证据文书，并全程录音录像，提高房地林证据的真实性，有效消除整治工程潜在矛盾纠纷隐患。

第三步，法治审核，规避实施风险。土地整治前，沧沟乡党委政府召开专题会议，组织乡司法所、建环办等部门依据相关法律、政策要求，对整治工程实施方案的内容、程序等环节合法性进行逐项审核，最大限度地规避决策风险。同时，邀请法律顾问对土地整治后边界再划定、面积再划分等办法进行监督指导，确保整治工程按既定方案实施落地。

第四步，有效用证，化解涉土纠纷。工程完成后，一旦村民对再分配的土地边界和面积有异议，首先调取确权存证资料，事实面前让证据说话，利用事前保存的土地证据信息，凭证说理说法，合理引导预期，有效防止当事人反悔，避免"反复调解"，降低了行政成本。目前，新朝门高标准农田整治工程已圆满结束。

（二）启示和思考

该工作法有三个优点：一是成本低。在案例中，不需要依靠外来人员，工作力量来源于本乡本村干部，工作设备全乡共用一套，且只需要无人机、GPS测量仪、手机、电脑等，价格低、操作简单，制度运行成本低。二是可复制。正因为成本低，工作法具备可复制的基础条件，加上工作流程已基本修改完善，基层干部只要按照文本开展工作，即可达标。此外，经过前期多次宣传，群众对证据储存认可度高，有很好的群众基础。三是有实效。群众全程参与土地测量、签字确认和视频录制等环节，培养了"证据意识"，增强了法律意识和法律素养。已保存的纸质、视频证据，成为今后土地纠纷的裁量依据，解决了过去"说教式"调解，靠"人情"、靠"哄"的问题，让调解工作更有理，群众更信服，避免重复调解，极大地降低了行政成本。

实践中，要注意三点：一是找准对象。该工作法侧重于预防矛盾纠纷产生，群众自主申请是主要启动方式，取证范围主要是已调解成功的土地纠纷或预防未产生纠纷申请提前保存土地证据的情况，具有较强的针对性。二是找准方向。土地测量取证、音视频录制等工作量较大，基层力量有限，因此不建议对所有耕地、林地、宅基地取证（也无必要），而是重点针对即将开发、建设、流转的土地取证，为乡村产业项目顺利落地保驾护航。三是找准定位。耕地、林地、宅基地均有国家证书明确权属，产生纠纷时有相应的国家机关裁判。该工作法储存的土地证据与国家土地权属证书不冲突，它是对土地权属证书与实际情况不相符时的证据补充，可作为法定机关裁判时的参考依据。

四川武侯指标分析和"石榴籽"

为坚持和发展新时代"枫桥经验",深化民族互嵌式社区治理,推动城市民族工作高质量发展,成都市武侯区立足多民族互嵌式社会结构和社会环境特点,深挖新时代"枫桥经验"内涵,结合社会治理现代化工作要求,从"石榴籽"调解出发,整合民族治理资源,发动和依靠各族群众,搭建起以"三治融合"为核心内容的"石榴籽"多元共治社区治理模式。通过实施综合治理,凝聚各族群众合力、释放多元解纷效能、建立情感文化纽带,实现"以法治保自治、以德治辅法治、以自治促德治"的良性互动,有效发挥"三治"聚力,促进多民族互嵌式社区团结和谐。2023年,武侯区成功创建国家级、省级、市级"枫桥式"派出所、司法所、人民法庭以及"枫桥式工作法",成功创建全国、全省、全市民族团结进步示范区。截至2024年6月,武侯区共培育"全国民族团结进步模范集体"1个、"全国民族团结进步示范区(单位)"5个、"全省民族团结进步示范区(单位)"10个,"全市民族团结进步示范区(单位)"2个,全国民族团结进步教育基地1个,全省民族团结进步教育基地2个，全省铸牢中华民族共同体意识教育基地1个。有关工作先后被新华社、《人民日报》、《法制日报》、四川新闻网、《四川法治报》等权威媒体关注报道。

一 武侯区基本情况

武侯区于1990年建区，是国务院命名的高科技文化区。全区面积75.36平方千米，辖11个街道办事处、72个社区，常住人口约121万人。

区位条件优越。武侯区区位优势明显，距成都双流国际机场仅10分钟车程。区内地铁线路广布，已投入运行线路8条，站点33个，在建线路5条，站点12个。区域内火车南站是新机场专线——成都地铁18号线的始发站，到成都新机场用时仅需半小时；西南地区首条高速铁路客运专线——成绵乐城际铁路也停靠火车南站。

文化底蕴深厚。武侯区历史文脉悠久、文化资源丰富，不仅有穿越千年历史烟云的武侯祠、蜀风雅韵的锦里古街，也有诗竹蕴染的望江楼公园、中西合璧的华西坝建筑群、转型蝶变的白药厂。近年来，武侯区围绕成都建设世界文化名城，深挖区域历史文化资源禀赋，打造了天府芙蓉园、音乐坊、梵木Flying国际文创公园等一批文商旅体融合项目，进一步彰显了三国文化、诗竹文化、芙蓉文化等特色文化的底蕴内涵和当代表达，获评四川省天府旅游名县、省级全域旅游示范区、文化赋能影响力优秀城市、文化和旅游高质量优秀城市，梵木文化产业园获评"国家级文化产业示范园区"。

科教资源富集。武侯区是国家科技进步示范区，区内聚集了包括四川大学在内的十余所知名高校，省部级科研院所29家，有"两院"院士18人、博士研究生1万余人、硕士研究生4万余人、市级以上专家3000余人，高新技术企业1304家，拥有国家级重点实验室4个、省部级重点实验室38个。获评国家知识产权强县建设示范县、全国商业秘密保护创新试点地区、全国创新百强区和第二批全国科普示范区。

经济发展活跃。2018年地区生产总值突破千亿元大关。2019年获评四川省县域经济发展强区。2022年获评全国县域经济发展百强区。2023年完成地区生产总值1457亿元、增长6.1%，实现社会消费品零售总额1273.3亿元、增长9.4%，一般公共预算收入116.4亿元、增长10.5%。进入"2023赛迪百强区"前15名，位居西部上榜城区第一名，获四川省委、省政府通报表扬。

城市功能优良。武侯区是成都中心城区和老五城区之一，基础设施完善，公共服务配套优质，片区特色鲜明，穿越辖区的人民南路是成都城市形象主要展示区，音乐坊片区的城市音乐厅是成都对外交流的重要窗口。近年来，武侯区围绕"三个做优做强"，统筹推进重点片区综合开发，太平寺片区将打造为公园城市实践区、现代都市工业谷，环华西国际智慧医谷将建成全国一流转化医学产业服务创新区、公园城市健康服务示范区、百年华西人文活力区，悦湖科技城将打造立足成都、辐射西部、在全国具有影响力的科技创新产业高地，三国创意设计片区将加快建设具有全球美誉度的三国文化消费目的地和创意设计中枢地，音乐坊片区将打造全国音乐产业前沿基地、国际音乐文化艺术公园，西部智谷片区将建成以"两业"融合为特色、面向西部辐射全国的都市工业示范区。

社会事业繁荣。在教育事业方面，区内拥有四川大学、成都七中、西川中学、龙江路小学等覆盖从小学到大学各阶段的顶尖优质教育资源。全区中小学校共计76所，各类幼儿园144所，普惠性幼儿园覆盖率达86.95%，相继获评全国教育综合改革实验区、全国区域教育均衡发展特色示范区、首批中小学心理健康教育引领区，成功入选全国首批义务教育优质均衡先行创建区。在卫生事业方面，拥有西部最具实力的综合性医院——四川大学华西医院及华西口腔医院、四川省肿瘤医院、四川省骨科医院等专业领域顶尖医院及其他三甲医院共12家。大健康企业及医疗机构4800余家，有13家医美医院、145家医美机构，是成都建设"医美之都"的主阵地，每千人医师数8.75人、千人护士数10.05人、千人床位数14.46张，达到发达国家水平。

二 若干指标数据分析

测评数据显示，武侯区在多元共治、矛盾化解等方面取得了一定的成效。现结合该区实际情况，对部分指标数据作简要分析。

（一）万人成讼率

通常情况下，万人成讼率数值越高，表明所在地区的诉讼频率越高，社会矛盾纠纷也就越突出，这一指标也是社会治理成效的重要评估工具。该区已将万人成讼率这一指标纳入全区各街道综治维稳工作考核范围。测评数据显示，2022年万人成讼率为253.87件/万人，2023年万人成讼率为267.5件/万人，同比上升5.37%。这一方面是武侯区司法服务便捷化和居民法治意识提升的体现，司法公信力的提升导致居民更愿意信任、选择司法途径维护自身合法权益；另一方面也反映出经济形势下行导致社会矛盾纠纷总量增加，基层社会治理和多元化纠纷解决机制效能有待进一步提升。

优化建议：充分发挥区级社会治理中心作用，构建"漏斗形"矛盾纠纷多元化解机制，组织公安、法院、检察院、民政、住建交等政府部门和仲裁、公证、调解组织等多元解纷力量入驻，推动矛盾纠纷"一站式"多元化解，实现"社会调解优先，法院诉讼断后"的递进式矛盾纠纷化解格局，逐步推动从"化讼止争"向"少诉无讼"转变。

（二）省级及以上"枫桥式"法庭数量

人民法庭作为司法机关的最基层延伸，处于化解矛盾纠纷、服务人民群众的第一线，位于司法能动履职参与基层社会治理的最前沿。"枫桥式"法庭创建的实质，是通过司法职能前移延伸出"准司法"职能，为矛盾纠纷化解过程中的不同主体供给规范预期，培育社会解纷力量等基层治理资源，为推进诉源治理、社会治理、国家治理提供法治保障。2021年，武侯区人民法院立足辖区医疗资源富集，医疗纠纷多发的区位特点，挂牌成立全省首家医疗纠纷专业化人民法庭，即晋阳人民法庭，集中审理辖区医疗纠纷、侵权责任、劳动争议等案件。

晋阳人民法庭锚定创建"枫桥式"人民法庭目标，立足区域优势和纠纷特点，精耕医疗审判，以专业化为核，形成"四个一"的"诸葛问诊"专业化审判品牌，走出"由杂及专、由专及精、由精及深"的专业化人民法庭创建之路。测评数据显示，2022年，武侯区人民法院晋阳法庭入选市级"枫桥式"法庭，2023年，入选省级"枫桥式"法庭。从指标反映出，武侯人民法院"枫桥式"法庭创建工作呈现出迭代升级态势。2023年，武侯人民法院晋阳法庭围绕打造一个特色党建品牌、建立一支专业审判队伍、首创一站式医疗解纷平台、探索一套专业化审判模式"四个一"核心目标开展工作，办案质效显著提升，成功创建省级"枫桥式"法庭。

优化建议：继续坚持和发展新时代"枫桥经验"，以求真、务实、创新为工作原则，提升专业化审判水平、做实指导调解法定职能，以能动履职理念深入参与社会治理。制定法庭建设长期规划，确定以"精、诚、智、善"为文化内核，分别统领专业化审判、法治宣教、学术调研、诉源治理四项工作，打造法庭特色文化品牌，为争创全国"枫桥式"法庭奠定深厚基础。

（三）行政复议化解率

行政复议是一种权利救济制度，旨在防止和纠正违法或不当的具体行政行为，保护公民、法人和其他组织的合法权益，同时也是行政机关自我监督、自我纠错的制度，相绞于行政诉讼形式更为灵活。2024年1月1日生效的新修订的《行政复议法》明确规定"发挥行政复议化解行政争议的主渠道作用"，彰显行政复议在行政争议多元化解体系中的重要地位。行政复议化解率则是反映行政机关"自我纠错"、推进法治政府建设、实质性解决行政争议的成效性指标，对于完善城市社会治理体系，推进法治政府、法治社会建设具有重要意义。武侯区成立了全省首家行政争议调解中心，探索构建"党委政府主导、人民法院助推、行政机关主责、社会力量参与"的多元联动化解行政争议工作格局，建立健全"前端法治指导、中端府院会商、后端调解优先"的全链条调处机制，充分发挥行政复议等非诉讼纠纷解决方式在行政争议化解中的基础性作用。测评数据显示，2022年武侯区行政复议化解率为25.65%，2023年行政复议化解率上升至29.26%。行政复议化解率上升主要得益于三个方面的探索：一是发挥行政立案"过滤器"功能，引导"复议—诉讼"科学分流；二是做实府院会商"合成器"功能，统一"复议—诉讼"适法标准；三是推进解纷平台"分离器"功能，推动复议机关高效参与解纷，从而使行政复议机制实质化解行政争议的效能进一步释放。

优化建议：府院联动积极作为，持续探索行政审判与行政复议携手推进行政争议源头预防的工作机制，进一步加强行政争议前端立案审查工作，提升司法与行政工作互动频次，积极引导当事人依法寻求复议途径解决矛盾、化解争议，充分发挥行政复议化解行政争议的"主渠道"作用。

（四）全国民主法治示范村数量

2023年中央一号文件中提出"要提升乡村治理效能，加强乡村法治教育和法律服务，深入开展'民主法治示范村（社区)'创建"。开展"民主法治示范村（社区）"创建工作是推进多层次多领域依法治理、提高基层治理法治化水平的重要载体，是实施乡村振兴战略的重要内容，是落实法治乡村建设要求的生动实践。武侯区以民主法治示范社区创建为抓手，立足超大城市中心城区特点，全力推进社区发展治理。测评数据显示，2022年武侯区火车南站街道长寿苑社区入选全国民主法治示范社区，2023年武侯区晋阳街道吉福社区入选全国民主法治示范社区。长寿苑社区推出"党建引领信托制物业解纷工作法"，以"信托制"工作法重构物业管理关系，让物业矛盾下降，居民满意度上升。吉福社区突出依法融入、文明融入、嵌入式融入的"三融入"方法，加强创建工作组织领导、推动社区有序自治、提升社区法治水平。

优化建议：一是以自治为基础，激发民主法治示范社区建设活力，推进民事民议、民事民办、民事民管。二是以法治为保障，提升民主法治示范社区建设定力，确保"小事不出村、矛盾不上交"。三是以德治为先导，增添民主法治示范社区建设引力，营造文明健康、向上向善的良好家风和淳朴民风。四是以智治为支撑，强化民主法治示范社区建设动力，运用互联网、大数据、智能平台等现代化技术，织密治安防控网络。

（五）万人犯罪率

万人犯罪率反映了单位时间内（通常为每年）每万人口中犯罪者的数量。万人犯罪率可以用来衡量一个地区或国家犯罪的密集程度，对于评估社会安全状况和制定预防措施具有重要意义。降低万人犯罪率契合轻罪时代的治理方略，契合新时代

"枫桥经验"的实践要求，契合诉源治理的根本目标。武侯区注重综合施策，严把入口推动落实出罪举措，合理分流促成管辖权最优行使，宽严相济实现轻重案件分离，差异化处理精准施策治理犯罪，力求推动万人犯罪率有效降低。测评数据显示，2022年万人犯罪率为8.28件/万人，2023年上升为9.35件/万人，同比上升12.92%，其中盗窃罪案件量占比最高，2023年同比上升22.98%。武侯区万人犯罪率的上升，一方面与社会结构变化、社会经济压力加剧等因素密切相关；另一方面也反映出武侯区预防和打击犯罪力度有待进一步加强，社会治安综合治理工作有待进一步凝聚合力。

优化建议：一是加强普法宣传，凝聚公安、检察院、法院、司法局法治合力，定期开展"法治七进"活动，提升居民法治意识；二是强化数字赋能。提升精准管控能力，充分挖掘数据应用价值，全面构建数据融通、智能预警、精准管控、赋能基层的现代治安防控体系；三是加强警调联动。建立公安与人民调解、行业调解等的联动解纷机制，推动矛盾纠纷化解在基层，防范普通民事纠纷激化为刑事案件。

三 "石榴籽"多元解纷工作法产生背景

为坚持和发展新时代"枫桥经验"，推动矛盾纠纷源头预防化解，武侯人民法院经过7年的探索建立起"诸葛止戈"诉源治理体系，对高发性、类型化纠纷进行靶向治理。截至2022年年底，已将知识产权、物业、家事、劳动、道路交通等高发类型化纠纷归入专业审判庭室统管统治。但在开展类型化纠纷靶向治理的过程中发现，根据案由作为纠纷类型化标准虽然能够满足解纷专业化需求，但存在一个共性问题，即武侯区少数民族众多，常住人口和流动人口双高，是典型的多民族互嵌式社会结构和社区环境，少数民族群众来武侯区办事、就医、经商过程中产生的矛盾纠纷慢慢增加。涉少数民族纠纷具有强烈的民俗性、情绪对抗性、厌讼性等特点，靠传统法官、调解员的释法明理、法律宣讲解纷效果不佳。考虑到武侯区的少数民族背景和诉源治理工作要求，武侯人民法院决定剥离涉少数民族纠纷作为独立的类型化纠纷进行靶向治理，由此形成"一干八枝"[①] 类型化治理体系。经过调研四川省"石榴籽"调解品牌的实践经验和武侯区各街道民族背景，武侯人民法院决定在少数民族人口最多的浆洗街街道引入这一四川民族解纷经验。

2023 年 4 月，在四川省高级人民法院、成都市中级人民法院、武侯区委的指导下，武侯人民法院联合区司法局、浆洗街街道共同在武侯区公共法律服务中心少数民族工作站成立成都市首家"石榴籽"调解工作室，最初由法院牵头将司法服务下沉一线，聚合少数民族解纷力量预防化解纠纷。在运行过程中，"石榴籽"调解工作室逐步汇聚多元治理主体，与公安、检察院、司法局、民族宗教委等职能部门及街道社区的民族治理工作深入融合。2024 年 3 月，在晋阳街道吉福社区成立"共享解纷空间·石榴籽调解"工作室，成为"资源共享、经验共

---

① "一干八枝"："一干"指诉源治理中心，统筹推进诉源治理工作，"八枝"指武侯人民法院结合工作实际，针对物业、劳动、道路交通、家事、医疗、知识产权、行政、涉少数民族八大类型化纠纷，与相关区级部门、行业协会、调解组织联合打造特色化的专业联调平台，推动纠纷源头治理、多元化解。

享、成果共享"的民族区域治理载体,"石榴籽"调解武侯实践逐步发展为以"三治融合"为核心的"石榴籽"多元共治模式,在特大城市中心城区走出一条基层治理与民族团结深度融合的特色路径。

(一) 四川调解品牌:"石榴籽"调解

1. "石榴籽"的内涵

党的十八大以来,习近平总书记始终高度重视民族工作,在地方考察时多次调研民族团结进步事业。2014年5月下旬,习近平总书记在中央新疆工作座谈会上提出:"各民族要相互了解、相互尊重、相互包容、相互欣赏、相互学习、相互帮助,像石榴籽那样紧紧抱在一起。"近十年来,习近平总书记在与民族相关的会议和考察活动中多次提到"石榴籽"。石榴在中国传统文化中被视为多子多福的象征,恰如中华民族大家庭的多民族特色。石榴籽果粒饱满,颗颗环抱,正如我国56个民族紧密团结在一起。习近平总书记用"像石榴籽那样紧紧抱在一起"来比喻各民族团结,寓意深刻、饱含期待、意境深远。

2. "石榴籽"调解的来源

"石榴籽"调解发端于四川省泸州市叙永县人民法院摩尼法庭,叙永县是四川省最大的少数民族杂散居县,当地少数民族群众遇到矛盾纠纷,倾向于用习惯法解决。调解中,法官一板一眼地讲法条,效果并不理想。2017年,叙永县法院以摩尼法庭为试点,抽调7名少数民族干警组成专业团队,调处全县涉少数民族纠纷案件。同时,选任地方乡贤、村社干部担任调解员，并根据案情邀请少数民族同胞参与调解。调解过程中，将国家法律和少数民族习惯法作为调解依据，借助少数民族调解力量，融合少数民族习惯，实现案结、事了、人和，逐步形成"石榴籽"调解经验。

3. "石榴籽"调解的推广

四川是多民族聚居地，是全国最大的彝族聚居区、全国第二大涉藏地区和全国唯一的羌族聚居区。2021年3月，为在民族地区践行新时代"枫桥经验"，深化诉源治理，建设法治四川，维护民族地区和谐稳定，四川省高级人民法院决定在全省民族地区法院启动"石榴籽"调解品牌建设。2021年6月，四川省委政法委、省委统战部、省民宗委、省高级人民法院、省司法厅共同印发《关于充分发挥司法职能作用深入推进民族地区矛盾纠纷多元化解工作的实施意见》，从省级层面全面推广民族地区矛盾纠纷多元化解工作。2021年12月，四川省高级人民法院与省民宗委、省司法厅联合召开"深化民族地区多元解纷 推进'石榴籽'调解工作"新闻发布会，在全省范围推广"石榴籽"调解并发布"石榴籽"标识。四川甘孜、阿坝、凉山等多个少数民族聚居地纷纷挂牌成立"石榴籽"调解室。截至目前，四川省已建立"石榴籽"调解室（组织）259个，另有19个"石榴籽"调解室（组织）正在建设中，"石榴籽"专兼职调解人员547名，从点上"盆景"到面上"风景"。"石榴籽"调解在四川省民族地区结出硕果并成为民族地区矛盾纠纷多元化解的响亮品牌。2022年1月，"石榴籽"调解入选首届"四川法院改革创新奖"，2022年3月，"石榴籽"调解作为四川法院亮点工作之一，被写入最高人民法院工作报告。

（二）武侯民族特色：多民族互嵌式城区

1. 少数民族背景

成都作为四川省省会、全国副省级城市，是地处我国西部的超大城市，是西部各民族交往交流交融的重要平台。武侯区位于成都市西南部，56个民族齐聚，常住少数民族人口近5.96万人，占全区实有人口的4.6%，其中藏族人口最多，约2.06万人。现有民族地区机关事业单位驻蓉办事机构27家，涉少数民族经营主体790余家，大型医院十余家，锦里、武侯祠、藏饰一条街等旅游资源齐聚，成为少数民族群众来蓉办事、就医、旅游的主要落脚点，少数民族人口年均流动量超100万人次，约占全市少数民族流动人口流动量的1/4。长期以来，随着城镇化进程不断加快，各族群众交往交流交融需求日益增加，该区一直是成都市民族工作任务最为繁重的城区之一。

2. 整体民族工作

近年来，武侯区坚持以习近平总书记关于加强和改进民族工作的重要思想为指导，以铸牢中华民族共同体意识为主线，深入贯彻中央、省委、市委民族工作会议精神，以城市民族工作、社区民族工作"两个标准化"为牵引，立足互嵌式社会结构和社区环境建设目标定位，以聚力构建"六个互嵌"机制、持续推动"六共六促"为工作路径和抓手，通过空间互嵌，实现和谐共居促进交融；通过文化互嵌，实现互鉴共学促进认同；通过治理互嵌，实现社区共建促进善治；通过服务互嵌，实现资源共享促进久安；通过经济互嵌，实现平等共事促进发展；通过社会互嵌，实现幸福共乐促进团结。武侯区有效推进城市民族工作高质量发展，具有良好的治理环境和治理基础。

2023年，武侯区成功创建全国、全省、全市民族团结进步示范区。截至2024年6月，共培育"全国民族团结进步模范集体"1个、"全国民族团结进步示范区（单位）、模范集体"5个、"全省民族团结进步示范区（单位）"10个，"全市民族团结进步示范区（单位）"2个，全国民族团结进步教育基地1个，全省民族团结进步教育基地2个，全省铸牢中华民族共同体意识教育基地1个。

（三）社会治理要求：深化诉源治理

1. 成都中级人民法院实践

2016年7月起，成都中级人民法院在成都市委的坚强领导和上级法院的有力指导下，全面贯彻习近平总书记作出的"坚持把非诉讼纠纷解决机制挺在前面"的重要指示，坚持和发展新时代"枫桥经验"，在全国率先开展诉源治理改革。2019年2月，最高人民法院《五五改革纲要（2019—2023）》要求："创新发展新时代'枫桥经验'，完善'诉源治理'机制，坚持把非诉讼纠纷解决机制挺在前面，推动从源头上减少诉讼增量。"2021年2月，中央深化改革委员会第18次会议通过了《关于加强诉源治理推动矛盾纠纷源头化解的意见》，诉源治理改革探索从"成都实践"正式上升为国家顶层制度设计。

2. 武侯人民法院实践

自2016年起，武侯人民法院在上级法院、区委、区委政法委的有力指导和各职能部门、街道的全力支持下，不断坚持和发展新时代"枫桥经验"，推动诉源治理工作走深走实。经过7年的探索，武侯人民法院逐步整合实践经验，创建"三端口四中心五防线"的全链条诉源治理模式，推行"三分三定三同心"解纷工作法，以"诸葛止戈"品牌构建诉源治理工作体系，在全市首创基层法治指导员制度，成立全省首家执前和解中心、行政争议调解中心。有关工作曾获省高院、市中院领导批示肯定，曾获全国法院先进集体，全省法院先进集体，全省法院一站式建设先进集体，全省法院集体二等功，全市法院诉源治理、衍生案件治理重点工作专项奖等荣誉。

为推动诉前多元解纷，减少诉讼案件增量，武侯人民法院建立类型化纠纷靶向调解机制。一是引入多元调解力量，拓宽诉前解纷选择"面"。引入17家特邀调解组织、22名特邀调解员，打造公益性调解与市场化调解并存一站式解纷"超市"；专业庭室与调解力量一一结对，法官"靠前指导＋包案化解＋全程监管"；提供诉前解纷分流指引与"调确督一体化"非诉解纷套餐，满足当事人多元解纷需求。二是打造特色调解中心，贯通靶向调解专业"线"。构建起诉源治理中心抓总，知识产权、物业、道路交通、劳动、家事、行政、医疗等类型化纠纷靶向调解体系，成立物业联调、劳动联调、版调中心、行政争议调解中心、家事调解室五大特色调解中心，引入医调委、房调委、保调委、中小企业调委会等专业性、行业性调解组织，与住建、民政、公安等职能部门建立对接机制，联动条线力量专业解纷。三是探索调解方法创新，突破疑难纠纷关键"点"。直面家事、医疗、房产建工等领域解纷难题，注入"二引入三前置四创新"专业势能，精准提升调解效果。引入心理咨询师进家事解纷领域，引入"技术调查官"进房产建工解纷领域，有效打通技术堵点。前置失联修复于金融诉讼入口，前置预执废于执行入口，前置司法鉴定于诉前，有效疏解调解痛点。实施法检联合执前督促、跨域协同联动解纷、"示范诉讼+集中调解"、物业纠纷前置化解4项微创新项目，有效突破调解难点。

3. 少数民族纠纷特点

少数民族群众由于风俗习惯、生活方式、宗教信仰、价值观念、民族文化等与流入地存在较大差异，其在工作、生活期间会遇到很多不适应状况。加之少数民族可能对法律法规及城市管理制度不了解，各民族在交流交往过程中容易产生矛盾纠纷。武侯区作为多民族互嵌式社区，涉少数民族矛盾纠纷频发。涉少数民族纠纷具有强烈的民俗性、情绪对抗性、厌讼性等特点，呈现易发难调的特点，单纯依靠诉讼程序、释法明理往往解纷效果不好，容易由普通矛盾纠纷演化为肢体冲突甚至刑事案件。因此，涉少数民族矛盾纠纷需要剥离为类型化纠纷进行专项治理、综合治理，实现预防化解矛盾纠纷和促进民族团结和谐的双重目标。

四 "石榴籽"多元解纷工作法主要内容

为坚持和发展新时代"枫桥经验"，深化民族互嵌式社区治理，推动城市民族工作高质量发展，武侯区立足多民族互嵌式社会结构和社会环境特点，深挖新时代"枫桥经验"内涵，结合社会治理现代化工作要求,从"石榴籽"调解出发,整合民族治理资源,发动和依靠各族群众,搭建起以"三治融合"为核心内容的"石榴籽"多元共治社区治理模式。通过实施综合治理,凝聚各族群众合力,释放多元解纷效能,建立情感文化纽带,实现"以法治保自治、以德治辅法治、以自治促德治"的良性互动,有效发挥"三治"聚力,促进多民族互嵌式社区团结和谐。

(一) 凝聚各族群众合力,发挥自治基础作用

以促进多民族共建共治共享为目标,创新少数民族群众参与社区发展治理新路径,推动政府"单点管理"向"全员共治"转变,形成民事共议、遇事共商、难事共办、成事共享的基层群众自治机制,提升城乡社区居民自我管理、自我服务、自我教育、自我监督的能力。

1. 分级递进解决社区治理难题

聚焦各族群众急难愁盼,分级分类搭建议事机制,引导自主解决治理难题,避免由正常利益诉求升级为矛盾纠纷。

一是重大问题专群结合"渐进式"推动。针对历史遗留问题、政策性问题等重大问题,构建"社区吹哨、部门报到、群众参与"处置模式,突出专群结合,强化部门协作,推动机关、企事业单位党员参与治理。充分发挥少数民族代表人士示范带动作用,推选政治过硬、组织能力强、有社会威望的少数民族党员参与小区党建工作,担当促进民族团结的宣传员、调解员、信息员。目前,洗面桥、吉福等社区已组建民族文化之家党支部,锦宏阁小区等点位成立了流动党小组。

二是民生问题部门联动"清单化"解决。与西藏、"三州"等民族地区驻蓉办事机构，四川大学、西南民族大学等驻区高校联建民族工作协作机制，组建覆盖区、街道、社区的专兼职民族工作队，民族地区驻蓉办民族工作协作队以及民族工作志愿者三支队伍，围绕各族群众急难愁盼之事，广泛收集居民需求，研判制定"社区党建共建服务项目清单"，实行民生项目自主认领，由业务主管部门针对性解决最关乎群众利益的问题。

三是利益问题众事众议"自主性"协商。针对小区管理等涉及公共利益问题，成立武侯区物业行业党群服务中心，引入"信托制"物业模式，搭建"小区党组织＋居民自治小组＋业委会＋物业公司"四方协商平台，推行重大事项听证制度、业主接待日等，推动小区管理问题解决机制常态化、沟通渠道畅通化。同时，推动形成社区民族工作联席会、驻区单位联席会、小区板凳议事会、社区民族事务协调会"四会互动"，积极引导少数民族群众担任小区院落党组织、议事会、老党员工作室成员、网格员等，畅通各族群众完善居民公约、民主决策、财务公开等事项的参与渠道。

2. 发动群众自主预防化解矛盾

将民族工作高质量发展与平安武侯建设、"微网实格"治理体系有机融合，充分发动群众力量主动排查、自主化解矛盾纠纷。

一是强化警民联动，维护街区平安。科学研判多民族互嵌式社区特点，聚焦高发治安风险，强化警民联动防控。在藏族聚居地浆洗街街道组织成立"杰巴"义警队。"杰巴"在藏语中指调解矛盾纠纷的人，一般由具有高尚品格、声望较高的人

图 9.1 晋阳人民法庭法官参与小区板凳议事会

图 9.2 "共享奶奶"提供社区托幼服务

担任。浆洗街街道派出所邀请藏族少数民族干部、西南民族大学老师以及德高望重的僧侣等加入"杰巴"义警队，协助公安机关化解涉少数民族纠纷。同时，在涉藏酒吧聚集地"耍都"

组织成立"藏商巡逻队",夜间由商家自主巡逻酒吧街区治安秩序,减少因醉酒引发的治安事件和刑事案件。

二是聚力网格营建,管控风险苗头。依托"微网实格"治理体系,深化市域社会治理,组建由多民族参与的"社区党员＋微网格长＋N 名志愿者"组成的小区网格自治队伍。网格自治队伍走楼栋、进单元,全面梳理楼栋邻里纠纷,整理形成"周边噪声、房屋装修、空间占用、高空坠物、宠物饲养"等类别化邻里风险点清单,并对照风险点清单入户走访。对不符合公共利益、违法违规行为及时发现、提醒整改,同时协助当事人解决问题隐患,通过邻里间的动之以情、晓之以理,将潜在纠纷消除在萌芽状态。

三是探索社区调解,化解属地纠纷。挖掘社区解纷资源,发挥基层治理优势,分类开展协商化解工作,发挥矛盾纠纷化解"第一道防线"作用。针对邻里纠纷,组织开展"邻里茶话"沙龙,由楼栋网格员组织协商,化解简单邻里纠纷。针对复杂问题,由"社区书记工作室"进行调解,发挥党建引领作用。针对家庭矛盾,由"智慧妈妈团"现身说法,纾解情绪,调和纠纷;针对涉老纠纷,由"萤火虫老党员工作室"组织协商,发挥议事协商功能;针对儿童权益保护纠纷,由"共享奶奶""故事爷爷"团队参与调解,长者关爱消除隔阂。

3. 激活多元服务促进协同发展

以少数民族群众个性化需求为导向,积极探索"滴灌式""互助化"服务,以精准化服务满足差异化需求,带动各族群众协同发展。

一是优化政务服务,满足办事需求。注重均衡一体服务,

图9.3 吉福社区召开"邻里茶话"沙龙,共解简单邻里纠纷

图9.4 民警向"杰巴"义警队宣讲治安管理规定

利用区、街道、社区三级政务服务平台,在全区建立"一体化窗口、一站式服务、一条龙办公"模式综合服务窗口(站点),窗口建立"汉语+少数民族语"多语种服务模式,设置"双语

咨询台",配备少数民族干部、工作人员和社区志愿者,制作双语标识和服务手册,有效解决少数民族群众语言不通、材料看不懂、诉求表达不准等难题。同时,精准做好就业帮扶,强化"政府引导、企业参与、市场调节",引导社会资源积极参与就业帮扶"送岗位、送培训、送政策"行动,带动各族群众200余人多渠道灵活就业。

二是供给志愿服务,满足公益需求。组织成立党员志愿服务队,在辖区建立50支党员志愿服务队,结合"双报到双服务""我为群众办实事"等服务载体,结合民族团结进步工作深入开展"一月一主题"系列志愿服务活动,提升各族群众生活便利性。常态组织各族大学生志愿者开展宣教服务,积极引导公益性、福利性社会组织参与提供社会公共服务、举办社会公共活动,增加各族群众生活丰富性。

三是引导行业服务,满足创业需求。立足民族特色发展优势,引导建立民族商业联盟及少数民族经营户协会,开设民族手工艺、财会、法律等课程,提供直播带货咨询、直播技能培训及网络主播资源对接。线上常态推销、线下定期举办民族地区农副产品、非遗产品"乡村振兴社区展销会",惠及商家330余户。同时,积极搭建共创平台,建立少数民族经商服务管理联系点,引导民营企业与社区结对互助,建立商家"服务站""联谊会",推广"谷地红""藏物天成"等多个线上线下交易平台,推动共创共赢,凝聚各民族"共同团结奋斗、共同繁荣发展"强大动力。

(二)释放多元解纷效能,发挥法治保障作用

成立武侯区公共法律服务中心少数民族工作站,街道社区

成立"石榴籽"调解工作室、"共享解纷空间·石榴籽调解"工作室,搭建"一站式"涉少数民族矛盾纠纷多元化解平台,充分发挥法治建设在民族团结融合中的重要作用。

1. 强化"阵地+机制+规范",建立健全解纷体系

充分考虑武侯区民族特色与法治环境,以"石榴籽"调解工作室为载体,集结优质少数民族解纷资源,打造关口前移、源头预防、纵横联动的涉少数民族纠纷解纷体系。

一是依托阵地实质运行。深入调研地区民族特色和解纷需求,选定武侯区民族互嵌式社会结构特征最为明显的浆洗街街道开设全市首家"石榴籽"调解工作室,选定晋阳街道吉福社区打造"共享解纷空间·石榴籽调解"工作室。"石榴籽"调解员负责日常接待群众,"石榴籽"法官应需上门"把脉问诊",第一时间回应群众诉求,为少数民族群众提供"一站式、零距离、无障碍"精准司法服务。

二是健全机制实质管理。制定《成立"石榴籽"调解工作室的实施方案》,明确"纠纷摸排、多元调解、诉调对接、普法宣传、业务培训"五大职能。厘清司法所、派出所、律师事务所、巡回法庭"三所一庭"工作分工,建立"周通报+月抽查+常回访"监管机制,每月整理分析"工作数据+典型案例"两表。自成立以来,共召开联席研判会议8次,制作周报35份,抽查案卷75套,发布典型案例4则。

三是规范流程实质解纷。制定藏汉双语《"石榴籽"调解工作室工作规程》,明确"三源共治"要求,确保涉少数民族纠纷调处全领域、全周期覆盖。诉源实行"主动排查+常态接待+诉前委派",推动矛盾就地化;案源贯彻"诉中委托+判

后释明+执前督调",推动纠纷诉内解;访源落实"有信必复+访调对接+申调结合",推动信访源头止。

图9.5 成都市首家"石榴籽"调解工作室正式揭牌

图9.6 浆洗街街道藏族居民来到"石榴籽"调解工作室咨询法律问题

2. 找准"资源+方法+模式",柔性化解矛盾纠纷

准确把握涉少数民族民间纠纷的成因、类型、特点和规律,汇聚语言类、习俗类、专业类的民族解纷资源,找准符合民族特点的矛盾预防、化解方法,有效发挥"石榴籽"调解的模式优势,推动矛盾纠纷共治共化。

一是解纷资源优配置。聚合多种解纷力量,分级分类化解涉少数民族纠纷。特邀专注少数民族纠纷化解的调解组织、少数民族乡贤人士和法院基层法治指导员团队、社区网格员协同"进社入院",开展纠纷调处、普法宣传。确定每年9月为"民族团结进步宣传月",把握春节、国庆、藏历新年、彝族火把节等重要情感共鸣点,开展民族政策、法律法规等主题宣讲。组建司法所、派出所、律师事务所、巡回法庭"三所一庭"联调管理团队,协调民宗、民政等职能部门、技术调查官,联动化解重大疑难或专业性较强的纠纷。依托"大手牵小手"项目引入西南民族大学法学生作为调解秘书,辅助调解事务性工作,同步孵化少数民族解纷人才。目前,工作室已配置解纷人员39名,大学生志愿者2名,少数民族调解员15名。其中,包括3名少数民族检察官以及国家级非物质文化遗产藏族唐卡艺术家拉孟。

二是解纷方法优融合。注重借民族文化、融民族情感、靠民族办法,促成涉少数民族纠纷根源化解。梳理具有普遍约束力、公信力的"少数民族习惯法"作为调解依据,充分发挥少数民族调解员语言优势和共情优势,"两法融合"凝聚解纷共识。引入"五解五结""油茶化解怨愤情,唐卡绘就和谐图"等调解工作法,调解时为藏族群众送上酥油茶和唐卡,拉近心

理距离。发挥"德古""苏易""路吉达克"等民间人士解纷作用，调解过程邀请族长参加、邻里见证、亲朋作保，"德法共治"促进诚信履约。

三是解纷模式优衔接。建立"法院＋社区"双轮驱动的"石榴籽"解纷模式，构筑矛盾纠纷调解的"基层防线"。在法院和街道社区分别设立"石榴籽"调解工作室，人员轮值、信息共享，以支付令和司法确认制度为调解协议赋强，"外呼内应"无缝衔接。以武侯区公共法律服务中心少数民族工作站为主阵地，集结整合格桑花调解工作室、民族关系协调室等民族解纷资源，协同开展区域民族基层治理。积极融入平安武侯建设，工作室调解员、社区公益律师定期上门为派出所少数民族来访群众提供法律咨询和调解服务，协同公安机关将矛盾纠纷化于萌芽、止于未讼。

图9.7　法官、检察官、调解员共同来到浆洗街"石榴籽"调解工作室开展调解

图9.8　晋阳人民法庭基层法治指导员与唐卡艺术家拉孟共同在吉福社区"共享解纷空间·石榴籽调解"工作室开展调解

3. 锚定"平台+效能+治理",提供解纷司法保障

筑牢涉少数民族纠纷诉源、诉前、诉中、判后、执前五道防线,塑造涉少数民族纠纷化解闭环式微型生态系统,提升少数民族聚居区群众法律素养,促进和谐稳定与民族团结。

一是打造解纷平台,优化司法服务。工作室"一站式"提供"法律咨询+纠纷调处+司法确认+执前督促+强制执行"司法服务。为少数民族群众提供"直接调解+司法确认""委派调解+司法确认""委派调解+调解书""督促程序+支付令""委托调解+调解书"五种非诉解纷套餐。同时配备民族语言翻译、诉讼风险评估、公益律师辅导起诉、"云端"异地远程调解等便民服务。

二是聚焦治理效能,强化法治指导。配备"资深员额法官+优秀法官助理"10名基层法治指导员与社区一一对接,深度融入"微网实格"上门提供司法服务。基层法治指导员定期前往涉少数民族街区,走网格、进社区发放藏汉双语服务指南,开展普法宣传、收集法治需求、摸排纠纷苗头,不断增强少数民族群众的文化认同、制度认同。推行"工单制"法治需求办理模式,街道社区根据需求邀请"石榴籽"法官参与重大涉少数民族纠纷联合化解、信访维稳工作。法院为"石榴籽"调解室预制调解笔录、调解协议、司法确认申请书、询问笔录、裁定书模板"五件套",调解员"拿来即用",提升涉少数民族纠纷调解质效。自成立以来,共发放服务手册1650份,开展普法宣传15次,联合解纷7次,开展个案指导235次,业务培训17次。

三是治理衍生诉讼,做好末端治理。链接武侯人民法院成熟运行的司法释明中心和执前和解中心,延伸后端司法服务。对接司法释明中心,配置少数民族释明专员提供判后答疑、以案释法、情绪疏导等服务,促进涉少数民族纠纷服判息诉,对经济困难的少数民族当事人,引导提交减免缓诉讼费申请。对接执前和解中心,法院、调解组织、公证机构、拍卖平台共同参与,通过"督促履行+执前和解+资产处置+见证履行",保障胜诉权益实现,柔性化解涉少数民族执行纠纷。

(三)建立文化情感纽带,发挥德治教化作用

以核心价值引领、以民族文化润城、以真情实感化人,促进各民族在理想信念、情感文化上团结统一、守望相助,实现"法安天下、德润民心"。

9　四川武侯指标分析和"石榴籽"　/　313

图 9.9　"石榴籽"调解指导法官与调解员
共同前往藏饰一条街开展普法宣传

图 9.10　"石榴籽"调解指导法官来到浆洗街街道"石榴籽"
调解工作室指导调解并当日完成司法确认

1. 铸牢意识形态，凝聚共识搭好"连心桥"

严守意识形态阵地，区委班子带头，全局党建引领，全域教育浸润、全面监测预防，推动各民族铸牢中华民族共同体意识。

一是完善组织领导，建立责任机制。把牢正确政治方向，把"铸牢中华民族共同体意识"专章列入全区经济社会发展中长期规划和党的建设总体安排。区委班子带头，把深学细悟习近平总书记关于加强和改进民族工作的重要思想作为必修课程，纳入基层党组织"三会一课"、主题党日等重要内容，引导党员干部把稳政治方向，正确看待民族问题、做好民族工作。

二是打造教育阵地，凝聚民族共识。持续推进铸牢中华民族共同体意识宣传教育体验场馆打造，依托浆洗街街道和363医院铸牢中华民族共同体意识宣传教育阵地，营造良好的互动沟通机制。通过举办文艺联欢、成就展览、有奖征文、诗歌朗诵、党课宣讲、沉浸式体验等活动，促进各族群众增强对"四个与共""五个认同"的认同。

三是加强智慧监管，守好民族团结。依托"智慧武侯"平台强化监测预警，严密防范、及时处置违反党的民族政策、伤害民族感情、损害民族团结的情形，坚决守好意识形态"主战场"、筑牢意识形态"主阵地"。

2. 挖掘民族文化，文化引领走好"齐心路"

提供民族文化场地促交流，融合民族传统文化促共识，打造民族团结典型促认同，通过文化引领构建多民族"精神家园"。

一是打造文化品牌，发展民族特色文化。在浆洗街街道、晋阳街道等少数民族群众较多的街道社区，打造"石榴籽社区"公园、"民族文化之家"、"中国唐卡馆"等民族文化地标。藏族唐卡国家级非遗传承人拉孟成立的"拉孟绘画艺术交流中心",吸引了汉族、藏族、羌族、回族、蒙古族等各族同胞学习交流唐卡绘画技艺,以文化交流促民族交融。创立"吉福花开民族文化艺术周"等活动,通过民族文化儿童集市、民族趣味运动会、文艺汇演等形式促进各族群众交往,增强辖区各族同胞之间的凝聚力和向心力,民族团结和谐的氛围更加浓厚。

二是强化宣传推广,推动文化互鉴认同。广泛开展优秀传统文化进机关、进企业、进街道、进社区、进学校、进医院、进景区、进"两新组织"、进工业园区、进宗教活动场所"十进+"活动,组织各族群众深入开展"讲好身边的民族团结故事""中华文化符号小课堂"等活动。打造文化共同体,将党史、社会主义发展史同中华多民族文化史的学习有机结合,将民族文化符号与中华文化价值底蕴有机融合,推进多元民族文化传承保护、交织交融,促进各民族在文化上相互了解、相互欣赏、相互学习、相互借鉴,凝聚各族群众团结奋进的文化共识。

三是深耕示范创建,营造团结进步风尚。出台《做优做强民族团结进步特色功能实施方案》,细化6个方面18项重点任务和69条具体举措,狠抓城市民族工作、社区民族工作"两个标准化"。制定《武侯区民族团结进步模范社区创建标准》,立足创建工作核心目标,深入推进民族团结进步示范区创建,推动各民族团结进步互嵌共融。2023年成功创建全国、全省、全市民族团结进步示范区。共培育国家级、省级、市级民族团结进步示范集体、单位共18个,国家级、省级教育基地4个。

3. 融情融心融和,以情化人画好"同心圆"

通过主动关心关爱、营造和谐邻里、搭建交流平台,在各族群众间缔结情感纽带，以情感认同促进团结和谐。

一是主动关爱帮扶，促进民族融情。社区将服务内容项目化，吉福社区支持苗族老党员雍雪萍发起"共享奶奶"志愿服务项目，为300余户双职工家庭提供"托小"服务，让小区各民族群体感受到社区的关怀和温暖，项目获评"全国社会治理创新案例"。社区干部、民警主动学藏语、习藏俗，包里随时装着一条哈达、一块茶砖，见面一句藏语问候，辖区至少交一个藏族朋友，通过培育会说简单藏语、懂得藏俗的"双语干部""双语警官"，用乡音乡情拉近距离，帮助藏族群众转变观念，更好地适应城市生活。

二是营造和谐氛围，促进民族融心。积极创建小区"朋友圈"，促进多民族交流交融。以小区党群服务站为阵地，以趣缘、业缘、学缘、地缘为纽带，依托"吉福龙门阵"，召开问需"坝坝会"，打造心愿墙，主动邀请少数民族群众参与活动，让各民族群众在共同话题中敞开心扉、拉近距离，让各族居民从空间上的"门对门"，变成生活中的"面对面"，打破邻里"相见不相识"的尴尬，通过营造和谐邻里氛围实现"有话好好说、有事好商量"。

三是搭建交流平台，促进民族融合。搭建社区"会客厅""读书会"等各民族交往交流交融平台，联合西南民族大学等驻区高校共建8个铸牢中华民族共同体意识社区实践基地，各族群众充分运用地理空间、网络空间、社会空间进行深度互动交流，轻松实现交朋友、做邻居、结姻缘，在交往交流中慢慢培植不同民族间的同质元素，实现各民族在城市社区和谐互嵌、友好相融。

图 9.11 在吉福社区开设国际非物质文化遗产节分会场，
向社区群众表演非遗歌舞

图 9.12 召开"吉福花开"艺术节，各民族在国旗、党旗下载歌载舞

五 成效和启示

"石榴籽"多元共治模式助推武侯区入选第十一批全国民族团结进步示范区，涌现出先进工作法、先进单位，实现了民

族团结和谐。武侯区在探索过程中始终突出时代性、群众性、地域性、模范性，在坚持和发展新时代"枫桥经验"的征途中走出独树一帜的武侯民族治理特色路径。

（一）主要成效

坚持以习近平新时代中国特色社会主义思想为指导，深入学习贯彻党的二十大精神和中央、省委、市委民族工作会议精神，牢牢把握铸牢中华民族共同体意识主线，在多民族互嵌式社区将坚持和发展新时代"枫桥经验"和民族团结进步创建工作深度融合，探索出"石榴籽"多元共治基层治理经验，在多元共治过程中涌现出社区"五解五结"工作法、派出所"三融工作法"、法院"三字诀"解纷法等适应超大城市中心城区实际的创新少数民族工作法。

2023年，武侯区火车南站街道"信托制物业"模式被中央政法委评为全国"枫桥式工作法"，浆洗街街道派出所被公安部评为全国"枫桥式公安派出所"，华西坝派出所被四川省公安厅评为全省"枫桥式公安派出所"，簇桥司法所被四川省司法厅评为省级"枫桥式司法所"，武侯人民法院晋阳法庭被四川省高级人民法院评为省级"枫桥式人民法庭"，吉福社区涉少数民族纠纷多元化解机制作为"枫桥经验·四川践行"典型案例予以推广，有关工作先后被新华社、《人民日报》、《法制日报》、四川新闻网、《四川法治报》等权威媒体关注报道。此外，2023年，武侯区成功创建全国、全省、全市民族团结进步示范区。截至目前，共培育"全国民族团结进步模范集体"1个、"全国民族团结进步示范区（单位）"5个、"全省民族团结进步示范区（单位）"10个、"全市民族团结进步示范区（单位）"2个、全国民族团结进步教育基地1个、全省民族团结进步教育基地2个、全省铸牢中华民族共同体意识教育基地1个。

（二）主要启示

一是突出时代性，贯彻基层社会治理新理念。坚持与时俱进，深入学习领会习近平新时代中国特色社会主义思想，把准时代脉搏，做好践行落实。新时代提出了"枫桥经验"的时代内涵和实践要求，以"人民为中心"是新时代"枫桥经验"的政治本质，发动和依靠群众就地解决矛盾是新时代"枫桥经验"的"真经"，共建共治共享一体化是新时代"枫桥经验"的基本原理，党组织领导下的自治法治德治相结合是新时代"枫桥经验"的制度创新，平安、和谐是新时代"枫桥经验"的根本价值。新时代还提出了铸牢中华民族共同体意识新主线，明确了推进中华民族共同体意识建设新任务，构建了党委统一领导下的民族工作新格局。深刻领悟新时代"枫桥经验"和民族团结进步创建工作要求，是开展基层社会治理工作的必要前提和行动指南。武侯区在深刻学习领悟新时代社会治理理论的前提下进行全面调研、科学谋划、全域布局，推出的以"三治融合"为核心内容的"石榴籽"多元共治模式，既蕴含理论政策核心要义，又具有鲜明时代特征，因此能成为切实可行、行之有效的治理经验。

二是突出群众性，站稳人民立场。"枫桥经验"创造之初的核心特征即为"发动和依靠群众"，新时代"枫桥经验"的核心目的、价值导向、实现路径贯穿着"以人民为中心"的主题,"共建共治共享"的社会治理制度也强调各类主体共同参与社会建设。武侯区在探索多民族互嵌式社区基层治理路径的过程中,注重坚持"以人为本",根基深植于各族群众、力量来源于各族群众、成果造福于各族群众。充分尊重各族人民的主体地位,把实现好、维护好、发展好各族群众根本利益作为出发点和落脚点,用群众易于接受、乐于参与的形式,充分调动各族群众、各类主体参与社会治理的积极性。"石榴籽"多元共治模式的关键在于"多元共治",在探索过程中从最初法院发起、调解员参与,慢慢发展、拓展为公安、司法、检察、民宗等职能部门协同,街道、社区、人民调解委员会等基层治理单位参与,公益律师、网格员、志愿者、少数民族乡贤、商户、学者、大学生、艺术家等社会力量加入,形成民族团结进步创建、区域平安和谐人人有责、人人参与、人人共享的良好局面。

  三是突出地域性,把准区域民族治理特征。坚持因地制宜改革创新,是党中央决策部署、国家发展战略落地落实的关键。由于各地经济发展水平、城镇化水平、人口结构、空间结构、文化传承等方面存在差异,各地社会治理面临的基础条件各不相同,要解决的问题和解决问题的方式也各不相同。因此,创新社会治理必须紧密结合地方实际情况。武侯区具有明显的多民族互嵌式社会特征,既不同于民族自治地区,也不同于普通城市社会治理,还面临超大城市中心城区的治理考验。在深刻调研各街道社区民族特色、四川省民族治理经验的基础上,武侯区引入四川省本土"石榴籽"调解经验,并结合城市治理体系和治理能力现代化要求，创造"石榴籽"多元共治模式，将小区党建引领小区治理、楼栋治理、"信托制物业"等城市治理方式与民族工作有机融合，形成居民自主管理、民族交流交融、纠纷预防化解的多元共治格局，同步实现平安武侯、和谐武侯、幸福武侯多重治理目标。

四是突出模范性，坚持守正创新。坚持和发展新时代"枫桥经验"，既要坚持和发扬在长期实践中形成的优良传统和成功做法，又要根据新形势新任务大胆推进工作创新、方法创新，通过各具特色的载体和形式多样的方式，增强社会治理和创建活动的吸引力、感染力和影响力，通过发挥创新模范作用激发治理智慧。武侯区突出模范带头作用，通过示范引领作用营造创新治理氛围和传统。在推进"石榴籽"多元共治模式的过程中，鼓励治理主体立足职能定位，积极拓展创新，为全区民族治理工作贡献智慧与经验。逐步探索形成城市民族工作"六共六促"工作法、街道"信托制物业"模式、社区"五解五结"工作法、派出所"三融工作法"、法院"石榴籽"三字诀解纷法等丰富实践经验，形成民族治理经验"百花齐放"的繁荣局面，培育出一批国家级、省级、市级"枫桥经验"先进典型和民族团结进步创建示范单位。

六　典型案例

"石榴籽"调解有两大法宝，一是邀请少数民族调解员融民族语言、民族习惯、民族情感开展调解；二是多部门协同联动，密切配合，各尽其能协力化解矛盾纠纷。本次精选的"唐卡文化"调解及"三所一庭"联调典型案例，便蕴含着"石榴籽"调解的丰富精神内涵和生动解纷实践。

（一）案例："唐卡文化"调解属地化解机动车交通事故责任纠纷

黄某驾驶机动车途经武侯祠东街时，不慎将来成都旅游的藏族群众吉某某撞倒导致其受伤。机动车交通事故发生后，黄某第一时间将吉某某送至医院治疗并主动垫付医疗费。

吉某某的家属认为，时值藏区挖虫草季节，但吉某某被撞伤住院，全家人都在成都照顾吉某某，耽误一家人返乡挖虫草。因此，吉某某的家属要求黄某在赔付医疗费外，另行赔偿20万元误工费。由于藏汉群众对法律认识不同，语言交流不通，对于赔偿问题双方分歧较大，多次协商赔偿金额未果。

交警处置机动车交通事故责任认定时，发现本次事故的处理涉及藏族群众维权，双方分歧较大，矛盾一触即发，于是主动联系到晋阳街道吉福社区"共享解纷空间·石榴籽调解"工作室寻求帮助。为尽快化解矛盾纠纷，帮助当事人回归正常生活，工作室启动"三快一访"联调机制，妥善平息争端，维护民族团结。

快速调查：接到解纷需求后，吉福社区"共享解纷空间·石榴籽调解"工作室调解员向交警了解案情，并立即协调组建由办案交警、社区藏族干部、调解员拉孟组成的调解小组开展分工协作。办案交警通过调取监控、实地勘查，分析研判机动车交通事故责任划分。调解员拉孟主动看望吉某某，了解其伤势并与吉某某及其家属进行藏语沟通，耐心听取意见，了解纠纷经过及真实诉求。社区藏族干部主动走访社区居民黄某，摸排调解意愿及调解方案。调解小组分工协作全面了解纠纷情况、当事人心理状态及双方调解意向。

快速研判：经过全面调查，调解小组了解到，本次机动车交通事故由黄某承担全部责任，吉某某无责任。吉某某虽受伤住院，但伤势较轻且恢复较快，假以时日就可以出院。但吉某某及其家属坚持认为，虽然伤势不重，但耽误一家人挖虫草，因此坚持要求赔偿20万元。黄某则表示同意对吉某某进行人身损害赔偿，但希望在公平合理的范围内进行赔付，20万元的赔偿金额对其而言无力承担且超出合理赔偿标准。调解小组经过研判，明确争议焦点为人身损害赔偿的标准问题。调解难点有两个方面：一方面，由于法律知识不足，调解小组对法定的赔偿标准有些拿不准；另一方面，少数民族当事人态度坚决，如何转变认知，接受合理赔偿标准是又一难点。

调解小组明确调解重点和难点后，主动向对接吉福社区的基层法治指导员陈法官请教有关误工费赔偿标准的法律规定，了解到误工费需根据受害人的误工时间和收入状况确定，且还需区分受害人是否有固定收入，从而综合确定误工费标准和金额。对法律规定做到心中有数后，调解小组心里也更有底气了，决定按照"情感疏导、法律辅导"的思路开展调解。

快速调解：为尽快解决纠纷，调解小组主动放弃"五一"小长假的休息时间，邀请黄某和吉某某的家属来到"中国唐卡馆"，在和谐温馨的氛围中进行"面对面"协商。刚到时，吉某某的家属面色凝重，气势汹汹，黄某也明显不悦，前期多次的自行交涉和争执已经将双方之间最初的和谐消耗殆尽。为缓和调节气氛，调解员拉孟先是为双方送上浓香的酥油茶，冲淡双方怒气。接着用藏汉双语为双方搭建起沟通桥梁，避免因语言不通、理解不同产生新矛盾。在熟悉的乡音中，吉某某的家属慢慢放下戒备，同为藏族的拉孟老师现身说法向其讲述自身从色达来成都，慢慢适应城市生活，处置矛盾纠纷的经历，拉近心理距离后引导藏族同胞认知法定赔偿标准。经过"同乡人"的情感沟通和法治宣讲，吉某某一家的态度有所松动，调解员拉孟再为其送上代表慈悲、智慧与藏汉和睦的精美唐卡作品，以传统唐卡文化唤醒藏胞的信仰和理智。最终，在调解小组的支持下，双方经过协商达成一致，约定由黄某一次性向吉某某赔偿误工费 2.5 万元，双方握手言和。从机动车交通事故发生到纠纷化解，全程不足 15 日。

调后回访：调解成功半个月后，为确保案结事了，"共享解纷空间·石榴籽调解"工作室的调解员主动联系黄某和吉某某，跟踪回访后续进展。吉某某高兴地向调解员分享，双方在调解工作室的组织下达成协议后，黄某很快就按照约定向其支付了赔偿款。事后，黄某还主动去医院看望吉某某，并送去哈达和慰问金。但吉某某及其家属婉拒了慰问金，仅收下了哈达。

在"共享解纷空间·石榴籽调解"工作室的调解下，运用民族语言，依托法治宣讲，黄某和吉某某顺利就赔偿标准、赔偿金额达成一致并实际履行，双方当事人消除隔阂，握手言和，成功化解一起涉藏机动车交通事故纠纷，有效避免矛盾升级，维护了藏汉和谐。

（二）案例："三所一庭"联动调解"渐进式"化解两起涉藏侵权责任纠纷

扎某和竹某均为藏族人，且双方为亲戚。2024年1月5日晚，扎某和竹某在武侯区某商场聚餐饮酒，醉酒后发生口角，两人产生肢体冲突，倚靠通风井口百叶窗打斗，厮打撞击中扎某和竹某撞破商场通风口百叶窗，两人掉进通风口，直接坠落至地下室。扎某经送医抢救无效，于次日死亡，竹某也受重伤昏迷在医院治疗。扎某和竹某的家属认为，商场物业公司作为管理人，未对商场设施设备进行维护，从而导致事故发生，要求物业公司对死者家属和伤者共赔偿260万元。但物业公司认为，通风口百叶窗不存在质量问题，本次事故发生是由两名藏族群众醉酒后打架引发，与商场管理责任无关，因此拒绝赔付任何赔偿金。

浆洗街街道广福桥社区自行组织双方化解未果后，联系到浆洗街"石榴籽"调解工作室。考虑到本案矛盾尖锐，法律关系复杂且具有不稳定因素，工作室立即启动"三所一庭"联调机制，调解员联系到司法所、派出所、律师事务所和巡回法庭，由司法行政工作人员、民警、公益律师、法院基层法治指导员、甘孜藏族自治州金石榴民商事调解中心调解员组成联调小组，共同开展协调化解工作。

诉外协商：为便利当事人参与调解，联调小组来到藏族同胞的属地派出所开展调解工作。甘孜藏族自治州金石榴民商事调解中心是专注涉少数民族纠纷化解的专业调解组织，尤其对涉藏纠纷具有丰富调解经验。调解过程中，专业调解员充当情感"润滑剂"，耐心倾听死者、伤者家属的情绪倾诉和生活难处。原来，死者扎某是家庭的"顶梁柱"，还有3个未成年子女和年迈的父母需要供养，扎某去世后家人失去家庭"主心骨"，因此悲痛万分，扎某的妻子在调解过程中几度情绪失控。伤者竹某是个年轻小伙，重伤后一直处于昏迷状态，医生判断即使治愈后其身体素质也将大不如前。由于两家家庭遭受突如其来的重创，而物业公司态度坚决拒绝赔偿，扎某和竹某的家属都情绪激动，扬言信访投诉，物业公司工作人员也认为其满腹委屈。派出所民警在调解全程维护现场秩序，引导双方理性平和协商，避免因民事纠纷升级为恶性事件甚至刑事案件。

联调小组耐心向双方释法明理，通过"背对背"调解，由武侯人民法院法官担任的基层法治指导员向扎某和竹某的家属释明，本次事故发生源于扎某和竹某酒后打架，双方互为对方的侵权责任人，应当对对方承担责任。商场物业公司作为公共场所管理方，是否应承担责任可能需要对通风口百叶窗的质量和加固情况进行鉴定后，才能确定物业公司是否应承担责任及承担责任的比例。但由于扎某和竹某两家为亲戚关系，出于传统思想上维系亲情考虑，双方都不愿意要求对方承担赔偿责任。加之两家人都想尽快拿到赔偿金，因此不愿意申请鉴定。

联调小组从法理和情理角度出发，向物业公司释明法律规定，帮助评估诉讼风险，建议自查公共区域设施设备安全性问题，同时建议物业公司换位思考死者和伤者家庭遭受重创的不易。物业公司当场表示愿意从维护商场声誉及人道主义关怀的角度，给予两家抚慰金共5万元。

由于物业公司提出的抚慰金金额与扎某和竹某两家提出的赔偿金260万元的要求差距过大，扎某和竹某两家均拒绝接受，决定诉至法院。本次诉外联调虽未一次性成功调解纠纷，但扎某和竹某两家的情绪得以纾解，初步了解法律规定，并对"石榴籽"调解产生信赖。物业公司也从最初拒绝赔付的冰冷态度转变为给付一定抚慰金。诉外调解结束后，社区支部书记和公益律师继续联系双方提供跟踪辅导服务，为后续开展二次调解奠定良好基础。

诉前化解：扎某和竹某两家在前期了解法律规定并咨询公益律师的基础上，决定降低诉请金额。竹某诉请物业公司向其赔偿各项损失约20万元，扎某的近亲属诉请物业公司赔偿各类损失30余万元。出于对"石榴籽"调解的信赖，两家都要求诉前调解阶段由法院主导再次组织调解。武侯人民法院根据其意愿立"诉前调"案件后，将案件交由"石榴籽"调解室院内调解员开展调解，并邀请专业庭室调解指导法官进行指导。扎某、竹某两家人和物业公司来到法院"圆桌调解室"进行协商。在前期情绪疏导和释法明理的基础上，死者和伤者的家属情绪相对平和。在法院调解室场域既庄严又温馨的氛围下，调解指导法官耐心向两家家属举示类似判例，厘清诉讼风险，帮助分析利弊。调解员则向物业公司分析过错责任，劝导物业公司考虑自身责任，并考量死者扎某3个幼年子女需抚养的现实困难，确定合理的赔偿标准。最终，扎某、竹某两家为尽快拿到赔偿金，决定做出一定让步。物业公司也考虑到两家的现实困难以及理性平和维权的态度，决定调整调解方案。经过一个上午的协商，双方最终达成一致，约定由物业公司向死者扎某家属赔偿30万元，向伤者竹某赔偿10万元。调解结束几天后，扎某、竹某两家人共同向"石榴籽"调解员送来洁白的哈达。

至此纠纷妥善化解，解纷全程双方未产生肢体冲突、聚集围闹等极端行为。

经过"石榴籽"调解工作室"三所一庭"联调团队的诉外协商、诉前调解，引导藏族群众理性维权，分步骤、渐进式推动矛盾纠纷逐渐瓦解，两起敏感棘手的涉少数民族纠纷在和谐氛围中妥善化解。

山东高密指标分析和"平安小院"

山东省高密市深学笃用习近平总书记关于坚持和发展新时代"枫桥经验"的重要指示精神，积极打造"平安小院"调处模式，创新建立"集—分—研—化—评"五步工作法，建立完善"事要解决"工作机制，以信访工作的"自我革命"激发乡村治理的创新活力。其经验做法得到山东省委领导的肯定性批示，被国家信访局门户网站转发，并被央视《东方时空》、人民日报客户端、《农民日报》等8家国家级主流媒体宣传报道，全市群众获得感、幸福感和安全感持续提升。

一 高密市基本情况

高密市地处潍坊市最东端，东与青岛市胶州市接壤，南连诸城市，位于胶东经济圈核心位置，面积1526平方千米，辖7个镇、3个街道、1个省级经济技术开发区、910个行政村（居），人口87.73万，是全国综合实力百强县、国家卫生城市、国家园林城市、国家生态文明建设示范区、中国长寿之乡、中国民间文化艺术之乡、中国家纺名城和中国安全防护用品产业名城。

历史悠久文化厚重。是龙山文化、海岱文化、齐鲁文化的发祥地之一。夏朝开国君王大禹封国高密，春秋时期齐相晏婴、汉代经学大师郑玄、清代大学士刘墉被称为"高密三贤"。诺贝尔文学奖获得者莫言也出生在这里，高密茂腔、扑灰年画、剪纸、泥塑"民艺四宝"被列入国家非物质文化遗产名录，红高粱小镇、红高粱艺博园、五龙河特色小镇高水平建成运营，莫言文学和红高粱文化成为高密亮丽名片。

交通区位优势明显。胶东国际机场距市区仅有 20 分钟车程，境内胶济电气化铁路、济青高铁、青银高速公路纵横贯穿，高等级公路四通八达，"北青银、南中线、西明董、东沈海"高速四环加快形成，9 个高速出入口、全域 20 分钟进高速，"陆空铁港"立体化大交通格局全面建构。

产业经济基础雄厚。豪迈、孚日、星宇等龙头企业带动效应强劲，临港经济区、仁和化工园、高新区等"3＋X"园区支撑作用明显，培育起机械装备、纺织服装、安防用品、化工建材、食品加工五大优势产业集群和生物医药、节能环保等新兴产业集群，形成 2 家主板上市企业、4 家新三板挂牌企业的资本市场"高密板块"，是世界最大轮胎模具、家纺用品、气门芯和人棉基地。

城市精致环境优美。规划沿潍胶路产业发展轴和沿胶河生态经济带"一轴一带多组团"城市发展格局，建成文体公园、凤凰公园、南湖植物园等六大主题公园，胶河国家湿地公园等三处省级以上湿地公园，建成区面积 55 平方千米、绿地面积

1015公顷，开放停车泊位52万多个。

社会事业发展繁荣。城乡居民充分就业、安居乐业，城乡教育、文化、医疗、养老、社保等社会事业优质均衡，平安法治建设扎实有力，社会大局和谐稳定。2022年以来，成功入选2023中国县域发展潜力百强县、中国县域投资竞争力百强、全国县域经济基本竞争力百强县、全国县域高质量发展百强榜。高密市入选全省信访工作法治化改革试点县。"平安小院"成功申报国家级社会管理和公共服务综合标准化试点。

经济总量稳健提升。2023年，全年地区生产总值（GDP）679.5亿元，比上年增长5.9%。其中，第一产业增加值59.0亿元，同比增长3.9%；第二产业增加值231.1亿元，同比增长6.2%；第三产业增加值389.4亿元，同比增长6.1%。全年人均地区生产总值为76410元。经济结构不断优化。三次产业比重由2022年的8.83∶34.05∶57.12调整为8.68∶34.01∶57.31。第三产业比重略微提升，比上年增加0.18个百分点。第二、第三产业对GDP增长的贡献率分别为34.3%、59.8%。

财政收支基本平衡。全年完成一般公共预算收入55亿元，比上年增长0.9%。其中，税收收入31.2亿元，非税收入23.8亿元。累计减税退税缓税降费约4亿元。一般公共预算支出63.7亿元，增长9.5%，其中民生支出53亿元，占一般公共预算支出的比重为83.3%，比上年提高0.2个百分点。

营商环境持续优化。率先开启"无证明"办事新模式，实现120项证明证照自动下载。"电子证照"应用扩面提质，梳理涉及786个事项、1296个电子证照免提交清单。2023年年末，各类市场主体户数达到15.8万户，同比增长1.4%。注册资本

（金）1804亿元，同比增长8.0%。其中新登记市场主体19737户，注册资本（金）154.8亿元。全年农民专业合作社新增79个，总量3518个。家庭农场新增191家，总量1581家。

就业保障逐步完善。全年城镇新增就业9402人，其中失业人员实现再就业3372人，安置就业困难人员再就业447人。发放创业担保贷款1.8亿元，扶持1094人创业，带动2480人就业。新增副高以上职称522人，高级工以上技能人才1440人，其中技师以上319人。开发城乡公益性岗位4870个。

未来，高密要充分发挥区位优势，重点抓好临港经济区开发、中心城区建设和乡村振兴，积极推进传统产业升级，大力谋划临港产业发展，提升城市承载能力。

二　若干指标数据分析

结合高密市实际，本报告选择"群众信访量、专兼职网格配备率、矛盾纠纷镇街化解率、法治文化公园数量、省级以上文明单位数量、省级以上'枫桥式'司法所数量"等8个指标进行详细分析。

（一）群众信访量

群众信访量主要是指群众通过信访渠道表达诉求的数量，包括书面信件、亲自访问、电话投诉等方式向相关部门反映问题或诉求的行为。信访是公民表达意愿的一种重要方式，对于政府了解民情、汇聚民智、凝聚民心具有重要意义。信访量的统计可以帮助政府了解社会问题的分布和民众关注的焦点，从而更好地制定政策和改进工作。随着互联网技术的普及和发展，网上信访逐渐成为信访工作的主渠道，通过网络渠道受理的信访量占到了全部受理量的相当比例，这反映了民众越来越倾向于通过便捷的网络方式进行诉求表达。同时，信访工作中也面临着一些挑战，如重信重访问题成为影响社会和谐、经济发展的重点和难点问题，需要各级信访部门和信访工作者有效预防和化解。

高密市深入推进信访工作法治化改革，将其纳入全市四大攻坚突破工程，成立领导小组，统一部署，统筹推进，聚焦打造源头预防、受理办理、监督追责、维护秩序四个法治化体系，细化21项工作任务，制定、修改49个制度文件，全力让群众满意。改革试点以来，群众到县级以上走访量同比下降47.8%，化解重点案件867件，信访事项办理群众满意度保持在98%以上。

优化建议：一是拓展数字信访应用场景，创新"互联网+信访"工作机制，开发"人民网地方留言板""凤城民生""满意在凤城"等网上投诉平台，实现受理数据全录入、信访业务全应用、办理过程全公开，努力让数据多跑路、群众少跑腿。二是推进信访与人民调解、行政调解、司法调解和社会调解联动，打造"密心调·和为贵"品牌，持续提升调解工作效能。在联合接访中心设立劳资纠纷仲裁调处室，引入法官、检察官、律师联合接访，增强矛盾纠纷化解的效度和广度。

（二）专兼职网格配备率

专兼职网格员在基层社会治理中扮演着重要角色，负责信息收集、入户核实、矛盾发现、纠纷介入、呼叫支持等事项，确保网格正常运转。为了提升基层社会治理的效果，各地采取了不同的措施来提高专兼职网格员的配备率。

高密市划分1398个城乡社区网格，配备1572名网格员，每个村（社区）均配备专兼职网格员。网格工作准入机制基本全部建立，大多数的清单事项实现了清单化管理，网格工作人员信息得到全面公示，绝大多数居民对网格员的职能有所认识，综合网格内服务率达90%以上。

优化建议：一是进一步强化网格员待遇保障机制。着眼专职网格员，构建"职务薪酬＋级别薪酬＋绩效薪酬＋学历津贴＋职业津贴"薪酬体系。着眼兼职网格员，鼓励和支持市里采取政府购买服务、工作补贴等方式，划拨专项资金，保障兼职网格员开展工作。二是建立荣誉激励机制。坚持用荣誉留人，打好感情牌，开展优秀网格员评选活动，将网格员日常开展网格管理服务情况以及群众口碑作为评价标准，评选网格之星，以荣誉持续激发网格服务队伍干事热情。三是建立职业发展机制。探索"联转兼、兼转专、专转重"机制，将表现优秀的党员中心户吸纳为兼职网格员，表现突出的兼职网格员在参加专职网格员社会化招聘或作为社区"两委"成员后备人选时优先考虑，切实打通网格服务队伍职业空间。

（三）矛盾纠纷镇街化解率

这一指标主要是指镇街一级在化解社会矛盾纠纷方面的效率，具体表现为镇街在处理各类矛盾纠纷中所达到的成功解决的比例指标，反映了镇街在基层社会治理中的能力，包括但不限于调解、协商、仲裁等方式解决居民之间的矛盾和冲突。通过构建有效的矛盾纠纷化解机制,镇街能够及时、有效地解决居民之间的矛盾,促进社会和谐稳定。

高密市在 15 个镇街设立镇级"一站式"矛盾纠纷调解中心,设计矛盾纠纷比较多的部门入驻,通过设立个人调解工作室、专业行业性组织、人民调解委员会等调解组织以及调解力量,矛盾纠纷镇街化解率达到 95.3%。这表明通过整合乡贤能人、退休政法干部、调解能手等资源,积极引导社会力量参与基层治理,可以有效调处化解大量基层矛盾纠纷。

优化建议:一是要提高思想认识,高度重视、统筹谋划,规范流程,对照建设标准自评自查表和方案要求,完善阵地建设。二是要把握时间节点,紧盯省市规范化建设标准和验收时间节点狠抓进度,尽快补齐矛盾调解中心建设运行过程中的短板。三是要推进工作融合,以"一站式"矛盾调解中心规范化建设为抓手,将"一站式"矛盾调解与基层平安创建、铁路护路、扫黑除恶、风险隐患排查整治等工作深度融合,推动矛盾纠纷化解在基层。

(四) 法治文化公园数量

这一数据反映了全国范围内法治文化公园的建设情况,这些公园通过具体的法律宣传和活动,为公众提供了一个学习法律知识、增强法治意识的重要场所。法治文化公园的建设旨在通过丰富的法律文化和活动,提高公众的法律素养和法治意识,促进社会和谐与法治进步。

高密市倾力打造法治文化阵地,建成山东省首家党内法规主题公园、红绣河民法典主题公园、青少年法治教育基地等 6

个市级主题公园，成为法治文化主阵地。挖掘历史名人的法治思想，建立"清爱法治文化园""晏婴法治文化园""红高粱法治文化大院"等教育示范基地 5 处。在各中心社区、风景区、枢纽部位建成文化公园 120 个，普法广场 360 多个，法治文化角 132 处，成为普法分会场。其中 3 个基地、公园被评为省级示范基地，13 个被评为潍坊市级示范基地。

优化建议：将法治元素融入"高密四宝"，用非物质文化遗产展现法治文化。结集出版《剪纸中的法治》。组织学生开展"泥塑、扑灰年画与法治"公益普法活动，让学生了解社会主义法制建设和依法治国。创作新型法治茂腔，吸引了大批新观众。放大莫言文学、红高粱文化品牌效应，推出一批群众喜爱、市场热销的法治艺术品，让市民在雅俗共赏、寓教于乐中增强法治意识。组织律师、法律服务工作者等走进旅游景区，开展普法宣传活动。推进"互联网+普法"，在市电视台、广播电台等媒体办好《法治高密》《法治大讲堂》等栏目。

（五）平安建设群众参与率

群众参与平安建设活动主要有平安巡防，平安志愿服务，矛盾纠纷调解，问题隐患爆料，制止违法，消防应急演练，主动向相关单位报告身边的社会治安、安全生产、消防、交通、环保、食品药品、城乡建设等安全问题，确保社区安全。这些活动旨在提高社区的安全感和居民的参与度，共同营造安全、和谐的社会环境。

高密市近年来积极动员群众参加平安志愿者、"红袖章"、巡防、纠纷调解、平安宣传、消防演习等活动，对发生在身边的偷盗、抢劫、斗殴等事件及消防、交通、食品药品、市政设施等安全问题，群众主动报警、制止或者报告有关单位，积极参与平安社会建设。

优化建议：以党建引领、多元共治、共建共享为主线，主动发挥群众性优势，积极搭建载体平台，加快形成平安建设"人人是主演、人人是主角、人人是主力"的生动局面。此外，创新议事协商，全面推行党组织领导下的"六事"工作方法，通过居民提事、网格听事、社区议事、民主定事、协同办事、群众评事，实现民事民议、民事民管；深化群防群治，引导鼓励社会组织主动参与法治宣传、矛盾纠纷调处，为基层社会治理发挥着积极的助力作用。

（六）全国乡村治理示范村数量

乡村治理示范村主要是通过农业农村部等部门的认定，旨在通过示范作用，推动乡村治理的进步和发展。示范村的建设标准包括村党组织领导有力、村民自治依法规范、法治理念深入人心、文化道德形成新风、乡村发展充满活力、农村社会安定有序等方面。通过这些示范村的建设，旨在加强乡村治理，提升乡村发展的质量和效率，促进乡村社会的和谐稳定。

2023年，高密市共创建746个村，其中包括省级美丽乡村示范村27个、潍坊市级美丽乡村示范村186个、县级美丽乡村示范村338个。通过省、市、县三级的美丽乡村示范村创建活动，高密市积极发挥了示范带动作用，其典型经验做法被《农民日报》、《大众日报》、中国网等广泛报道。

优化建议：进一步深化文明村创建工作，将新时代文明实践建设与基层治理、人居环境整治、农村移风易俗等工作结合起来，强化实践引领，坚持为民惠民，努力建设乡风文明、产业兴旺、生态宜居的社会主义新农村。

（七）省级以上文明单位数量

省级以上文明单位反映了该市在精神文明建设方面取得的显著成就。高密市被评为省级以上文明单位，标志着在精神文明建设方面达到了较高标准，体现了其在提升城市文明程度、培育和践行社会主义核心价值观、提高市民文明素质等方面的努力和成果。

2022年度新增了省级文明单位，包括高密市朝阳街道办事处和高密市醴泉街道办事处。此外，国网高密市供电公司自1992年以来连续30年保持省级文明单位称号。一方面，这些单位不仅在制度建设、团队协作、管理效率等方面表现出色，而且注重群众基础，致力于为人民服务，无不良记录，倡导民主和新风，保持环境整洁卫生，务实高效，廉洁奉公，整体形象良好；另一方面，这些单位还积极参与社会事务，通过绿化美化办公区，有条件地建成花园式单位，进一步提升了城市的管理水平和市民的生活质量。通过认真落实中央和上级党委关于精神文明建设和思想政治工作部署，展现了其在推动社会文明进步方面的积极作用，2024年高密市有省级以上文明单位11个。

优化建议：一是深入开展文明中心室、文明个人、文明家庭等创建活动，把创建任务落实到每个工作岗位、每个工作环节，扩大创建活动的覆盖面和影响力；发挥创建办公室的作用，保证人员、经费落实到位，做到创建工作有计划、有落实。二是组织开展各种公益活动和内容健康、丰富多彩的文体活动，结合单位实际和个人文艺特长、兴趣爱好，组织球类、棋牌、歌舞、健身、阅读等活动，丰富干部职工的文化生活。开展公益活动，通过扶贫帮困、倡导志愿者服务等，积极开展爱心活动，大力弘扬奉献、友爱、互助、进步的精神。充分运用传统节假日，广泛开展积极向上、文明健康的民俗活动和文娱活动。

（八）省级以上"枫桥式"司法所数量

省级以上"枫桥式"司法所的数量，直接反映了各地在基层法治建设、司法行政工作方面的成果和水平，是衡量基层司法工作质量的一个重要指标。

高密市大力开展"枫桥式"司法所创建活动，成功打造15个"枫桥式"司法所，其中柏城、夏庄、姜庄司法所被命名为潍坊市首批"枫桥式"司法所。2023年，高密市调解事迹2次登上潍坊电视台《平安潍坊》栏目；调解故事获得山东省坚持和发展新时代"枫桥经验"主题征文三等奖。《高密：以"三个融合"撬动基层社会治理"三化"建设》被《人民法治》杂志推介。

优化建议：继续以推动司法所工作高质量发展为核心，聚焦阵地巩固、保障有力、人员力量充实、素质能力切实增强，在基层平安建设、法治建设充分发挥作用，履职能力和水平全面提升等方面，认真总结推广成效做法，持续深化强基创优成果。

图 10.1　高密市夏庄镇司法所

图 10.2　高密市柏城镇司法所

三 "平安小院"产生背景

在调研中，采取访谈法进行实地考察，与政法部门、信访部门、行业主管部门、镇街、村居（社区）相关工作负责人、调解人员等进行面对面交流，更深层次地了解到高密市社会矛盾纠纷中比重较大的是婚恋家庭纠纷（占比19.7%）、物业纠纷（21.3%）、房屋纠纷（11.4%）、邻里纠纷（占比12.1%），这四大类矛盾纠纷占比超过总矛盾纠纷的60%。其他矛盾纠纷一定程度上集中体现为消费权益纠纷、交通事故纠纷、劳资纠纷、经济纠纷等，这些行业领域也值得特别关注。根据相关部门数据进一步研究发现，高密市信访积案多、越级上访多，在办理具体问题过程中存在机制运行不畅、资源利用效率不高，信访诉求多头受理、答复口径不一、转办督办脱节等问题。

一是基层治理面临新形势新问题。受城乡结构、经济转型、风险叠加等因素影响，基层治理面临新的挑战。在城市，新就业群体流动性强，劳动关系弹性大，社会归属感不强，参与基层治理的主动性不强；在农村，部分村党组织群众组织力不强，财力支撑不足，缺少真正发挥作用的服务性、公益性、互助性的农村社会组织。二是党建与基层治理融合度不够。党建引领基层治理机制不完善，党建工作嵌入基层治理程度不够，造成党建引领缺位、没有形成体系合力。党组织统筹谋划不够，协调机制缺失，部门间责任边界不清晰，缺乏联动联调机制，存在多头管理、相互掣肘的现象。三是矛盾源头治理能力有待提升。矛盾调解中心阵地建设还有欠缺，有的资源整合不充分，专业调解力量不足，"一站式"矛盾纠纷化解平台作用发挥有待加强。个别领导干部对风险问题预测、预防、预警不够，落实风险摸排和包案化解工作不扎实，能拖就拖、不主动化解，不能将各类矛盾问题消解于未然、将风险化解于无形。四是基层精细化服务保障不足。村（社区）层面缺乏专业化的社会治理人才，网格员专业知识储备和处理社会事务能力不强。需求对接不够，部分基层党组织服务意识淡薄，服务手段传统，服务内容单一，服务主动性不强，服务供给与群众需求不匹配。对此，各级各有关部门要深刻总结工作中的好经验、分析面临的困难和挑战，进一步明确目标、厘清思路，全面提升基层社会治理效能。

为解决上述问题，高密市坚持和发展新时代"枫桥经验"，强化主动、超前、系统三个意识，选取柴沟镇先行试点，积极推动矛盾纠纷化解流程再造，打破"信、访、网"渠道分设常规，创新打造"平安小院"亮点品牌，以信访的"自我革命"激发乡村治理的创新活力。通过创新平台、流程、送访、治理四项解法，建立起"平安小院"乡村治理运行机制，在推进社会治理现代化、提升基层治理质效方面取得了较好成效。

四 "平安小院"主要内容

高密市聚焦提升基层矛盾纠纷化解能力，按照"试点先行、统筹推进、多维联动、注重实效"的思路，创新打造镇级"平安小院"以"集—分—研—化—评"为特点的一站式综合调处基层治理模式，通过全域化覆盖、全方位提升、闭环式管理，推动基层社会治理效能提升。2024年以来，各镇街共接待群众2.3万人次，化解矛盾纠纷4108起，调解成功率达98.5%，群众满意度达99.1%，信访形势创历年最好。

（一）聚焦三级平台搭建，变"信访大厅"为"平安小院"，及时就地处置信访初访

信访反映民生、民情、民心、民意，处理好初信初访才能彻底扭转信访被动局面。柴沟镇结合实际、因地制宜，搭建起

"镇、社区、村"矛盾纠纷化解三级平台，给群众提供"反映问题、说事拉理"的新去处，营造起"公平、信任、温情"的良好氛围。

一是搭建镇级矛盾纠纷调解中心，兜底化解工作。按照集约化、专业化、便民化、信息化要求，在镇级层面搭建起信访集中化解平台——"平安小院"，整合综治、司法、民政和人社等12个部门职能，入驻部门骨干、专业律师和新时代文明实践志愿者等7支队伍，为来访群众提供依法专业、便捷高效的"一站式"矛盾纠纷调解服务，主要受理涉及面广、纠纷复杂的群体性矛盾，确保"矛盾不上交"。

二是搭建社区调解工作站，架起联动桥梁。高标准建设平安驿站，进一步延伸镇级"平安小院"触角。由社区牵头，整合社区法律顾问、驻区民警、五老志愿者等社会力量，对村级上报、社区受理、镇级交办的矛盾纠纷进行摸排调查、跟踪化解，主要受理发生在本社区、有一定履行难度的矛盾纠纷，确保"大事不出镇"。

三是搭建村级调解工作室，畅通治理末梢。在79个村建设平安邻里，组织党员干部、志愿者、网格员入驻，将信访维稳与村民议事会、网格化服务管理等有机结合，协同镇、社区平台，主要受理邻里纠纷、家庭矛盾、村内事务等，确保"小事不出村"。

图 10.3　柴沟镇"平安小院"照片

（二）聚焦化解流程再造，变"区块调处"为"全链受理"，有效化解信访积案难案

针对以往信访事项多头受理、答复口径不一、转送办理督办脱节等问题，加快推动信访业务流程再造，打破"信、访、网"渠道分设常规，创新建立"集—分—研—化—评"五步工作法，建立完善"事要解决"工作机制，以信访工作的"自我革命"激发乡村治理的创新活力。

集，即建立载体，收集信息。通过村、社区定期排查，网格员日常上报，职能部门移交，政务热线反馈，群众来信来访和下村走访采集等渠道，全方位、全领域收集矛盾纠纷，逐一梳理、建立台账、动态管理，确保应报尽报、应排尽排、应收尽收。

分，即分类管理，分头化解。对收集的各类矛盾问题，评估风险等级，按照"牵头负全责，协办为必办"原则，组织分头协调化解。不能即时化解的，落实"一案一策"有针对性的化解工作专班，分头跟进化解。

研，即多方会商，研判案情。建立"日汇总、周研判"工作制度，定期召开工作例会，根据重点案件推进状况，对风险点和不安定因素进行分析研判，超前防范。

化，即明确节点，按时化解。通过采取专班深入、重点督办、协调联办等有效措施，综合运用经济、行政、法律等多种方式，广泛采用教育、调解、仲裁等化解方法，多方联动，保质保量及早化解。

评，即跟踪问效，强化考评。严格把握各环节的时限要求，加强考核督促，推动案件快查、快办、快结。对办结案件，及时反馈办理结果，对调解流程及案件处结情况予以客观评价，通报评价结果并纳入考核，与经费挂钩，推动"跨镇村联动、跨部门协同、跨领域集成"的联动调解机制落地，实现访调对接、访调结合、访调同频。

（三）聚焦资源要素整合，变"单兵作战"为"多方联动"，切实提升信访工作质效

面对新时期矛盾纠纷主体多元化、成因复杂化、调处难度大的新形势，柴沟镇以人民调解为基础，以综治、司法、信访为骨干，部门联动，群众参与，实现调解机制由单一调解向综合调解转变、调解队伍由业余为主向专业为主转变，形成部门协作、上下联动、齐抓共管、多元化解重大疑难复杂矛盾纠纷的新格局。

一是团队协作精准化解。充分发挥全国人民调解工作先进个人——管鹏同志的带动作用，协同优秀村党支部书记、精英律师、心理咨询室和专职调解员等组建"金牌调解"团队，为来访群众提供法律咨询、政策讲解、矛盾调解、心理疏导等全方位服务，推进人民调解工作提质增效。

二是多方联动凝聚合力。以多功能听证室为多方联动载体，联结派出所、法庭、律师事务所等职能部门，集成社区、村庄和调解团队等各方力量，综合运用司法、金融和市场等手段，通过多调联动服务、社村联动执行，发挥出"最强大脑"效能，确保各类矛盾纠纷一站解决，不让来访群众"跑第二趟"。

三是督促督查强化保障。镇主要领导牵头成立督查专班，全程跟进督导参与联动的部门、社村，切实发挥好考核评价"指挥棒"作用，严格按照"三到位一处理"要求，努力做到诉求合理的解决到位，诉求无理的思想教育到位，生活困难的帮扶救助到位，行为违法的依法处理到位，推动矛盾纠纷加快调处、信访案件早日化解。近年来成功化解多起信访积案。

（四）聚焦改进作风，"被动接访"变"主动服务"，真情实意赢得群众满意

"平安小院"内呈现的是老百姓的喜怒哀乐、苦辣酸甜，体现了党员干部的过硬作风和为民情怀。"同来访群众坐在一条板凳上，事情就好办了！"柴沟镇把党员、干部下访和群众上访结合起来，把群众矛盾纠纷调处化解工作规范起来，用党员干部的"辛苦指数"提升群众的"幸福指数"。

一是畅通渠道访民情。落实科级干部接访和接访上替制度，采取公开地点接访、带着案件下访、疑难问题约访、交办案件回访等方式，最大限度地方便群众。

二是直通服务解民忧。开展"为民服务春风行"大走访活动，书记、镇长亲自挂帅，组织机关、社区、职能部门干部到79个村"串串门、认认人、听真话、办实事"，真正做到"带民意下访、送服务上门"。截至目前，柴沟镇累计征求群众意见建议213条，问题解决率达98.6%。

三是平安创建聚民心。努力做到问政于民、问计于民、问需于民，推广"线上反映、线下解决"模式，公布诉求反映直通热线，实现被动应对向主动预防、信访上行到基层化解的转变。

高密市整合资源放大"平安小院"带动效应，以柴沟镇"平安小院"为示范，15个镇（街、区）"一站式"矛盾纠纷调解平台成熟运转、日臻完善，形成了密水街道"邻里服务中心"、夏庄镇"365乡约前哨"等特色品牌。在"集—分—研—化—评"镇级中心调处模式的基础上，升级完善"集—分—调—跟—研—考"闭环式调处模式并在全市推广，推动跨层级联动、跨部门协同、跨领域集成。

一是创新"线上+线下"七步工作法。

线上，诉求收集、分流转办、调处化解、回访评价四环节环环相扣。①诉求收集更便捷。在15个镇级、716个村（社区）级矛盾调解阵地的明显位置，张贴"山东解纷码"并进行大力推广，依托"山东解纷码"和省"一站式"线上平台，线上收集群众诉求，并在24小时之内将反映事项转向相关职能部门或矛盾调解组织，事项受理登记更加方便高效。②分流转办更精准。线上平台设管理员账号16个，业务部门负责人账号132个，调解组织负责人账号524个，调解员账号457个，充分发挥利用线上平台一网转办的便捷优势，通过大数据筛查后点对点将事件精准推送给相应的矛盾调解中心、组织或期望的调解员，在做到精准推送的同时节省了申请人的时间。③调处化解更多元。线上平台建立涵盖11个专业性行业性组织、264名部门人员、100多名律师、460名调解员等力量的调解专家库，矛盾调解中心统筹用好区域内的仲裁、法律援助、司法救助、诉讼等资源力量，实现多元解纷。④回访评价更及时。群众可在事件办结后随时随地通过"山东解纷码"填写评价，事权单位于事项办结后15天内进行回访，确保调解效果。

线下，跟踪督办、分析研判、考核问责三环节倒逼落实。①跟踪反馈、通报督办更高效。利用线上平台"事件中心"模块，专人对线群众反映事项受理、办结等情况定时限提醒，实行台账管理，距办结时间不足1/3的，专人向事权单位进行提醒，跟踪督办直至问题整改完成销号。目前线上平台事件做到当天受理交办，矛盾纠纷办结率达98.4%。②精准分析，科学研判。中心根据平台"数字驾驶舱"模块相关数据，利用平台数据，对全市矛盾纠纷发展趋势、区域分布、案件类型进行系统分析、精确研判、科学决策。目前共印发"一站式"矛盾调解中心工作月报5次，形成意见建议5条，及时上报。③科学考核、追责问责更严格。每月末收集督办事项扣分情况，收集平台指标数据并进行排名，形成月度考核扣分通报，查找不足、促进落实；对群众诉求办理不力，对群众合理诉求应办未办的相关责任单位，追责问责，倒逼责任落实。

二是配强调解队伍。一方面，创新"网格员之家"特色服务品牌。为有效提升网格员能力水平，锻造一支高素质网格员队伍，近年来高密市创新网格员培训管理方式方法，打造"一站式"矛盾调解中心"网格员之家"特色服务品牌，从关爱网格员身心健康、培训提升工作技能两个方面持续发力，使网格员队伍履职有平台、身心有放松、服务有成效。"网格员之家"定期开展特色主题活动，内容涵盖经验分享、业务培训、心理放松、沙龙活动等，通过一对一小班额的"精准滴灌"方式为网格员"充电赋能"，并创新"点单式"课程安排，以"一站式"矛盾调解中心专家人才库为依托，为有专业提升需求的网格员提供智力支持。在"网格员之家"，网格员既可以在里面读书、学习，又可以互相交流经验、放松身心，为网格员提供了一个温暖、交流分享、快速成长的空间。截至目前，"网格员之家"已组织开展调解技巧分享、诉源治理及诉调对接程序流程、心理调适与春季养生等培训沙龙活动32场次，惠及网格员325人次，受到参加活动网格员的一致好评。另一方面，举办调解人才聘任仪式。举办了3期调解人才聘任仪式，聘请了32位行家里手、"老把式"为特邀调解员，同时围绕专业领域打造了"和美凤城"等品牌调解工作室，聘请了退休老干部、五老人员、有相关经验的热心群众等力量充实到调解人才队伍中，提高调解专业化水平。

三是提升部门联动调处质效。一方面，创新开展周二"书记访谈日"。为践行新时代"枫桥经验"，深化"平安小院"治理服务模式，切实增强源头吸附能力，确保群众诉求及时就

图 10.4　网格员经验交流分享沙龙

图 10.5　网格员之家心理咨询活动

地解决，高密市在各镇（街、区）"平安小院"开展周二"书记访谈日"。"书记访谈日"由各镇（街、区）党（工）委书记主持，相关党政班子成员和镇直部门、单位负责人参加，市

图 10.6　第一期调解人才聘任仪式

级领导现场督导，市直部门单位随叫随到，通过开门纳谏、民意征集、公开接访、带案下访、研究调度重点信访案件等方式，着力解决群众急难愁盼问题，真正将"平安小院"建成"群众之家"，让"平安小院"在群众心里信得过，碰到事情愿意来，化解问题有依靠。2024年以来，共开展活动26期，共接待群众来访520人次，现场化解问题284件，调度重点案件（问题）2212起。另一方面，探索开展周三"研判日"活动。为进一步提升部门联动调处质效，深度发挥源头吸附作用，市"一站式"调解中心探索开展了矛盾纠纷周三"研判日"活动，组织专家力量对网格员、社区（村）、相关部门调解不成的矛盾纠纷、信访事项以及各类疑难复杂问题进行"会诊"。网格员、各级矛盾调解中心、联席会议成员单位对每周矛盾纠纷进行梳理查摆，对比较复杂、涉及多部门的事件，上报市矛盾调解中心，中心根据具体情况，牵头组织链接相关部门、值班律师、诉前调解团队、"老把式"调解人才等，逐案深入讨论，"一对一"分析研判。针对争议焦点和难点，各参与人员根据专业知识以及自身办案经验，进行多维度、深层次的剖析，提供有建设性的、可操作性的意见，并协助跟进调处，推动纠纷化解。截至2024年8月，已组织21个镇街区、7个市直部门开展"一对一"分析研判13件次。

图10.7 周三"研判日"活动

五 成效和启示

高密市创新"平安小院"调处模式，取得了良好成效。通过全域化覆盖、全方位提升、闭环式管理，推动基层社会治理效能提升。"平安小院"的设立让老百姓们反映问题、说事拉理有了好去处，"一站式"矛盾纠纷化解体系为乡村治理注入了和谐力量。2024年以来，各镇街化解矛盾纠纷7700余起，调解成功率98.3%。

（一）主要成效

优化阵地，基层治理根基不断夯实。一是打造五级平安服务体系。研究出台《关于深化"平安小院"治理模式 不断夯实基层治理根基的实施意见》，放大"平安小院"带动效应，持续深化"平安小院—平安驿站—平安家园—平安街巷—平安家庭"五级联动服务体系，切实把矛盾化解在群众家门口。2024年共举办"和谐邻里、共享平安"等活动22次，化解各类矛盾纠纷1900余起，可预防性案件下降了36.5%。二是升级迭代"一站式"矛盾调解中心。以市级中心为带动点，积极构建"1+5+10+N"矛盾纠纷调解大格局，整合综治中心、网格化服务管理中心、群众接待中心、诉讼服务中心、公共法律服务中心五大平台职能，设置导引分流、信访接待、矛盾调解等10个功能分区，公检法司信等11个部门集中入驻办公，努力实现"前端"一站式受理、"中端"一体式分流、"末端"一揽子调处，各中心共接待群众3.1万人，受理群众诉求8200多件，调解矛盾纠纷5481起，提供心理、法律咨询和相关援助4000余人次。三是因地制宜打造特色服务品牌。15个镇街区围绕"一站式"服务，相继打造形成了密水街道"邻里服务中心"，夏庄镇"365乡约驿站"等一批特色鲜明的调解品牌，形成了"一镇一品牌"的局面，切实发挥了吸附矛盾在基层、解决在当地的作用。密水街道"邻里服务中心"充分发挥"两代表一委员""邻里服务队""邻里红管家"作用，拉近与群众感情距离、提高调处亲和力；大牟家镇"牟邻之家"注重源头治理，将全镇细分为297个微网格，细致摸排、及时预警、跟进调解，将70%以上矛盾纠纷化解在信访流程之前；醴泉街道"德邻客厅"突出"基层自治、矛盾自处"，破解老城区、老社区、老小区、老居民"四老型"多元社区问题。

图10.8　高密市"一站式"矛盾调解中心完成升级迭代

创新机制，社会治理效能不断提升。坚持系统观念和底线思维，创新"三个五"工作机制，把握源头预防、矛盾调处、精细服务三个关键，提升工作效能。一是创新"五源"治理机制。探索建立访源、诉源、警源、网源、网格源"五源共治"机制，聚焦源头预防，以"一站式"矛盾调解体系建设为契机，以"书记访谈日"等活动为载体，通过搭平台、优队伍、强措施、抓考核、重激励等措施，推动矛盾及时发现，就地解决。强化网格兜底，统筹布局做实1395个城乡社会治理综合网格、7个专属治理网格，配备1572名专职网格员，实现矛盾上报、民意收集、重点人员管控等功能。截至目前，通过"智慧凤城"系统平台累计受理网格员巡查上报矛盾信息179.2万

图 10.9　高密市"一站式"矛盾调解中心工作照片

件,在镇级以下层面化解177.6万件;累计帮办、代办事情780余件,解决群众诉求1300余个。二是构建"五调对接"调处机制。充分发挥人民调解在化解社会矛盾纠纷中的基础性作用,加强司法行政与公安、检察、法院、信访等单位的沟通衔接,推动人民调解与行政调解、司法调解、信访化解无缝衔接,有效发挥了人民调解在预防和化解社会矛盾纠纷、维护社会和谐稳定的"第一道防线"作用,形成了行调、诉调、检调、警调以及访调"五调联动、无缝对接"的"大调解"模式。目前,该模式共调处各类矛盾纠纷480起,其中,调处民间借贷纠纷274起,涉及金额6443.59万元,经济合同纠纷82起,在维护社会和经济秩序方面发挥了重要作用。三是创新网格"五细"工作机制。以网格为单位,创新"细微管理、细心联户、细致调解、细周服务、细化责任"五细工作法,制定五细工作法实施意见，建立细化问题排查、定期研判、矛盾化解、人员稳控、依法处置、上下联动等工作机制，全面摸清网格底数，发挥干群力量，实现网格事项分类施治、重点管理，精准服务。

图 10.10 "书记访谈日"活动

延伸触角，服务群众距离不断缩小。放大"平安小院"带动效应，真正将"平安小院"建成"群众之家"，让群众在心里信得过，碰到事情愿意来，化解问题有依靠。一方面，深化"网格+"治理模式。依托"一站式"矛盾调解平台，在柏城镇 27 个村建立"网格法庭"，搭建"网格+调解""网格+送达""网格+普法"一站式服务平台，群众反映问题当场调处。

升级"网格之家"建设，推广"网格+物业""网格+法律顾问"社区治理模式，在网格内持续开展风险排查、矛盾联调、法治宣传等工作，为人民群众提供多途径、多层次的纠纷解决方案。另一方面，开展系列主题活动。开展了"送访下乡、服务进村"等系列主题活动20余次，聘请律师、优秀村党支部书记、有威望的"乡贤"和专职调解员等人员组成"送访下乡"小组，采取"坐班制"与"走访制"，不仅在综治中心接受群众的"点单服务"，还定期与普法宣传和义诊等志愿服务相结合，开展"带民意下访、送服务上门"主题活动。开展"平安社区""平安乡村""平安校园"等平安创建活动，发动村干部、群众、社会组织等力量参与治安巡逻、矛盾排查化解、法治宣传等服务，累计化解各类矛盾纠纷1200余起，消除危险隐患150余处，累计发案量下降15%，确保了辖区和谐稳定。

（二）总结与启示

1. 条块协调和层级联动需要进一步通畅

在对23个城乡社区走访交流中发现，村（社区）在网格管理、平安建设等工作中，需要依靠相关职能部门协同配合，往往出现"有心无力"的情况，加大了对各种社会治理资源有效统筹的难度。另外，基层治理主体在统筹调动资源上不同程度地存在行政化路径依赖，缺乏创新，难以调动社会参与的积极性。比如，引导在职党员到社区报到和参加志愿服务活动等大多是"人情式"和"援助式"的，真正让多元主体融入社会治理中仍存在一定难度。

2. 基层治理队伍建设需要进一步加强

一是网格员队伍素质还需提升。网格员专业化不强，主要表现在法律知识欠缺、分析研判能力不强、应急处置能力不高、业务素质能力欠缺等方面，尤其是在社区、村居治理层面，比如有的社区、村干部对党和政府的惠民政策、民生政策一知半解，在解答群众问题和化解矛盾时一头雾水，和群众走不拢、说不上话。专职网格员数量少，主要以村居两委干部为主，由于日常繁杂的行政工作占据大量时间和精力，导致社会治理方面很难全身心投入。网格员薪酬待遇低，岗位吸引力不足，工作质效受到较大影响。目前调解工作室虽然各镇街区都已全覆盖，但缺少具有法律素养的人员，尤其是村级调解组织成员少、法律水平不高，"第一道防线"作用未能充分发挥。二是社会组织活力还未有效激发。截至 2024 年 7 月，高密市共培育社会组织 290 家，但因资金缺乏、专业水平有限、作用发挥不充分等因素，参与城乡社区服务、平安建设领域的少，加之有些职能部门对社会组织认识不充分，尚未形成与社会组织力量的有效对接机制，服务社会水平不高。三是法治宣传教育精准度还不够。目前偏远农村青壮年长时间外出务工，独居老人、留守儿童较为普遍，由于缺乏法律常识、防范意识薄弱，导致该类群体成为养老诈骗、盗窃、性侵的重点受害对象，而法治宣传的受众对象往往局限于街面行人、村居干部。宣传内容、形式单一，仅限于街面设摊、网络普法等形式，分发的法治宣传资料虽然内容详细，但很多群众未必能看得懂、弄得懂、用得上。

3. 数据平台整合应用需进一步强化

一是社会治理信息化机制尚未形成。比如，社会治理综合服务平台与政务服务平台、公安等部门数据保密级别不同，信息共享边界难以划定，平台建设标准不同，上下数据同步、端口对接难度较大，重新建设难免较大投入，分块自建又达不到"一体化"平台治理的目的。二是硬件建设步伐缓慢。鉴于资金投入不足等客观因素，大数据系统尚未建立健全，各类数据录入与上报系统、证件办理系统、社区数据库及依托大数据为基础的信息沟通、供给渠道尚不畅通，部分服务事项缺乏微信公众号、手机App等现代沟通媒介，必须由办事人亲临现场才能咨询相关事宜，人民群众"最多跑一次"的目标还没有完全实现。三是应用场景开发不足。数字技术与经济、政治、文化、社会等领域深度融合还有差距，在解决一些应急信息监测和预警、可视化信息智能分析等方面存在局限。例如，"雪亮工程"建设虽然实现了重要部位、复杂场所、薄弱地区公共视频监控全覆盖，但出图率、运转率不高；"雪亮工程"建设中图像信息的深度应用是发展趋势，目前人脸识别、标识图像等智能化应用程度不高，智能警务、智能消防等公共安全系统领域还需要进一步拓展。

优化建议：要直视不足，对症下药，坚持践行新时代"枫桥经验"，探索实践"一核、双驱动、四衔接"的基层社会治理新路径，推动建设更高水平的平安高密。

1. 增强"核心动力"，发挥党委、政府核心引导作用

一是强化市级统一协调指挥机制。充分发挥平安高密建设领导小组市域社会治理组作用，统一负责社会治理工作协调指挥和社会治理"疑难杂症"的"会诊"。严格社会治理考核问责，提升问题处置实效性。建立社会治理年度专题工作会议机

制，每年召开一次全市社会治理工作会议，专题研究部署社会治理工作。二是优化跨部门议事协调机制。进一步完善党委领导、政府负责的制度安排，优化跨部门议事协调机制。对一些职能交叉、监管空白区域群众反映的问题，召集进行面对面调度。建立健全复杂难办事项会商制度，对群众反映强烈、处办过程复杂、容易导致群众不满意的事项，进行集体会商研究，制定有效解决方案。三是强化社会治理宣传和学习。深入推进社会治理现代化宣传工作，增强宣传的广泛性和针对性，向群众广泛宣传"平安小院"功能效力、成功案例等，提升社会关注度和影响力，营造"人人有责、人人尽责、人人享有"的良好氛围。制定外出学习方案，赴浙江省杭州、湖州等先进地区，学习"一站式"矛盾调解中心运行、网格化服务管理等成熟经验，拓宽视野和思路，促进基层治理工作上新台阶。

2. 坚持"社会治理信息平台+矛调平台"双轮驱动，赋能基层治理提质增效

一方面，推进社会治理信息平台升级迭代。搭建人口数据库，实现全市基础数据统一采集管理。对人口、房屋、车辆、组织、事件等数据进行统一存储，各部门各系统在统一的数据空间进行增、删、改、查，做到底数清、数据全，解决数据冗余、信息不对称、基础数据维护难等问题，为基层治理服务项目提供数据支撑和基础遵循。同时，将相关职能部门的网格业务数据库与市社会治理信息平台对接，打通专业领域数据壁垒，实现数据共建共享。实现全维度社会治理分析研判。通过整合各部门间的数据和业务流程，做好数据统计分析与智能挖掘，主要以图表结合地图，呈现数据规律与发展趋势，分析基

础信息、重点对象、事件处理、公众服务、综合考核、区域状况、部门专题建立全景视角的大数据智能分析平台，加快场景应用上线实施；着力提高政府在办公、监管、服务、决策的智能化水平，形成高效、敏捷、便民的新型信息应用框架。另一方面，推进"一站式"矛盾调解平台建设应用。做好云资源调配工作。摸清存在问题，加强与大数据局沟通，确定云资源调配时间，为工作开展提供先决条件。规划好平台基础建设。根据工作需求，统一部署各级矛盾调解平台视频监控建设，高标准、高质量打造好视频指挥调度体系，实现即时调度中心现场运行情况。实现与上级平台有效对接。依托省"一站式"矛盾调解平台，综合考虑矛盾纠纷工作特点和模式，提前谋划好本地实际需求，规范化设计受理、转办、督办等流程，同时做好省线上平台本地化融合对接工作，确保2024年年底前初步实现"数据贯通、视频联通、流程畅通"。

3. 实行"法治保障＋队伍能力＋服务效能＋多元协同"四衔接，激活基层治理动力源

一是强化法治保障基层治理行稳致远。依法主动解决民生问题。把民生政策落实、民生项目建设、民生制度执行依法贯彻落实到位，切实解决好群众的民生问题。着力提高政府依法行政水平，最大限度地避免因不作为、乱作为等引发信访问题。引入信访稳定风险评估机制。对重大措施、重点项目的决策，建立健全风险评估机制，防止在前端环节因工作不当产生社会矛盾。积极开展人民建议征集工作。扎实开展领导干部接访下访活动。推动周二镇街"书记访谈日"走深走实，市镇（部门）两级领导干部严格落实领导干部接访下访各项制度，

推动首接负责制，落实领导包案制。二是着力提升基层治理队伍实战能力。一方面，提升网格员实战能力。开展网格员能力提升专项攻坚行动，聚焦专业领域风险处置，灵活采用集中培训、专题授课、沙龙活动等方式，着力提升网格员问题发现的灵敏度和感知度。搭建专业导师团队，邀请调解"老把式"等行家里手，举办网格员实操演练大比武、模拟场景调解活动等，结合镇街区的实战需求，"一对一"制定个性化培训方案，打造网格优秀范本，着力提升网格员应急处置和矛盾调解能力。另一方面，加强专业行业调解队伍建设。突出培养行业部门专业调解员，配置村居专职调解员，吸纳村（社区）干部、人大代表、政协委员、"五老"、乡贤能人等组成的兼职调解员队伍，聘请公益顾问律师，作为对专业律师等力量的补充，约定接待频次和服务时间，通过网格群、微网格群等广而告之，为群众提供法律咨询与调解服务。三是着力提升矛盾调解中心服务效能。强化上下贯通一体联动，研究出台《市、镇、社区村三级体系建设指导意见》，着力构建以市中心为龙头、镇级为支撑、社区村为第一道防线的矛盾纠纷调处化解三级体系。强化中心规范高效运作，坚持诉调、警调、检调、访调和行调等"五调联动"，强化一窗受理、派单交办、调处化解、跟踪回访等各个环节闭环管理，将调解满意度、矛盾上行量等指标纳入考核，推动高效便捷受理、答复和解决矛盾。强化线上线下联动处置，依托矛盾调解实体和线上平台，创新调处思路，汇聚多方力量，强化远程调解、分析研判、预警预测和联动处置，加强与派出所、司法所和网格法庭的功能融合，不断在案结事了、提升办事时效上下功夫。四是深化基层多元协同共治。拓宽利益诉求渠道。以"平安小院"为服务载体，创新接访、送访、上门听证等方式，让群众愿意反映问题、表达诉求。依托网格单元，设计发放便民联系卡，将各网格管理员和联系电话予以公开，形成让群众有事找网格员、找社区支部书记，力求群众诉求不出村居、不出社区、不出辖区等方式。畅通群众参与社会治理的渠道。如开展"说高密好、对高密亲、为高密办事"系列活动，塑造市民价值理念。用实用好社区、村级"民情议事室""拉呱室"等平台，邀请市民说生活难事、议民生大事、论村社区发展，形成民事民议、民事民办、民事民管的多层次基层协商格局。积极发挥带头人、乡贤等引领作用。动员村社区威望较高的热心人士参与社会治理工作。开展"平安镇村"大巡防。组建由领导干部、机关人员、民警和志愿者等组成的治安巡防队，开展应急和常态巡逻防控，记好巡逻日记，提高群众自防自护意识和水平。

六　典型案例

案例一："小院"解决"大问题"，"五字"实现"零信访"

2020年8月，五名员工代表来到柴沟镇"平安小院"寻求帮助。经工作人员询问了解到，他们所在的公司2014年经营出现问题，资金周转困难，经常性拖欠员工工资。2015年，公司突然宣布因经营困难，与200余名员工解除劳动关系，拖欠员工的工资，经济补偿金暂无力发放。公司停产后，员工走上了漫长的讨薪路。

在多方了解事情经过后，意识到本案系涉及民生的群体性事件，涉及人数达 200 多人，且绝大多数都是农民工，如果处理不慎，极易造成不良舆论影响。"平安小院"值班法律顾问当场提供了专业方面的法律咨询，并提出可申请高密市法律援助中心的帮助化解思路。第一时间组织成立了讨薪案工作专班，专班工作人员与市法律援助中心及时对接，市法律援助中心抽调业务骨干组成法律援助律师团，为讨薪工人展开法律援助工作。

考虑到涉案人数众多，经工作专班与法律援助团两天的讨论研究，最终形成"协调各方力量争取调解结案"的办案思路。由市法律援助中心首先联络了涉案公司的法定代表人，听取了公司法定代表人的意见，涉案公司因经营困难早已停产，且拖欠巨额债务，无力支付 200 余名员工的工资。即便支付了工人工资，公司仍然有巨额外债难以偿还，依旧面临倒闭的风险。

在做通涉案公司工作以后，工作专班立即趁热打铁到高密市劳动人事争议仲裁委员会请求帮助。考虑到大部分员工分布在柴沟镇周边的实际情况，援助律师主动携带电脑、打印机等办公设备在柴沟驻地进行现场办案，让受援群众从柴沟周边到柴沟驻地签字。2020 年 9 月 29 日，仲裁调解工作在高密市人力资源和社会保障局如期举行，在劳动人事仲裁委员会的组织下顺利进行仲裁调解工作。仲裁调解工作持续到晚上六点，最终全部达成仲裁调解协议，2021 年 9 月高密市人民法院执行局将欠薪执行完毕，由柴沟镇党委、镇政府配合进行了发放，充分维护了每一名受援员工的切身利益。

案例二:"书记访谈日"服务群众"零距离"

2023年6月第二个书记访谈日当天,李家营村李某来到区综治中心反映:李家营村合作社雇用无人机为小麦喷洒农药,农药滴落在李某的土豆幼苗上,造成其2万元的经济损失。

成立专班,现场调查。胶河社区党委书记牵头成立专案小组,第一时间组织人员到现场查看,发现信访人种植了两亩土豆,土豆长势较弱,且全地块弱苗呈散落状,分布不规则。随后将相关人员邀请到综治中心进行协调,李家营村合作社表示,无人机操作手有证书,无人机作业时离李某的土地30米处就停止喷洒农药,且李某相邻地块三户的土豆均长势正常,只有李某一家土豆长势异常,与喷洒农药无关,双方各执一词,无法调和。

组织论证,专家下沉。胶河社区党委书记签订"镇街吹哨、部门报到"事项转办单,区工作人员带着相关材料,到市农业局寻求帮助,市农业局派出专家团,赴现场实地勘察。区党委邀请了十余位土豆种植二十余年的专业户和农业技术推广站工作人员,经过现场查看,集中讨论,所有人得出一致意见,土豆长势异常应是农家肥使用过当导致,将该结论向市农业局专家进行了求证。

开展听证,取得信服。2023年6月17日下午,胶河社区党委书记主持召开信访事项听证会。信访办、司法所、农业技术推广站、土豆种植专业户、村内五老及当事人和无人机操作手等相关人员参与听证。在听证会上,李某陈述了自己的观点;无人机操作手提供了操作证书,陈述无人机作业过程;当事人回忆了小麦喷洒农药的用药和操作情况及操作距离；信访办工作人员展示了现土豆长势视频；农业技术推广站、土豆种植专业户和司法所提供了专业支持，并陈述了自己的观点。参加听证会人员一致认为李某的土豆长势异常与李家营村合作社喷洒农药无关。

  人性帮扶，妥善化解。通过听证会，李某也认识到土豆受损与李家营合作社无关。区党委书记牵头，趁势再次组织双方进行调解，考虑到李某的实际情况，损失较为严重，协调李家营村合作社同意给李某适当救助，双方达成了一致意见，案件成功化解在了当地。

后　　记

2020年12月，浙江大学新时代枫桥经验研究院成立。2021年3月，被称为研究院"一号工程"的新时代"枫桥经验"指数项目启动。新时代"枫桥经验"指数项目由钱弘道教授主持。张文显、公丕祥、李林、黄文艺、孔祥涛、牛太升、谢小云、陆剑锋、金伯中、胡铭、潘超英、汪世荣、赵骏等同志对指标设计提出了宝贵建议。

2022年1月，浙江大学新时代枫桥经验研究院发布新时代"枫桥经验"指标体系。同年11月，浙江省新时代"枫桥经验"指数十大样本县测评实验结果发布。

2023年11月，浙江大学新时代枫桥经验研究院发布全国新时代"枫桥经验"指数百个样本县测评结果。白皮书《中国新时代"枫桥经验"指数报告2023》由中国社会科学出版社同时出版。白皮书的出版引起了国内外读者的广泛兴趣，形成了良好的影响力。

2024年11月，浙江大学新时代枫桥经验研究院发布第二轮全国新时代"枫桥经验"百个样本县测评结果。白皮书《中国新时代"枫桥经验"指数报告2024》同时出版。

钱弘道教授负责报告总设计。黄外斌、卢芳霞、吴广、丁超、胡郡玮、徐向易、吴越、郎浚皓、敖璐、林炼鸿、张诚秋、王朝霞、朱美宁等参与数据资料收集和白皮书撰写工作。曾令健、朱涛、吴广、高斌、郭人菡、卢芳霞、仇晓光、张诚秋、强盛、丁超、刘静、窦海心、胡郡玮、徐向易、吴越、郎浚皓、敖璐、林炼鸿、刘权、刘阳、陈恩美、马佳妮等参与校对工作。

在开展新时代"枫桥经验"指数测评工作过程中，课题组进行了广泛的数据和相关资料收集工作，并先后赴浙江、重庆、四川等地调研。调研工作得到了来自实务部门和高校科研机构的大力支持和帮助。中共重庆市委政法委、西南政法大学、重庆大学、民建中央法制委、民建四川省委、民建重庆市委以及有关样本县（市、区）政法委等单位为调研和数据资料收集创造了良好条件。

钱弘道、付子堂、卢芳霞、曾令健、朱涛、张静梅、刘宗贤、杨黎明、吴静静、汪鹏、杨鸿飞、蒋言斌、朱美宁、陈如良、丁超、胡郡玮、徐向易、吴越、郎浚皓、张诚秋等同志参与调研。

金伯中、胡铭、孔祥涛、曹峰、黄兴瑞、钭晓东、蒋国长、卢芳霞、彭巍、王保华等专家学者参与指数和报告评审。

钱弘道教授负责全书修改统稿。

本书的出版得到了中国社会科学出版社的大力支持。在此，我们谨向赵剑英社长、张林编辑以及所有给予帮助和支持的朋友致以诚挚的谢意。

课题组在新时代"枫桥经验"指数测评和报告撰写过程中

遇到了各种困难，存在各种不足在所难免，有待今后不断优化完善。

中国新时代"枫桥经验"指数课题组
2024 年 10 月 23 日